三國爭霸

（上）

渤海小吏 著

瑞昇文化

序

從本書開始，我們將要進入中國幾千年古代史中，堪稱最難寫的一個系列。

我們要和一部膾炙人口的偉大小說打擂臺。

它雖然三分真、七分假，但它偉大到了讓後人以為那些藝術的加工就是真實的歷史。

這部小說大家都知道，羅貫中先生的《三國演義》。

沒有這部小說，這段歷史不會有今天的知名度與歷史地位，提到關老爺和諸葛丞相，基本上甭說東南亞地區的傳播範圍了，即使放在全世界範圍內也都能擠進東方古代名人榜的前幾名。

說到成為世界範圍內的跨國界、跨文化、跨時代的牛人其實非常少，因為它的要求實在太高，得夠鮮明，腕夠大，有劇情，多反轉，無限正能量，最好再慘點兒。

這是跨越歷史長河廣泛傳播的幾大要素。

古往今來，最大能量的前三名是宗教教主：釋迦牟尼、耶穌、默罕

默德，這三位排名一直鐵打不動，然後呢？

然後的其實就很難進行排名了，各自佔據高大領域，都是平級的牛人。

提到西方，你腦子第一時間可能會想起凱撒、拿破崙、達・芬奇、牛頓、愛因斯坦。

提到東方，同樣，印入外國人腦海裡的，就會是孔子、老子、秦始皇、成吉思汗、關公、諸葛亮，這麼少數的幾個人。

上述的這些人名，全都代表著中國幾千年傳承下來文化濃縮的烙印與符號。

比如凱撒、拿破崙是西方人的功業擔當，兩人都有人性中的毛病，但又都充滿英雄之美；達・芬奇是藝術擔當，我們說人家小時候沒完沒了地畫雞蛋，不知道這種杜撰出來的「刻意練習法」誤導了多少家長和孩子；牛頓、愛因斯坦則是科學擔當，開啟了全世界的新篇章。

除了這幾位，提到西方文明，很多人再能說出個希臘、羅馬、文藝復興之類的也就差不多了。

到了東方這兒，孔子、老子代表著中華文明原生文化的儒和道；秦始皇和成吉思汗是政治結構與擴張潛力的始祖；關二爺一人扛兩大重擔，他代表著中國文化中極其重要的忠與義；諸葛亮則代表著中華兩千年儒家文明的人格極致：「鞠躬盡瘁，死而後已。」

而且拜《三國演義》所賜，諸葛亮在民間還承擔了高水平老道的代言人職能，既能求雨又可火攻，那是相當牛。

一個文明，在最終刪去所有可以刪去的東西後，只會留下最濃縮的幾個人、幾件事。它們是這個民族、這個文明最璀璨光明的內丹魂魄。

像老子，像孔聖人，像關羽，像諸葛亮，這都是中華民族千年的文化之光。

老子與孔聖人不用說，是兩個學派的開宗大家，但像關羽和諸葛亮，為什麼能成為歷史化繁為簡後的最終璀璨的明珠了呢？

很大程度上，要得益於一代代的戲說與文化加工。像《三國演義》，就是文化加工最終的集大成者。

像忠義之事，其實歷朝歷代太多了，中國最不缺的就是忠臣孝子，但為什麼就留下個關二爺為符號擔當呢？因為關公他老人家段子多、劇情硬嘛！斬將報恩來去明白，掛印尋兄千里走單騎，華容道義放曹操，會魯肅單刀赴會，水淹七軍逼曹操差點兒遷都，走麥城寧死不降。

但真正的史實是什麼呢？

關公確實從曹營回到了劉備那裡，但根本沒有過五關斬六將，小說中的路線只要仔細地看看就知道，那五關南轅北轍；華容道上，曹操確實是跑了，但當時關老爺可並不在那兒。單刀赴會這事兒確實有，但主人公是他大哥劉備。

像關老爺的許多讓我們擊節喝彩的經典橋段，其實都是羅貫中先生加的戲。比如溫酒斬華雄，那是孫堅帶隊幹的；比如三英戰呂布，哥仨根本沒那麼打過，而且同是山西猛男，真打起來關老爺不一定還用得著那哥倆幫忙；比如剛才我們所說的過五關斬六將和華容道放曹操，還包括他那把八十二斤重的青龍偃月刀，全是虛構出來的。

但是，這不妨礙《三國演義》是中國文學史上最偉大的歷史演義作品，沒有之一。因為《三國演義》不僅主體貼合史料，而且加戲的這個度，拿捏得特別好。

只要涉及加工，就總會有個添油加醋的過程。

像同樣精彩的隋唐那段歷史，就屬於被加工過了火的。

隋唐的那堆好漢，你看小說或聽評書時會覺得，那就是純粹胡扯出來的，李元霸有四象不過之力，兩鐵錘四百斤一個卻舞得跟花槍似的，

胯下「萬里雲」日行一萬夜走八千，趕上飛機了。

更可怕的是堂堂隋唐英雄第二好漢宇文成都的最終結局是被第一名給「手撕鬼子」了。

顏良要是讓二爺給手撕了，你是否還會看《三國》呢？

瓦崗寨的那幫好漢你看完後就覺得：真精彩，但該吃飯去了。

同樣是加工，三國這幫好漢，當你看完後就會聯想，張飛和馬超要是再打幾百回合誰能贏呢？趙子龍這七出七入太拉風了！但前提是曹操愛才不讓放箭。這大白臉夠意思！張三爺在當陽橋頭那大喝得多大聲音呢？貂蟬得有多好看呢？要不呂布頂不住呢！這誰頂得住啊！諸葛亮舌戰群儒和罵死王朗時得多過癮哪！當年的草船借箭得多懸哪……

這就是水平問題了，羅貫中先生在給主角加戲上是頂級大師。

《三國演義》雖然演義了，但往往演義得恰到好處。它雖然三分真、七分假，但這七分假卻全都是協助主線以及弘揚價值觀的，而且最重要的是，能力上它誇大得並不多。

比如二爺斬華雄後酒還是溫的，一般人做飯宰隻雞有可能茶缸子裡沏的茶剛能喝，羅貫中就拿華雄當雞宰了。而且這隻華雄雞前面大翅膀還扇死好多大將，但二爺一上去就把這隻鬥雞捅死了，還捎帶腳地把雞頭帶了回來。

這就用一場開門紅將二爺非凡的武力凸顯出來了。

在正史中確實有華雄這麼個人，是董卓帳下的都督，不是無名小卒，分量不高不低，殺了還不影響劇情，拎出這麼一位當雞宰就很合適。

比如青龍偃月刀八十二斤，一般人也許能扛著三四十斤的大刀掄一掄，他就會想像，關公真牛，八十斤的刀掄起來當玩，比我牛一倍！

但要說關公掄四百斤的刀砍人，你會哈哈一樂，產生不了任何想像。

這就是度的拿捏。

諸葛亮在《三國演義》中多智近於妖，又是借東風，又是玩火攻，弄得人家跟個妖道賽似的，但同樣白帝托孤、揮淚斬馬謖、秋風五丈原等關鍵描寫又把一個丞相所能達到的忠貞與無力回天描繪到了極致。

多面一對比，大丞相的形象就立體了，就深入人心了。

整個《三國演義》，其實就是一大幫天才進行的可歌可泣的奮鬥史詩。注意，是天才，不是神仙；是艱苦卓絕的奮鬥，而不是兩派神仙主導的武王伐紂；是三國陣營中每個人的可歌可泣，卻不是正義與邪惡的簡單對打。

雖然《三國演義》存在著一定程度上的尊劉傾向，但曹操、司馬懿這些貌似反派的角色卻讓你往往恨不起來。

曹操在《三國演義》中說出了「寧教我負天下人」的國賊級臭流氓黑話，但他死的時候讓人記住的卻是那股浩蕩英雄氣。

司馬懿面對諸葛亮北伐那叫一個貼身緊逼不下腳，活活地耗死了我們的偉大丞相，但你回想起他時卻總能記起來他對諸葛亮英雄惜英雄般評論的那句「天下奇才」。

除了糜芳、傅士仁、范疆、張達這些配角小人物，你很難恨上《三國演義》中的那些大牌角色。

這是《三國演義》的偉大之處：劇情好看、層次豐富、俗而典雅、氣勢恢宏。

偉大說完了，該說說它坑咱的地方了。

它那些加戲的描寫，太過深入人心了。

比如，戰鬥場面，動不動就大戰好幾十回合，而且一個超一流武將還能打一群，趙雲在長坂坡揣著個累贅能砍死曹軍五十餘將，到了七十多一把白鬍子了還能幹死韓家五個青壯年；張三爺和馬超舉辦數萬觀眾單挑擂臺賽，白天打不夠還要挑燈夜戰；主將打贏後一揮手，大軍就掩

殺過去了，然後對方就大敗了。

這比較符合老百姓的想像，說書先生和戲班子也能在這兩個大將PK時進行多種藝術加工。

但它全是假的。

那時還沒有雙馬鐙，最多只有單馬鐙，是為了方便上馬用的，根本沒辦法達成重武器的對打效果，而且戰場上的馬戰對打其實一點兒也不好看。

真實的馬戰對打，就是雙方策馬狂奔，然後各自蜷縮成皮皮蝦藏起來。等快碰面時再把長槍或長槊挺起來，爭取找空檔一回合把對方捅死。死亡率極高，偶然性極大。武器往往是一根槍桿再配上鋒利的槍頭，追求的是一扎就透的一回合買賣。

所以呂布的方天畫戟、二爺的青龍偃月刀、三爺的丈八蛇矛這些影響穿透效果的武器全都是假的。這種武器不光捅起人來費勁，更煩人的是即便你把對手捅死了，拔的時候兵器還容易卡在骨頭裡。

蘿蔔拔晚了頂多糠了，戰場上槍拔晚了命可就沒了。

真正的萬人軍陣中上將取上將首級的（捅死然後砍腦袋帶回來），整個三國只有一位大神做到了——關二爺。

人家牛不是沒有理由的。

顏良確實是被二爺親手幹掉的，但絕對不是好幾萬人擱那兒看著然後二爺一個人飛進去了，武打場面也不是大吼一聲大砍刀掄死的，而是刺。

真實場面還原大概是張遼和二爺當時都是先登軍，二爺冷不防率小股部隊突入敵陣，開著大功率的赤兔馬迅速地躲開多方敵軍協防，一溜煙兒地捅死顏良然後又轟油門躥了出來。

但你要是這麼描寫，關老爺就不高大了，成快馬飛賊了。

你覺得不高大，但實際上已經是極其難能可貴了，二爺的武力到了兩晉南北朝成了勇武標竿，猛將的標準是「堪比關張」，就是因為戰陣萬馬叢中，上將親斬對方上將的概率太罕見了。

再比如，諸葛亮是頂級的政治家、頂級的戰略家、頂級的治國者、頂級的治軍者，一級的軍事主帥與謀略家。

結果小說中光說他那一級技能了，前面一大堆頂級的技能全沒提。

《三國演義》中主要側重了諸葛亮真實中比較一般的軍事和謀略，把諸葛亮描繪成了一個半仙狀態的軍師。

當然，人家諸葛亮比較一般的技能都是大神級水準，「蹈一州之土」就能打出「慨然有飲馬河、洛之志」的姿態，「仲達據天下十倍之地」，卻被打得「涼、雍不解甲，中國不釋鞍」。

要知道，司馬宣王這位人精這輩子在戰場上向來都是「你趕緊乖乖躺好，我這就搞死你」的姿態。

比如，功勞的各種篡改，夏侯惇在博望坡是被劉備暴打的，赤壁之戰周瑜是主力，諸葛亮既沒借箭也沒借東風更沒有去人家東吳滿世界地得罪人。

總之，許多的地方，已經失真了。

現在，我們想重新串聯起一個真實歷史的脈絡，三國階段在主線上，就要和《三國演義》做剝離了。

看一下這個時代吧，這是一個英雄豪傑大雜燴的時代，我們永遠不可能面面俱到地全都寫，如果只讓我們留下歷史的幾個關鍵人物呢？

應該是下面這十位。

曹操、劉備、孫權、諸葛亮、關羽、司馬懿、荀彧、袁紹、孫策、周瑜。

這個名單可能會出乎很多人的意料。

三位大領導不用說了，諸葛亮、司馬懿異議也不大。關羽、荀彧、袁紹、孫策、周瑜這五位，相對來說，會有爭議。

為什麼說這五個人同樣極其關鍵？因為他們都是決定歷史走向或者推動歷史轉向的關鍵性人物。

這十個人裡面，分兩個級別。

一個是給歷史改道的級別，比如劉備、關羽、孫策、孫權、周瑜。

一個是決定歷史大勢的級別，比如曹操、諸葛亮、司馬懿、荀彧、袁紹。

分開來說。

先說孫家。孫家在三國中一直是老二，但他最終決定歷史大趨勢了嗎？

並沒有，歷史的大趨勢就是北方曹魏接過來漢家天命打好基礎，最終被司馬家收尾統一天下，孫家自始至終僅僅是拖了後腿而已。這個過程中，還時不時地幫北方奠定最終優勢。

孫策出現在這份榜單上的原因，是如果沒有他年紀輕輕在江東闖下地盤，曹操極大概率最終會在有生之年統一天下。

提到魏、蜀、吳三國，大家可能覺得劉備的江山得來的最不容易也最傳奇，老孫家給我們的印象往往是沒怎麼著就「已歷三氏，可為援而不可圖」了，但吳、蜀得國各有各的驚心動魄與頂級難度，孫家的劇本也絕沒有三國陪審團那麼簡單。

尤其在創業初期，孫策是以士族眼中名聲臭街的袁術部將的名義進入江東，然後逮誰殺誰、血腥搶地盤的。

沒有孫策這位小霸王往江東的這一蹦，歷史絕對是另一番樣子！但是，他的分量也就到此為止了。孫家大分量的是老二孫權。

先說說孫權牛在了哪裡。說他是個「守成之主」是不準確的。他不

僅接住了他哥哥給他留下來的那攤子麻煩，還一路東推，甚至能夠在失去整個淮河防線的情況下把中國古代歷史中戰力排到前五的曹魏政權死死地釘在了長江一線。

自古「守江必守淮」，但孫權先生能夠在長江一線拖住強悍的北方長達百年，這是他能夠上榜這個時代風雲人物的籌碼。

但是，終他一朝，雖然打出了南方政權在中國歷史上罕見的防禦戰績，卻自始至終作為綜合實力第二的一方打出了最平淡的歷史影響。

縱觀孫氏一朝，合肥和襄陽兩個中原橋頭堡死活也拿不下來，而且無論老天給多大臉他都拿不下來，孫權先生還靠著一己之力給曹操的東線將領們集體刷封地。

左右歷史的事件只有赤壁和襄樊那兩次戰役，一次決定曹操的上限，一次決定南方的上限。

再來說說江東進入榜單的最後一位，周瑜。

沒有他，赤壁不一定真能拿得下；沒有他，孫、劉不一定能拿下江陵；他不死，劉備不一定借得到荊州。

周瑜是咱們要細說的人物，他的自生到死，都在做大孫、劉的蛋糕；他和關羽都是決定孫、劉上限的人物。尤其是關羽。

關公到了三國中期真正算得上是一人決定魏、蜀、吳三國走向的人物。

給歷史改道級別的五人中，最後說說劉備。

劉備一輩子不容易，往往歷史需要一個倒霉蛋兒過渡劇情了，就把劉備拎過來了。放心，隨便造，不僅死不了，而且心態好。

他是漢末最堅韌不拔的突圍者，從大東北一直折騰到大西南，最終闖下塊地盤，攪動了歷史，對於歷史進程的推進也比孫家要重要得多。

多個歷史關鍵點，你就看去吧，劉備總是以各種存在感進行摻和，

有股本的時候當主角，沒籌碼的時候當配角，但基本上人家永遠踩在歷史的前沿。

位置雖然很關鍵，劇情雖然很重要，奈何玄德能力確實有短板。他開創的蜀漢，嚴格意義上來講，基因是姓諸葛的。

再來看看第二個級別，決定歷史大勢的。

先來說袁紹，袁紹作為早期的絕對主角，他並沒有那麼窩囊，當時曹操最多算是袁大哥的頭馬。袁紹是大導演，後來由一個區區勃海太守一步步地混成了北方第一大勢力。

他和曹操，某種意義上是背靠背、補位信賴式地互相成就。兩位大佬都是從絕境浩劫中闖出來的雄傑。

其實官渡之戰也被誇大了，他這輩子就錯過了一次關鍵抉擇，他的失敗也在於死得有點兒不是時候。他才是曹操人生中最大的一個對手，可不是什麼劉備、孫權，那二位其實連邊兒都貼不上。

再說說荀彧，他能留到現在，令很多人意外。

但從曹操的發跡史就會看到，沒有荀彧，曹魏能否最終立國都要打個大大的問號。這個人身肩的那個擔子，叫作潁川士族集團。荀彧本身的職能，類似於蕭何加張良的結合體。在身份上，荀彧也更類似於合夥人，並非單純的臣子，他是曹魏集團中最重要之人，沒有之一。

還剩下三個，三國三大咖：魏武揮鞭、諸葛逆天、司馬謀國。

曹操開創了這個時代，諸葛亮承接了這個時代，司馬懿收尾了這個時代。

曹操這個不光彩的宦官子弟起家後，打擊士族為時代強行改道；諸葛亮作為士族，本身卻具體問題具體分析地打擊士族扛起了後三國的腰；最終司馬懿這個二流士族收回了這個士族的時代。

如果非要對這三位的重要性比個高低呢？

司馬懿先下去吧，沒辦法，你這個摘桃的比那兩位還是差點兒。

你是下個時代的開始，卻並非這個時代的最亮閃光。

再刪呢？

諸葛丞相您也去吧，您是強撼危局第一人，某種意義上您也是司馬家的終極恩人。

諸葛家一門三方為冠蓋，蜀得其龍，吳得其虎，魏得其狗；但是，這三冠蓋也分別給了司馬家三父子歷史級別的點炮抬點。父鬥龍；兄搏虎；弟擒狗；諸葛與司馬，堪稱中國歷史上冥冥之中最謎樣的兩大家族。

最終，十尊大神中只剩下了一尊。

天下大勢與走向終究是這最後一尊大神一手創下了的。這個時代，最終剩下的那個代表，曹操。

曹操，是中國歷史上一直被低估的人。

一提起他，奸雄、漢賊一堆很不友好的稱謂。那張大白臉說實話著實不厚道。

實際上，人家可是中國幾千年歷史中罕見的一位綜合性大咖。

他剛開始創業的時候，是個被中央通緝的逃犯。天下已經大亂，各式各樣的山頭勢力全部現世在華夏大地上，自己老家還是州牧的治所，拉隊伍都得偷著幹，還各種被撞。

是他，幾乎以一己之力，一步步地將九州重歸一統，十幾年間從一無所有到將天下十三州拿回了九州半，天下三分得二還要多，並且開啟了傳奇的建安風骨，並強烈地影響了後面兩百年的魏晉風華。

這種政局與文化的雙重引導，放在中國歷史上，是罕見的存在。

能達標的就是上一位大神，既中興國祚又中興儒家的光武帝劉秀。

曹操某種意義上是弱化版的劉秀，他們倆有很多相似度：

基本上都是開盤就是地獄級難度；大量的英雄豪傑跟割韭菜似的一

磕磕地被這超大亂世所拋棄。兩人都引領了後世的時代風貌。劉秀用儒與讖導演了東漢兩百年的文化生態；曹操則一手創建了建安風骨，影響了兩晉乃至後面的南北朝。

很多開國之君的風貌影響大量地體現在政治風向上。

比如說宋太祖留下的祖宗家法將兩宋帶成了中國歷史中最另類的傳奇存在。

別看朱元璋不是文化人，但他留下的祖訓深刻地影響了大明乃至後面的大清，他的那套權力結構被後來的大清全框架吸收採用，影響時至今日。

曹操比他們就全面多了，人家可是政治、文化雙引導的兩棲明星，曹操無論哪首詩隨便拎出來都是雄渾浩瀚的撲面英雄氣。

文治武功一相加，曹操綜合分相當高。

從現在開始，我們的三國系列將以真正的歷史走向視角書寫：

魏武開國掃北，孫劉南方攢局；

關雲長扛大腰；

諸葛亮托後場；

最終司馬三父子收尾。

第 *1* 戰

群雄討董：璀璨紛雜的時代

一、曹嵩生的敗家兒子

話說桓帝時期有黃星現於楚、宋分野，有個叫殷馗的風水士說：「五十年後當有真人起於梁、沛之間，其鋒不可當。」

後來這片地方被證實了，是沛國譙縣（今安徽亳州）。

中國的疆域非常廣大，但有一個小區域卻特別有意思，這塊地方誕生了三個主導中國歷史大方向的開國之君：劉邦起於沛縣，主導開創了兩漢四百年的風風雨雨；四百年後，曹操於譙縣接棒，魏晉風華然後天下大亂四百年；又一千二百年後，在安徽的鳳陽，朱重八小朋友呱呱墜地去放牛了，隨後的五百年，是中央集權制度完善到極致的五百年。

這三位，都是純種漢人。

在曹操到朱元璋的這一千二百年中，有三次歷史的標誌性轉舵：一個是老李家開創盛唐，一個是老趙家的兩宋風雲，一個是老鐵家的鞭笞世界。

老李家非純種漢族，身兼遊牧血統；老鐵家純種蒙古族，往上倒八輩兒是遊牧民族；老趙家雖然是漢人，但卻是篡權得的國，還死活拿不回幽雲與西北；後面再算上漁獵的滿族人兩次起於白山黑水之間，綜合

後你會發現，真正漢族政權引領時代的龍興之地，是在今天安徽與江蘇交界的那一小塊地方。

沛縣向西南兩百公里到了譙縣；沛縣向南兩百公里到了鳳陽；譙縣向東南兩百公里又到了鳳陽。

這個神奇的三角真真正正的王氣爆棚，不僅出的帝王都是牛人，當地給搭配的班子也全都是歷代王朝的頂級配置。

曹操的班子算是差了點兒，但仍然把起步的武班子給搭齊了，劉邦和朱元璋起家時那可真是要什麼給什麼！如果你在這塊地方出生要自豪，此乃漢族兩千年王氣所在。

公元155年，曹操出生。

因為這位大神比較實在，早年間各種「破四舊」，後面淨說大實話，寫實主義的革命思想又開創了建安風骨，導致了自他開始到兩晉結束，魏晉各位帝王的降生都再罕見祥瑞之兆。

曹操那麼大的一尊神都是正常生下來的，你怎麼好腆著大臉說你是大龍盤你媽盤出來的？

不過東晉偏安時，北方走馬燈的各少數民族又開始在出生時的不尋常上做文章。

沒辦法，第一次少數民族入主中原，沒有神仙幫著撐腰說話總歸不硬氣。

不過，他老曹家後來沒往臉上貼金，沒說曹操出生時「滿屋金光大龍盤旋」，這跟他的出身還是有很大關係的。這個「金」也實在是沒法貼。

曹操一生中有一個最大的污點，他家是太監世家。曹操的父親曹嵩是個大貪官，做大、做強是因為認了一個歷任四朝的大宦官曹騰當乾

爹，後來承襲了曹騰的費亭侯，最終還靠著買官做到了三公中的太尉，花了一億萬，頂級貪官。

這個「一億萬」是虛數，形容特別多的意思，這就好比「三公」的工資是「萬石」，照理說比下一級的「中兩千石」多出五倍，但實際上就是個虛數，工資大約是兩千石的兩倍多，即四千二百石左右，只是形容大領導特別尊貴的叫法；同樣，這個「一億萬」也是史官變相地罵靈帝滿腦子光認錢臭不要臉和曹家貪污腐化的規模水平。

還是那句話，文化人很可怕。

曹操最終的起步騰飛，其實也叫祖上有德。

曹操他爹認的這個乾爹曹騰，別看是宦官，但卻挺有德行的。

曹騰得寵於順帝，開始為小黃門，後遷至中常侍大長秋，掌權三十多年，歷事四帝，從來沒犯過錯。

曹騰作為一個宦官對於士族的各種彈劾與中傷，基本上不報復；對於名聲較好的賢能人才往往會加以推薦。比如陳留的虞放、邊韶，南陽的延固、張溫，涼州三明的張奐，全都是曹公公打過招呼上來的。

當然，從後來曹嵩能花這麼多錢買官也說明曹公公家的經濟來源肯定不乾淨，但在那個時代，曹騰總體來講是個厚道的太監。

比如漢晚期的名臣种皓，年輕時彈劾曹騰，按當時的士宦鬥爭慣例來講，這就是階級敵人在開戰，雙方隨後就是不死不休地互相踏上一萬隻腳，讓對方永世不得翻身了。

皇帝自然是站在曹公公這邊的，但种皓的口碑和每年報上來的政績顯示他是個好官，曹公公不僅不落井下石，反而經常美言幫种皓一把。

歲月流轉，政績卓著的种皓晚年當上了「三公」，此時他已經快六十歲了，回顧一生，這位大領導深情地對賓客們說「我能有今天，都是當年曹常侍的提攜幫助」。非親非故，不同階級，卻最終讓一個志在百世流

芳的口碑名臣在階級鬥爭愈演愈烈的大環境下，在暮年不惜留下污名地讚歎一位宦官，這是很罕見的。

這也從側面體現了奉事四朝的曹騰深厚的人品積澱，因為啥事兒都有個成本，种皓即便再心底無私天地寬，也肯定是衡量過讚美曹騰在自己圈子裡不會受到打擊排斥才敢說這話的。

曹騰作為四朝巨宦的費亭侯，是需要後人來繼承的，曹嵩作為曹騰的養子進入官場，幹上了司隸校尉，靈帝時又拜了大司農、大鴻臚，後來代崔烈為太尉。

官雖然大，錢雖然多，曹騰雖然口碑不錯，但曹家的這個宦官出身卻始終讓曹家人在某個特殊群體那兒抬不起頭來。人家士族即便最後輸了，但知識分子骨子裡的那股勁兒卻是永遠抹不平的。

黨錮之禍使得宦官集團與士族集團的矛盾徹底炸裂，而且各地下界的妖孽也多是宦官後人。結果朝廷和地方上有話語權的士大夫們在藝術創作和品頭論足中把宦官集團罵了個狗血噴頭。

漢末的知識分子是惹不起的能量集團，他們當年牛的時候能自己評「三君」、「八傑」、「八俊」；輸了以後照樣不耽誤在民間生態中繼續佔領意識形態高地。

這也就導致了雖然你位高權重，享盡榮華富貴，但他們只要說你是宦官後人，你馬上就氣短憤怒。這跟罵街是差不多的。

不過即便如此，這個出身對曹操來講卻還是很重要的。因為沒有這頂醜陋的帽子，曹操不會年紀輕輕的就走入帝國的中央，不會早早地見到廣闊的世面，不會認識那一大幫後來天下大亂時當主角的官二代們。

曹操年紀輕輕加入當時的「洛陽N少」行列中，可以說是他這輩子最重要的背景經歷。沒有這個，他壓根就上不了賭桌，他連摸牌的資格

都沒有。沒有他這個污點的家族，就不會有他這極其燦爛的人生。

宦三代的曹操從小得到了一流的教育，這孩子很快地就展現了全方面發展的通才潛質：他酷愛讀書，尤其愛看課外書，比如兵法；在詩歌、書法、音樂方面有著很高的造詣；體育也特別拿分，據說武藝高強。

從古至今，窮文富武貴藝術，沒錢、沒勢力是培養不了全才的。曹操的這些技能沒有一項是省錢的，他的這堆燒錢技能在未來幾乎也都成為最關鍵的競爭優勢。

比如說曹操的武功高到了什麼程度呢？他後來在去揚州募兵的時候遇上了兵變叛亂，曹操提著劍砍死好幾十人衝出大營。曹操要是沒有一身武功和那副禁折騰的好身體，在他的人生劇本中早就死八回了。

曹操的家庭背景還使得他交了一堆官二代的朋友，比如說丫鬟生的袁紹。他跟袁公子後來組成了洛陽城雞飛狗跳二人組，總給家裡惹麻煩，兩人還總搞興趣小組，叫一幫狐朋狗友在河上唱歌喝酒，偶爾扯淡大漢的未來，最牛的一次在人家結婚的時候把新娘子都偷出來了。這攤什麼時候都是紈絝子弟的混蛋流氓行徑，但很多時候，歷史就是由這些人推動的。

曹操這淘小子在成年後經司馬防（司馬懿他爹）舉孝廉當上了洛陽北都尉，然後不畏強權地幹了點兒好事，把太監蹇碩的叔叔打死了。此時的蹇碩還是小黃門，還沒掌管西園軍，否則曹操是不敢這麼牛氣的，而且這活兒也就是曹操這種的宦三代能幹出來，家裡有人嘛！宦官子弟嘛！你當青天大老爺那麼好當的啊！

後來一大堆找曹操麻煩的報告打上來，曹嵩就把曹操調到地方上去了，去頓丘出任縣令。沒辦法，這小子放在京城忒惹事兒，總得給他擦屁股。

類似於每個惹完事兒的熊孩子都不會覺得自己做錯了一樣，後來快

六十歲的曹操在出征孫吳時跟曹植說：「我幹頓丘令的時候是二十三歲，回想當年的所作所為，到今天都不後悔啊，你小子今年也二十三了，不能不努力啊！」

他大概沒忘他是怎麼去頓丘上班的，因為曹操對於不畏權貴打死壞蛋這件事是相當看重的。

他死前跟關老爺在襄樊鬥法前把指揮部設在洛陽，在這個時候專門命人裝修了洛陽北都尉的辦公室。

這個芝麻官是他人生的仕途起點，也是他對士族集團示好投誠的第一份工作，他相當自豪。

曹操非常不喜歡自己的出身，他希望通過自己的努力洗清宦官背景的關係。他交的朋友基本上都是士族翹楚，他打擊的對象基本上都是宦官親屬。

只是不知他在回憶自己的青蔥年少時，有沒有想念那個為他擦了十多年屁股的老爹，那個後來他忽略家屬住址，盲目地開戰後被他坑死的老爹。

後來風頭過了，曹嵩又把曹操調回洛陽做了議郎。

然而沒多久曹操又差點惹了大禍。

他回京幹議郎的時候，在頂級反革命竇武一黨被剿滅後，瘋子一般地敢頂著雷去上書鳴冤！

我相信曹嵩看到自己生了這麼個王八蛋兒子心中是無比憤怒的！地上的禍不惹，他惹天上的。

當時竇武犯下的罪被定性為頂級反革命的案件，黏上就死，別人避還來不及，這小子非得頂著雷上，不知道老子天天在中央給你擦屁股、裝孫子有多艱難嗎！

要知道，在黨錮之禍八年後，士族集團扔出永昌太守曹鸞上書為

「黨人」鳴冤去做試探，結果曹鸞不僅被弄死，還使得黨錮的範圍被擴大到了五族，又刮起了超大規模的腥風血雨！

年輕時的曹操可以說是非常不懂事的任性宦三代。他從來沒有想過自己的那一大堆魯莽的做法會帶來多麼嚴重的後果。要不是曹操他爹和他爺爺在宦官圈子裡的根子超級深厚，曹操早早地就該離開歷史舞臺了。

同年齡段比曹操大幾歲的袁紹則成熟得多，自家在黨錮之禍後地位絲毫沒有影響，還背地裡繼續跟被打壓的黨錮士族們打得火熱，還不讓人抓到把柄。

雖然最終曹操依舊什麼事都沒有，還因為這個漸漸地成了士族圈子裡的人，或者說可利用的宦三代。

但是，總體來講，他似乎永遠沒有那麼深的城府。他活得永遠很真實。他並沒有袁紹那種做大局的思維套路。他的人生有另一套算法。他這輩子基本上都在用自己對時局的判斷去規劃，並一往無前，勇猛、精進地實踐自己的人生。

不過別以為這是好話。

他的這套人生算法是無法推廣普及的。他犯的隨便哪一個錯，擱一般人直接就投胎去了。為他這套死亡率極高的人生算法保駕護航的，是古往今來罕見的超級幸運。比如說，年少時有個幸運的爺爺和爹。

184年，黃巾之亂爆發。

這一年的曹操三十歲了，他的最大天賦展現出來了：非凡的軍事才能。

曹操在老爹的疏通下出任騎都尉，本希望他沾點兒軍功以便將來好提拔，但曹嵩並沒有想到，自己這兒子並不是混資歷去的，而是表現非常亮眼，還因戰功升到了濟南相。

在濟南，曹操又展現出了治郡之才，上來就砍掉了百分之八十的貪官污吏，將十幾個縣的濟南國治理得「政教大行，一郡清平」。

曹操仗著自己的強大後臺開始一點點地實驗自己的人生方向。

總結下就是幹好事，然後得罪人，最後老爹擦屁股的套路。此時的他，和當年的王莽一樣，有著滿腦子的理想。

但是他比王莽幸運，王莽是個苦孩子，從小就要夾著尾巴，左右逢源，必須要等到自己忍成最牛的那一個，才能去實現自己的理想。

絕對的理想配上絕對的權力帶來的就是絕對的毀滅。因為所謂理想，永遠是空中樓閣。也許那個虛幻的樓閣真的存在，但你想爬上去靠著你幻想的那把梯子可沒戲。

曹操的家世背景給了他足夠的成才物質保障，給了他高階層的人脈圈子，更關鍵的是，給了他極其可貴的實驗夢想荒唐性的試錯空間。

去完成自己的理想，必須從剛起步的時候就不斷地去朝著這個理想方向去試錯，在不斷地磕碰與迭代中發現適合自己人生的算法以及自己的人生劇本。而不是務實地隱藏了一輩子，然後整一把大的！

所謂的「理想」，如果真的僥倖達成了，走的絕對不是你當初幻想的那條路。而且你站在山頂後往往發現，當初的理想是笑話，這個笑話引出來的人生旅程倒是上蒼的恩賜和精彩。是在這一次次的小範圍試錯中，曹操看到了這個世界的現實和夢想的巨大差別。

在一次次的上書和對烏煙瘴氣朝堂的上書建議中，身穿曹嵩軟蝟甲的曹操在一個個的太監眼中，就是個不懂事的混蛋小輩，是個一眼能看到底的小把戲，能有多大的能量，一杆傻槍罷了，不是看他爺爺、看他爹的面子早弄死他了。

倒是袁家那個笑瞇瞇的袁紹是個危險人物，葫蘆裡到底賣的是啥藥？

在朝堂上不斷地使出渾身解數後，曹操開始變得沉默，漸漸地學會了保護自己。

在治郡的過程中，曹操看明白了這個世道的艱難，也在盡最大的努力去關心地方的疾苦。比如他在濟南時，再次不給家裡省心地幹了件受累不討好的大事。這件事，最終種花得柳地成了他後來人生關鍵騰飛的一次名譽背書。

二、董卓竊國，譙縣起兵

曹操在濟南斷絕了當地的「淫祀」。

首先不要顧名思義地認為大濟南的祭祀方式比較開放，可以搞墳頭蹦迪這種前衛活動。

「淫」在這裡是過分的意思。「淫雨霏霏」、「富貴不能淫」都是過分的意思。

當年城陽王劉章在諸呂之變中極其威猛立有大功，但封王后的第二年就「神奇」地病逝了。他哥哥齊王劉襄在諸呂之變後不到一年也「神奇」地離開了齊國人民。

這哥倆在政變之前喊打喊殺最兇猛，都早早地流露出了搶奪皇位的心，結果不僅給別人做了嫁衣裳不說，還都「英年早逝」了。

那段皇位銜接過程中的「湊巧事」還有很多，比如我們說過，呂后當政時劉家王爺們想活命都得娶呂家閨女，那摘桃繼位的文帝媳婦是誰家閨女呢？不知道，史書中找不到，只知道文帝平平安安地當了十六年的王爺。

等呂家被打倒後，功臣集團為了保平安全面誅殺呂家人，文帝的那

位代王后也「神奇」地「卒」了，王后所生的四個兒子在不到倆月的時間裡也都緊跟著「病死」了。

這一大幫人是否正常死亡咱不好瞎下結論，反正和文帝這皇位有關係、跟功臣集團們斬草除根有關係的「重要人物」們，全都在改天換地後迅速地「病死」了。[1]

再次緬懷下太史公，您老人家偉大啊！能拐彎抹角地說出歷史真相啊！

估計是山東老百姓覺得劉章過早地離開他們實在太冤了，於是開始給劉章修祠堂。

後來估計是威猛先生劉章死後也覺得自己冤得慌，久久地不願離開腳下的這片土地，時不時地摻和活人的世界，玩個顯靈什麼的，於是青州諸郡開始大批量地給劉章蓋祠堂以求保佑。到了漢末的時候，濟南國的劉章祠堂已經達到了驚人的六百多座。

其實緬懷劉章倒也沒啥，但是不知是劉章在地底下總嚷嚷要東西，還是山東官員們打著「劉章要東西」的幌子通過祭祀從中斂財，整個青州地區的「淫祀」現象非常嚴重，尤其濟南國，對他的祭祀已經達到了「作倡樂，奢侈日甚，民坐貧窮」的地步。給六百多個劉章祠堂定期隨份子成了壓在濟南人民身上的大山。

三百多年了，歷代官員都看在眼裡，但歷代官員從來沒有敢管的。隨份子的也不是我，況且還指著辦這個白事跟地底下的劉章陰陽兩分紅，這是宗教鬼神問題，跟政府考核可沒有關係。

曹操來了，他敢管。濟南人民在被盤剝三百年後迎來了不差錢、背景硬、正氣足的青天曹老爺。

1　《漢書·外戚傳》：代王王后生四男，先代王未入立為帝而王后卒，及代王立為帝，而王后所生四男更病死。

家裡不差錢就不在乎當地的祭祀分紅；家裡背景硬就不怕濟南地方給我穿小鞋；我一身正氣看到活人快讓死人逼死了，我就得管！

隨著曹操的出現，六百多座劉章祠堂被毀壞，官方禁止吏民祠祀劉章，堅決打擊奸邪鬼神之事。濟南的「淫祀」由此開始斷絕。濟南的老百姓終於從長達三百年的巨大份子錢中跑出來了。

當年王莽篡漢時，山東老百姓迸發出了反政府的超強戰鬥力，赤眉軍從山東一路捅到關中；後來黃巾起義時青州又成了全國掛號的頂級重災區。追根溯源，其實和青州當地政府打著鬼神名義盤剝有著很大的關係。

既然我都讓死鬼和領導們整得活不了了，那我還是信教吧！讓我這邊的神仙跟你對打吧！

曹操這次受累不討好地管閒事並非沒有意義。除了立竿見影地改善民生外，他還博得了另一個群體的好感。

濟南屬青州，整個青州的百姓對這個小夥子都產生了巨大的好感，並漸漸地幫曹操在文人士大夫圈子外產生了巨大的底層口碑。這份好感，某種意義上，最終成了曹操這輩子鯉魚躍龍門的關鍵幾步之一。

過了不久，曹操被平調到了西邊的東郡去做太守。（見圖 1-1）

雖然距離沒多遠，但濟南屬青州、東郡屬兗州，估計是青州領導們找關係把曹操踢出青州了。曹操在濟南的「破四舊」明顯地嚴重擾亂了青州的政治生態，各地都指著「淫祀」創收，你這小子突然把收費站給我們砸了，有沒有考慮過我們地方上的感受！

這次曹操並沒有去上任，而是申請進中央宿衛。

此時已經三十多歲的曹操終於有些長大了，因為史書中對這個階段的記載變成了「恐為家禍，遂乞留宿衛」。有怕的了，知道不能給家裡惹禍了，是一個孩子成熟的重要標誌。史書中沒有提他此時的具體年齡，

圖1-1　濟南國語東郡位置圖

但大概率在三十一到三十三歲之間。

　　三十多歲的人才知道不能瞎得罪人，基本上是晚熟了，但曹操的這種晚熟卻門檻相當高，他基本上算是把各種死法都作一遍後，才看明白世道的。

　　擱別人都死八回了，但他闖的這堆禍，卻對於他理解這個世界有著更深層次上的幫助，而且更神奇的是，他每次闖大禍時往往都會無心插柳地給他帶來巨大的未來回報。

　　曹操回中央拜議郎後幹了沒多久，由於此時靈帝伸手要錢已經到了沒羞沒臊的地步，曹操開始告歸鄉里，在樵縣城外蓋了別墅，春夏讀書習傳，秋冬練武打獵地過著富二代日子。

　　頂級官二代的人生劇本真是美好，即便人生處於低谷都是其他階層的仰望。

188年，漢末崩盤前夕，士族圈子中的「自己人」找到了曹操，冀州刺史王芬、南陽許攸、沛國周旌人聯結各地豪傑，打算謀廢靈帝立合肥侯，喊曹操入夥。曹操沒搭理，他已經知道分寸了，謀反這事兒他爹也平不了。而且從這事兒起，曹操也開始漸漸地感覺出來這個「組織」貌似是沒有下限的！後來這夥膽大包天的人的陰謀被粉碎，冀州刺史王芬自殺保全體同仁的平安。

這年八月，靈帝組建了「西園八校尉」，本想等到世道太平後再出山的曹操回到了中央出任典軍校尉。因為他爹不久前在太尉的位置上被罷官了。家族在朝裡是不能沒人的，要不黑槍分分鐘打死你，尤其你家的成分比較模糊，名義上是宦官之後，實際上跟士族走得非常近，誰知道哪天風水一變，你家就由「兩頭佔」變成被人家「兩頭砍」了呢？更何況曹操這些年明裡暗裡得罪太多人了。

曹操這次算是走到了帝國關鍵崗位上。這回除了他老爹使勁兒外，他能進西園軍的這套班子，跟這些年自己往士族圈裡玩命地扎有很大的關係。因為此時的大將軍何進作為屠戶出身，急需聲望打點門面，像袁紹、劉表、荀攸這幫名士們都是在這個時間段進入何進班子的。

在「征辟察舉制」下，很多老資格的官員的提攜固然重要，但當時名士的評語也屬於非常重要的一個加成環節。

導師的一句話是能夠決定你的社會咖位的。你這人什麼水準，有沒有能力，文化程度啥樣，實際上誰知道怎麼回事？

在那個年代，人才鑑定是需要識貨人的推薦信的。你是治國之才，還是百里之才，還是鄉村里長水平，這往往都得是懂行的人才能看出來的，畢竟你沒有發展出科舉制，一張卷子定終身，更沒有今天的考試這麼先進。

那麼誰懂行呢？不用說，士族集團懂呀！士族名士們的一些評語往

往非常重要，甚至開始出現一語定終身的趨勢。

曹操得到的評語就是當時的頂級 A 評，這也成了曹操後來出去混的一個重要光環加成。

時任尚書令的橋玄這麼評價過曹操：「天下將亂，非命世之才不能濟也，能安之者，其在君乎！」

老橋深情地對曹操說：「我看的天下名士太多了，沒見過你這樣的，你要努力，我老了，將來希望能把家族託付給你。」

南陽名士何顒說：「漢室將亡，安天下者，必此人也！」（一看就是受黨錮之禍牽連的，這麼反動的話都能說出來。）

主持每月風雲人物評選「月旦評」的汝南許劭（「三公」世家）比較看不起曹操的出身，但還是撂出了一句勁爆話：「子治世之能臣，亂世之英雄。」

曹操聽後哈哈大笑。

這句話是《三國志》版本的，《後漢書》說的是「君清平之奸賊，亂世之英雄」。

雖然《後漢書》這前半句幾乎等同於罵街了，似乎也更符合許劭的小性格，但兩本書的後半句是相同的：「亂世之英雄」。

《三國演義》比較「倒曹」，加工成了「治世能臣，亂世奸雄」。客觀來講，奸雄這個詞是不足以評價曹操的。他在蓋棺定論時，是個英雄，頂級的大英雄。

諸多名士對於曹操都寄予了對這個時代的希望，因為當時有一件事情已經顯露無遺：天下要大亂了。

袁紹在導演漢末皇權崩塌大戲後，票房神奇地歸了董卓。

我們說過：國之將亡，必有妖孽。董卓這個大魔王進入洛陽後，曹

操面臨著一個關鍵抉擇。

董卓看上了曹操，想要留他在洛陽做自己的驍騎校尉。

話說董卓成功地進入了後世一提到亂臣賊子就火速地映入腦海的幾個經典王八蛋編制。

看看他幹了什麼。

他給自己封官，封到了太尉，後來又拜成了國相，超越「三公」，掌宰相權，再後來又改了，叫太師，這也是我們調侃董卓時的經典稱謂。

他給家族封官，跟他家但凡沾點兒邊的全封侯了。

他好色，連公主都照玩不誤。

他貪財，廢除五銖錢，私鑄小錢，大搞通貨膨脹，而且不僅洗劫活人，死人也沒放過，縱兵挖皇陵，而且不光皇室倒霉，當時洛陽大量的高官望族全沒躲過，祖墳全部被刨。

他嗜殺成性，大量平民被殺，大量婦女被淫虐，對待戰俘他更是殘忍出了新高度，比如他喜歡把俘虜裹成木乃伊，塗上燃燒物倒著燒，他在吃飯時看著戰俘被剪舌頭、挖眼睛談笑自若。

他張嘴就是法，頒佈的法律混亂無度，犯法與否全取決於自己的意志，冤殺了大量的無辜官員與百姓。

他廢立皇帝，理由是效仿霍光輔政，而且後來他還把前皇帝殺了。

「殺、盜、淫、妄」，他可以說是古往今來頂級混蛋的集大成者，所有你能想像到的壞事，只有你想不到，沒有董太師幹不到的。

他這個混蛋界的全滿貫其實很罕見，因為後世也有很多混蛋，但幾乎沒有一個人能幹得這麼全。

曹操此時已經三十五了，他在十多年的高頻率大劑量的闖禍中積澱出了眼光與智慧：董卓這趟車明顯和他的人生規劃不同，他是要當大漢征西將軍曹侯的人，不是給西北軍閥當小弟的！他看出來大漢非死在這

貨手裡，不僅不應招，還選擇了逃跑，更名改姓地溜出了洛陽。他這個亂世英雄就是打妖怪來的，咋能給妖怪當小鑽風呢！

《三國演義》中說他拿著七星刀要行刺董卓，然後在被發現時腦筋急轉彎獻刀而逃，這是羅貫中先生給加的戲，主要為了體現曹孟德強烈的革命熱情和八千轉的腦速。(刺殺董卓的是越騎校尉伍孚，最後被亂劍刺死。)

真實的曹操哪裡會去做個死士嘛！人家早早地就確定了自己的志向：要當英雄，而且是大英雄！

曹操過成皋時，發生了著名的「呂伯奢事件」，就是曹操遇到了熟人呂伯奢一家，然後曹操怕洩露行蹤把人家一家子都殺了。

這件事有好幾個版本：

《三國演義》中說，曹操遇到了熟人呂伯奢，人家款待他，曹操聽見磨刀聲誤會了，殺了人家全家，跑的半路上還殺了打酒的呂伯奢並說出那句「寧我負天下人，勿天下人負我」，為小說的基調埋好伏筆。

《魏書》中說的是：「伯奢不在，其子與賓客共劫太祖，取馬及物，太祖手刃擊殺數人。」突出的是錯在人家，曹操是自衛反擊和一身好武功。

《世語》：「伯奢出行，五子皆在，備賓主禮。太祖自以背卓命，疑其圖己，手劍夜殺八人而去。」

孫盛《雜記》：太祖聞其食器聲，以為圖己，遂夜殺之。既而悽愴曰：「寧我負人，毋人負我！」

後兩種說法是曹操疑心病犯了，然後把人家給殺了。

總之，曹操肯定是殺人了。

不過，最惡劣的情況是孫盛《雜記》中的記載：殺完後擱那兒哭：「寧我負人，毋人負我！」而不是《三國演義》中殺完人家還一臉你死了

活該的表情，然後說「寧可我負天下人，休叫天下人負我」。

別看就差「天下」倆字，前者是臭流氓的級別，後者是臭國賊的級別。此時的曹操頂多是流氓，並沒有到國賊的地步。文化人要是想搞你啊，絕對讓你防不勝防。

曹操出關過中牟時，董卓逮曹操的詔令已經到了，並且曹操被抓住了，但曹操被當地功曹放了。然後曹操回到了老家譙縣，開始散家財，招募當地的社會不安定分子，準備搞事情了。

曹操沒有一上來如《三國志》所說的那樣：在陳留就起義了。

因為他到中牟時已經是通緝犯了，他是跑出來的，後來的好哥們陳留太守張邈此時還沒有上任，到陳留時首先不會有人搭理他。

其次他從洛陽逃跑出來，是談不上散家財的。

而且他起兵時，所有耳熟能詳的曹仁、曹洪、夏侯惇的諸曹夏侯們就已經出場了，不可能他從陳留寫一封信就讓老家兄弟們帶著黑社會去跨省參加他的造反運動的。

唯一的解釋，是他回了老家，回到了自己的地盤。後面還有詳證。

在這個階段，曹家的超級武將班底水平顯現出來了。他爹曹嵩除了給了曹操一張很棒的入場券和早期的熊孩子保護傘之外，還給了他一個很牛的家族。

漢末最給力家族登場！

三、董卓的致命失誤

在這裡要提前下一個定論：曹操沒有背後的這個家族支持，他最後是擺不了這麼大的攤子的。這個家族為曹操提供了大量忠誠的人才儲備。

第一代宗族大將中，曹仁、夏侯淵、夏侯惇、曹洪、曹純都是各挑一攤的方面大員以及核心崗位上的要員。夏侯淵虎步關右，夏侯惇督導東部戰區，曹仁把守南大門，所有的重要軍區全是曹操自家人極其忠心給力地支撐著。

第二代像曹真、曹休、夏侯尚，還有他本人自產的曹丕、曹植、曹彰，仍然是二代接班政權中的翹楚。

並不是說曹家將們就比外姓將們水平高多少，而是說只要自家宗族的人才是一般水準之上且大量產出，那對於一個初創政權來講就是頂級配置。

這句話可能比較費腦子，簡單地說一下。政體創立之初，很多關鍵崗位，比如說軍區司令，只要不出亂子，能正常地讓轄區軍事班子維持下去，不讓敵人佔便宜，這就是一般水準之上了。

一個在一般水準之上的自家司令和一個頂級的外姓軍神你會用哪

個？

當然，劉邦肯用外姓軍神，但中國古往今來有幾個劉邦呢？

頂級大神頂級好用的另一面則是頂級的監管難度。

權力結構上，永遠有一個親疏遠近的放心成本。

夏侯惇也許無法開疆拓土地打出關二爺那種威震華夏的戰役，但是他能「督二十六軍」不出事，所有的外姓將領聽話肯幹、疆土不失，這就是太給力的宗族成員了。

司馬懿就是頂級人才，曹家對他可謂不薄，但他七十多了一看機會到了、誘惑來了，也得讓兒子扶他起來試試。

大領導再能幹他的精力都是有限的，權力的監督也是有成本的。在至高的權力誘惑下，只要是外姓人，就永遠不如血親靠譜。

但是吧，這事兒也得具體分析，最親不過兒子，你有一大堆厲害兒子就好了嗎？也不見得，因為兒子們都覺得自己能耐，都覺得該自己繼承老爹，這樣往往又會造成巨大的火併和內耗。

最好的配置，就是宗族裡核心明確而且是最厲害的那一個，剩下一幫叔伯兄弟們在繼承權上沒有參與機會，但素質都還不拖後腿，能幹事。

曹操最終能夠稱霸漢末，除了自身的亂世大才之外，家族助力功不可沒。

後面司馬家能祖孫三代把曹家拱下去也和司馬宗族中出了大量的人才有很大關係。

像袁紹，很大程度上，就輸在宗族人才上面了。

曹操回老家後帶上歷史舞臺的諸曹、夏侯們，和曹操的關係容易讓人疑惑：曹家和夏侯家到底是個啥關係。

《三國志》中說找不到曹嵩的出身來源。

有一種說法，曹家是曹參後人，夏侯家是夏侯嬰後人，當年幫劉邦打完天下，後代們繼續著祖宗的革命友誼，結果四百年下來好成了一家子。這種說法已經在近代的基因科學研究後證實是假的了，曹家這支和曹參沒關係。

像《曹瞞傳》和《魏晉世語》等書中又記載，曹嵩本姓夏侯，後來過繼曹騰改的姓，曹嵩是夏侯惇的叔父，曹操和夏侯惇是叔伯兄弟。

從後面曹操對夏侯惇的表現來看，確實有著很大的可能，但是吧，這又不太符合常理。因為曹騰公公他爹並非就他這麼一個孩子，曹公公還有四個哥哥，按照當時的宗法制度來講，曹騰收養子繼承爵位應該是在自家宗族中挑一個孩子，而不是挑一個外姓家的。

在那個時代，血親宗族是最近的，曹騰這麼牛的大宦官要是選外姓孩子過繼自家首先就得打爆炸了。而且曹騰並非跟宗族鬧翻了，曹仁和曹洪都是曹操的堂弟，曹仁的爺爺曹褒是潁川太守，父親曹熾幹過侍中、長水校尉；曹洪的伯父曹鼎是尚書令。曹騰明顯是利用自己歷任四帝的心腹所積累的深厚資源帶領全族一榮俱榮的。

綜合判斷起來，更合理的解釋應該是曹嵩是曹騰宗族孩子過繼的，曹家跟夏侯家則是譙縣兩個淵源特別深厚互相通婚的家族。

夏侯惇、夏侯淵、曹仁、曹洪等一大幫曹操在老家的豪族兄弟們都開始跟隨著曹操大哥加入到了漢末紛爭當中，並為後世貢獻了歷代三國志遊戲中，統帥和武力全都是戰神的團隊表現。

由於曹操家族有著強硬的宦官背景與後臺，因此曹操家族在漢末這些年非常幸運地趕上了可以野蠻生長的西漢豪族發展模式。

比如說曹家第一戰將曹仁，就是「陰結少年，得千餘人，周旋淮、泗之間」的當地黑社會頭目。

曹仁的弟弟曹純則走另一種風格，成了混白道的地方名流。[1]

曹操的從弟曹洪在家族的安排下幹過蘄春長的起步官，後面能在曹操被打禿後迅速地帶領「家兵千人」去揚州幫著大哥繼續拉隊伍。

夏侯惇十四歲的時候能殺了侮辱他老師的人，然後還沒見有啥司法後果反倒「以烈氣聞」。

夏侯惇的族弟夏侯淵則是曹操回老家當富二代惹了重罪官司後義無反顧地幫著頂罪的「內妹夫」（淵妻，太祖內妹，「內妹」是指舅舅的閨女）。

總體來講，曹家和夏侯家在譙縣是那種最惹不起的深不見底家族：中央有頂級的官僚保護傘為底色（太尉曹嵩、尚書令曹鼎等中央高官）；家族中有儲備的後備中央梯隊官員（曹操）和地方官僚梯隊（曹純、曹洪）；黑道勢力同樣在地方上全面發展，有本地惡霸（夏侯惇、夏侯淵），更有縱橫淮泗的黑老大（曹仁）。

中央通著天，地方上的司法審判根本無效，家族財力和人力儲備超級雄厚。

但是，這樣全面發展的譙縣頂級家族，曹操在回到老家後發現，他起步遇到了頂級難度的對手。

對於剛起步的曹操來講，有一個非常不利的因素，因為譙縣是豫州牧的政府所在地，而豫州又是這幾年黃巾起義的重災區。黃巾鬧得比較嚴重，去年靈帝第一批打包外放的州牧中，就有豫州牧。州牧的力量比刺史要大太多了，總攬軍、政、財三項大權。豫州牧承擔著總剿豫州黃巾的責任後，成了漢末第一批土皇帝。

1　《英雄記》：僮僕人客以百數，純綱紀督御，不失其理，鄉里咸以為能。好學問，敬愛學士，學士多歸焉。

此時的豫州牧是黃琬，這幾年刷黃巾戰績全國知名，成為感動東漢的傑出代表。

本來作為地頭蛇的曹家在朝中倒臺後意外地遇到了手裡有兵的黃琬，而且黃琬當年和陳蕃是好同事，後來被黨錮之禍牽連，沉寂了快二十年。

曹操貌似投誠了士族，但曹家是太監起家，我看你能順眼了？黃琬對中央的勁爆事件，此時選擇了讓子彈再飛一會兒，董卓混蛋不混蛋我暫時不知道，但我知道老曹家現在不行了，不僅曹嵩倒臺了，連曹家大小子都成通緝犯了，這小子逃回來後還在我的地界上搞反政府武裝。尤其曹操這小子當年攔我這兒當富二代時就總嘚瑟，這回看我打不死你。

黃琬對曹操展開了相當殘酷的鎮壓。

比如說被《三國演義》黑成狗的曹真他爹，就是在這段時間被黃琬殺了。[2]

為啥後來把曹真當親兒子一樣地養起來，還給了這麼大的發展空間？就是因為最開始舉事的這個階段太艱苦困難了，他爹跟我親兄弟有什麼區別！

導演漢末崩塌大戲的袁紹八月將大戲導完，票房全歸了董卓，曹操跟袁紹前後腳離開洛陽。九月初曹操開始在老家陰謀起事，結果被地方政府各種折騰。

在老家被痛打，眼瞅孟德兄還沒怎麼樣就要成為歷史中的幾個字之時，袁導的續集又來了。

2　《三國志・曹真傳》：曹真字子丹，太祖族子也。太祖起兵，真父邵募徒眾，為州郡所殺。《魏書》：太祖興義兵，邵募徒眾，從太祖周旋。時豫州刺史黃琬欲害太祖，太祖避之而邵獨遇害。

九月甲午（二十一日），董卓任命豫州牧黃琬為司徒，進中央當「三公」了，曹操因此開始解套。

　　當初跟袁紹一塊在何進府幹幕僚的棋子周毖、伍瓊等開始攛掇董卓，說您老人家日理萬機，現在天下太大了，憑咱們現在是搞不定的，那幫士族們還是要拉攏一下，給了他們好處他們就該認命知足，不再反對咱們了。

　　董卓對關東士族的態度其實最開始也是非常友好的。董卓為當年的陳蕃、竇武那幫受黨錮之禍的反革命集團平了反，恢復了陳蕃等人的爵位，開始任用他們的子孫，相反他對自己的人卻相對比較克制，並沒有安排在什麼顯耀的職位上。

　　對於周毖、伍瓊的建議，董卓也覺得很對，隨後外放了一大批士族官員去關東任職。

　　有名氣的比如尚書潁川韓馥為冀州牧，侍中東萊劉岱為兗州刺史，潁川張咨為南陽太守，陳留孔伷為豫州刺史，東郡張邈為陳留太守，剩下還有一大批的士族外放官員出任關東的地方郡守。

　　董卓非常積極地表態：「我也當把外戚，你們士族集團雖然沒當上王莽，把控不了中央，但我把關東的利益讓給你們，咱們接著好好地過吧，都別鬧了成不成？現在可比你們二十年前的局勢強太多了，咱就這麼過日子了，成不成？」

　　不僅讓這幫關東士族得了好處，董卓對操大盤的袁家其實也是非常客氣的。袁氏在京城的一大家子啥事沒有，而且袁紹還被下臺階地給了新的編制。

　　周毖這幫人對董卓說：「領導啊，這個廢立大事啊，常人是沒有魄力幹的，袁紹不識大體一害怕就逃跑了是可以理解的，這是他不敢跟您來勁的表現。現在要是給他逼急了，他家樹恩四世，門生故吏遍天下，若

收豪傑以聚徒眾，英雄因之而起，那麼山東就不再是您所能掌控大局的了。不如現在赦免其罪，給他幹個郡守，他一定成溫水青蛙了，咱就沒有禍患了。」

袁紹被董卓官方任命為勃海太守，封邟鄉侯。與此同時，袁術被任命為後將軍。

董卓是想討好袁家，將袁術扶植為袁家下一代的族長跟著他混，讓跟他拔刀的袁紹在外面溫水煮青蛙式地自生自滅。但他忽略了袁紹這人的志向和水平。

你也不想想，操這麼大盤的袁紹導演能看上這個官嗎？你還拿他當溫水煮的青蛙？怎麼這麼逗呢！

董卓同時也忽略了袁術這位爺對於自己的人生也是很有追求的。

袁紹不買帳，袁術冷不防也逃出了洛陽。

常常說，隨著董卓的入主洛陽，亂世的帷幕被正式拉開。但實際上，是董卓被忽悠後代表官方正式委派了一大批的士族官員，隨後亂世才正式開啟的。這是董卓的致命失誤，也是亂世喪鐘的正式敲響。

關東士族集團當初是瞄準皇位的，是瞄準大漢的統治權的，怎麼可能和你這西北的死胖子達成和解！

隨著189年十一月董卓的外放官員，僅僅一個月後，各就各位的關東士族集團就聚攏了手下的兵力、財力來找董卓的麻煩了。

189年十二月，東郡太守橋瑁第一個豎起了大旗，詐稱京師三公發信給各州郡，陳述董卓的惡行，號召各地舉兵討董。

曹操帶著從老家攏來的一部分隊伍於己吾正式起兵，北上投奔了陳留太守張邈。（見圖1-2）

曹操為什麼要去投奔張邈呢？兩個原因。

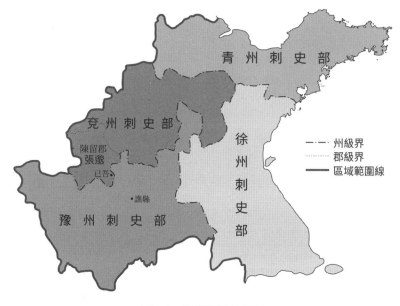

圖 1-2　曹操起兵位置圖

1.他跟張邈有舊交，關係非常好。

2.張邈在此次討董的會盟中地位非常高。

先來說說最開始這事兒是怎麼發起的。

張邈的弟弟是廣陵太守張超，他的功曹廣陵射陽豪族臧洪攛掇他說：現在董卓禍亂社稷，你和你哥哥並據大郡，應該報效朝廷去啊！現在咱們廣陵郡境尚全，吏民殷富，家底我都給你算好了，能出兩萬兵，咱得為國鋤賊，為天下先啊！

張超隨後帶著臧洪去陳留見他哥哥張邈。張邈很快也興奮了，隨後這哥倆又找來了兗州刺史劉岱、豫州刺史孔伷等人一塊商量，大家都紛紛表示我們也早就興奮了。

在東郡太守橋瑁出頭號召集體討董後，出現了非常神奇的一個場景，在酸棗（今河南延津縣北），各位領導在討董盟誓環節時要選出一個

領誓的人。最終，廣陵功曹臧洪神奇地成為那個領誓的。這就好比一大堆市長在集體開會時由一個處長做大會致辭動員。

由此也可以看出，這幫人最開始時信心是嚴重不足的，畢竟都剛剛上任，多少年沒正式打仗了，董卓這些年卻一直跟羌人拚殺，大家都害怕當那個出頭鳥。

最終級別最低的臧洪升壇操盤、歃血而盟。原文很重要：「漢室不幸，皇綱失統，賊臣董卓乘釁縱害，禍加至尊，虐流百姓，大懼淪喪社稷，翦覆四海。兗州刺史岱、豫州刺史伷、陳留太守邈、東郡太守瑁、廣陵太守超等，糾合義兵，並赴國難。凡我同盟，齊心戮力，以致臣節，殞首喪元，必無二志。有渝此盟，俾墜其命，無克遺育。皇天后土，祖宗明靈，實皆鑒之！」

翻譯一下：董卓王八蛋，國家要完蛋，我們要跟他拚了。這幫發誓的人，要齊心打董卓，死了也不能有二心，違背誓言的，天打五雷轟，天、地、祖宗、神仙們都作證。

參加這個壇場歃血盟誓的，除了一個人之外，他們全都違背了誓言，在討董的過程中全都沒有做到「凡我同盟，齊心戮力，以致臣節，殞首喪元，必無二志」。

最終除了那個人之外，也全部「有渝此盟，俾墜其命，無克遺育」，不得好死。因為「皇天后土，祖宗明靈，實皆鑒之」，指天盟誓這活兒無論何時盡可能別幹。

且不論這其中的科學依據是啥，咱們讀歷史是為啥呢？趨利避害，總結智慧，爭取成功唄。

古往今來對天發誓的極大概率都沒啥好下場。因為普遍做不到，動機還不純。

作為一個人，都有自己的那些小心思，往往在當下這種形勢下、這

種情緒中，對某些事、對某些人會比較激動。但過倆禮拜就不一定了。

這個可以理解，千萬別把話說得太滿，或者說出於種種目的拿自己的誓言當工具。

剛剛所說的那個唯一的例外是誰呢？是曹操。曹操為了兌現討董的誓言，後來差點兒死在汴水。但很神奇，最後就曹操站到了最後。

最終，自兗州地區首倡義兵後，在190年正月，董卓入洛陽的一個季度之後，各地有十二路兵馬齊聚響應，分別是：

渤海太守袁紹、後將軍袁術、冀州牧韓馥（袁氏故吏）、河內太守王匡（何進府袁紹同事）、陳留太守張邈（士族大咖，袁紹朋友）、廣陵太守張超（張邈弟）、山陽太守袁遺（袁紹從兄）、濟北相鮑信（何進府袁紹同事）、豫州刺史孔伷（士族，袁紹朋友）、兗州刺史劉岱（士族，袁紹朋友）、東郡太守橋瑁（士族，袁紹朋友）、長沙太守孫堅。

曹操沒給算進去，因為他並沒有朝廷的正式編制，實力談不上雄厚，比不上到地方聚斂郡兵後「眾各數萬」的那幫有正式編制的人，他屬於暫時依附張邈的狀態。

張邈對曹操的幫助一開始還是很大的，比如說著名的陳留伯樂、評論曹操「平天下者，必此人也」的孝廉衛茲，散家財資助曹操，其實是張邈派衛茲這麼做的。

最終，這十好幾路人馬又公推出了一個盟主。

這回由於範圍又擴大了，猛人更多了，沒再把那個廣陵功曹推出來當挑頭的，是袁紹出來當了。

由於袁紹第一個跟董卓拔的刀，名氣上又是市場認可的大導演，因此在這個袁家故吏的大朋友圈中被推為聯軍的盟主。但並不是說，袁紹此時比這十幾位領導就高出一頭了，就由他領導了。其實各懷鬼胎。

比如說此時實力最強的冀州牧韓馥，他是袁家故吏，但在討論是否

討董時就跟手下商議：「咱現在是助袁氏還是助董氏呢？治中從事劉子惠說：這打的是國仗，興兵是為國家，如何說什麼袁氏、董氏！」最終迫於形勢，韓馥支持各位關東同僚們討董，卻只出糧，不出兵，還動不動就減扣軍糧。

其實，在討董的開始，他們都是想在混亂的時局下，自己變成下一個袁家。

討董聯軍是這麼佈置的：

袁紹、王匡屯河內，冀州牧韓馥做大後勤供給糧食，攻擊洛陽北面。

兗州的劉岱、張邈、張超、袁遺、鮑信、曹操屯酸棗；孔伷屯潁川，攻擊洛陽東面。

袁術、孫堅屯魯陽，攻擊洛陽南面。

四、汴水潰敗，丹陽募兵

董卓看到關東十多路大兵前來攻打，第一反應是我弄死這幫忘恩負義的王八蛋！

董卓覺得你們這幫士族當初都快被太監們整死了，要是沒有我給你們開恩，你們能這麼快地拿到這些紅利？你們可是都回關東當郡守啦！過去那崗位都是太監家屬的！良心讓狗吃了嗎！

董太師很憤怒。

這個時候，士族集團在洛陽堅守崗位的官員們又發言了，首先尚書鄭泰說：「這個政治啊，在於德行，不在人多少。」

董卓陰臉道：「什麼意思！你是說我缺德嗎？」

鄭泰馬上說：「領導咱可不是那意思啊！我是想說山東那幫人不值得您動兵啊！

「明公出自西州，年少就是將帥，一輩子幹實事上來的；您看袁紹那廝，從小就是腐敗分子，活這麼大連洛陽都沒出去過；張邈天天光知道擱家裡看書；孔伷天天光知道清談扯淡，這群壞分子連紙上談兵的水平都沒有，哪能跟您比嘛！

「現在這十幾路烏合之眾尊卑無序，其實全都在觀望，肯定不會齊心協力，況且關東上百年沒打仗了，百姓們基本沒見過刀兵，不像關西跟羌人打了幾十年了，連女人都能拉弓戰鬥，整個天下畏懼的，無非是您手下的並、涼二州與羌、胡義從。

「您現在要是打他們，猶如放老虎去撞狗、鼓烈風去掃枯葉，但是這麼點兒小動作就把您給調動了，讓天下驚動，這是自己虧損威嚴和權重啊！」

董卓聽了非常高興。

在仔細地琢磨後，董卓認為，洛陽這地風水有問題，自打來了這兒腦子就迷混，天天各種各樣的人來嘚嘚，說得還都挺有道理，但嘚嘚這事兒幹完之後沒一件靠譜。

這破地方不如我們大西北民風質樸、蒼茫、遼闊，人也光耍嘴皮子不像我們套馬的漢子威武、雄壯，洛陽這不是咱們爺們待的地方，得回老家。

190年二月，董卓下令遷都。

其實吧，董卓比何進強不到哪裡去，自打進了洛陽就一直被忽悠。那邊都起兵了，這兒還勸你別搭理他們呢！

洛陽是百年人精家族聚集地，董卓這輩子根本沒有這麼批量集中地跟那麼多騙子、神棍打交道，明顯地覺得腦子不夠用了。而且更關鍵的是，他身邊沒有一個能幫他捋明白事兒的人。此時的三國劇情總推動師賈詡還沒有被西涼集團選拔出來，整個集團的最強大腦就是他自己，前半輩子也一直夠用，誰想到在帝都會遇到這麼一幫人！

總體來講，董卓比何進的難度還低了一檔，畢竟頂級的忽悠選手已經不在了，但是吧，他仍然接連犯下大錯。

1.拔劍對你的袁紹你怎麼還能給他朝廷編制呢？先官方通緝，再派殺手或者派投誠的士族暗中做了他，很困難嗎？

2.你查明白人物關係了嗎就把關東士族都放到地方上了？你著什麼急啊！

3.那邊都起義了，你應該第一時間派兵弄死他們啊！越養著他們，他們的根子不就越深嘛！他們才下到地方兩個月，能組織出來多靠譜的戰鬥力？

4.整個國家的人口百分之八十都在關東，你回關中能有多大的蹦頭和多好的未來呢？

但是吧，這次董卓決定遷都也並非都是被人忽悠的結果，確實有一定的戰略因素考量在裡面。

此時的黃巾餘黨郭太等在并州西河白波谷死灰復燃，在他進京的這個時間段由於并州的政府軍都被丁原帶到了洛陽導致并州空虛，白波軍不僅壯大到十多萬人還轉寇太原，一路甚至攻破了河東郡，離他就一條黃河了。

董卓派女婿牛輔討伐，發現打不動，然後聽說關東也鬧起來了，於是下定決心縮短戰線遷都長安。

董卓走之前派李儒鴆殺了廢帝劉辯，幫袁紹等人斷了念想；下令將洛陽所有大戶抄家並沒收財產；活人抄家後派呂布帶領摸金分隊刨墳掘墓；派部隊強行逼著數百萬洛陽百姓移民關中，然後一把大火將洛陽夷為平地，兩百里內，房屋盡毀，雞犬不留。

沿途道路變成了人間煉獄，大量的百姓被餓死、踩死，屍體堆滿道路。

帶著獻帝劉協和一眾官員到了長安後，董卓又在三月戊午日，將太傅袁隗、太僕袁基（袁術同母兄）及其家五十餘口全部滅門。

按說董卓都慫了，把廢帝都弄死了，尤其袁紹、袁術，你們三叔都死了，你們倒是動手啊！但以袁紹為首的十多路諸侯開始了各種各樣的

官僚主義、形式主義、享樂主義，奢靡之風，推諉扯皮，保存實力。

唯一出手的是曹操。曹操在聯軍中展開演講：「咱們舉義兵誅暴亂，現在十多萬大軍全都到了，董卓焚燒宮室，劫遷天子，海內震動，現在討伐他就一戰而天下定了！」

曹操革命熱情比較高，看到董卓的惡行後義憤填膺，然後振臂一呼卻沒人搭理，只有好友張邈和鮑信給了有限的贊助，於是曹操獨自率兵向西，準備進駐成皋，塞關東之口。

你們不上，我上！我可是發過毒誓的！

結果大軍到滎陽汴水時，曹操遇上董卓大將徐榮，雙方交戰，曹操戰隊被徐榮的西涼軍差點兒團滅。曹操中箭，馬重傷，兄弟曹洪讓馬死命保其逃脫。

在這次大戰中，曹操損失慘重，主力基本全部報銷，贊助人衛茲被殺，徐榮看到曹操這幾千人居然能跟他打上一整天，酸棗聯軍那還有十幾萬人，看來不好打，於是也帶兵退回去了。

這一戰過後，酸棗諸軍十數萬天天開酒會，壓根兒就不再提去討伐董卓的事。

差點兒被打死的曹操再次發表革命演說：「袁紹去駐紮孟津壓洛陽之北；酸棗諸將守成皋、據敖倉、塞轘、太谷，全制其險；袁術率南陽軍軍丹、析，入武關，以震三輔。咱們全部高壘深壁不跟他戰鬥，但把形勢給天下亮明白，到時候天下大勢將強烈向我等傾斜。

「咱們的兵是義兵，為的是國家，現在天天不動彈，令天下子民失望，我替諸君感到恥辱啊！」

結果關東領導們根本不搭理他。都多大歲數了，還「義兵」，一個幌子而已！

你自己打光你那份兒隨便，我們要是打光了就要下賭桌了！多麼偉

大的亂世啊！我們可得一直玩下去！

不久之前的信誓旦旦，變成了一大段空話。

在這種情景下，曹操慢慢地完成了心理蛻變。他這些年，一直活得很理想、很認真。說他不想當個名垂千古的大臣是不可信的。

他自幼被士族理論洗腦，頂雷為受黨錮之禍的士人上書，打擊敗類宦官家屬，黃巾亂時為國家效力疆場，在濟南斷「淫祀」拯救黎民蒼生，董卓廢帝他加入義兵豁出命去討伐。

直到190年他三十五歲的時候，曹操都是一心一意地心念大漢的。

這次的汴水慘敗，是曹操亂世起步的第一戰。也是他人生中重要的分水嶺。他徹底地感知到了時代的變化。敢情大家都活明白了，大漢早完了！只有我還是最傻的那個小弟弟。

我想的是匡扶漢室，你們想得卻更現實，天子被拐到了關中，洛陽成了無人緩衝區，整個關東被讓了出來，下一步是分割地盤了，誰還顧得上什麼董卓！

如果說之前的曹操是想匡扶漢室，為國盡忠，那麼此時在群雄的一次次白眼與不屑中，他開始多了一項指導理論：當亂世最粗的胳膊。

立下志向的曹操離開了諸侯聯軍，因為他的籌碼打光了，他的夏侯、諸曹兄弟們帶出來的兵和小股東衛茲都打沒了，諸侯們又不搭理他，他想要再上牌局只能再回老家聚攏隊伍去。

曹操這次回揚州招的兵。因為曹家在揚州有關係，比如跟揚州刺史陳溫關係鐵，曹洪帶著「家兵」千餘人去廬江募兵，最後帶走了「上甲兩千」，然後又東去丹陽從丹陽太守周昕那兒帶走了兩千兵，去龍亢和曹操會合。

曹操之所以千里迢迢地回揚州募兵，不僅僅是跟揚州的領導們關係

好，還因為此行有一個關鍵：兵源中有丹陽兵。

上一個時代，幽州突騎是天下兵王。

這個時代其實仍然沒變化，人家幽州兵照樣第一檔沒毛病，但與此同時，有幾個地方的兵源開始參與並主導這個時代。比如說董卓的秦胡兵和義從兵，董太師就是靠這兩支隊伍成為漢末最嚇人的勢力，並最終竊取了袁家的革命果實。

除此之外，并州軍和幽州軍照樣威武，之所以以州冠名，是因為上述兩州的兵源無論哪個郡扔出來的都是水準過硬的。

還有一些地方的兵源非常特殊，戰鬥力甚至十倍於周邊地區。比如後面中原大戰中的主角泰山兵，比如決定江淮最終格局的丹陽兵。

丹陽兵在這個亂世的第一次大放異彩，就來源於對曹操的支持。

丹陽這個地方很特殊。（見圖1-3）

圖1-3　丹陽郡位置圖

北部較發達，南部萬重山，與吳郡、會稽、九江、廬江、豫章、廣陵六郡相鄰，交通發達，各省逃犯往往專門往丹陽郡逃，逃到這裡再想抓回去就費勁了，所謂「丹陽地勢險阻……周旋數千里，山谷萬重，其幽邃民人，未嘗入城邑，對長吏，皆仗兵野逸，白首於林莽。逋亡宿惡，咸共逃竄」。

很多被官府稱為「逋亡宿惡」的民眾往往舉族入丹陽群山尋求保護，然後基本都成了當地豪族的部曲和奴僕。

丹陽不僅因地勢而容易成為社會不安定分子的收容所，丹陽群山中還盛產銅鐵，丹陽兵還能自己鑄造兵器盔甲。

猛人比較多，兵器自產自銷，導致了丹陽郡人「好武習戰，高尚氣力」，身體素質「若魚之走淵，猿狖之騰木」。

丹陽當地的豪族勢力往往一有風吹草動就出山搶一通，官兵在去丹陽剿匪的時候，對面的反政府武裝要麼戰則蜂擁而至，敗則飛鳥星散，可謂南方的匈奴人是也。

亂世到來後，很多過去官府眼中的暴民不僅角色發生了變化，他們的心理預期也生出了不同。

在梁山泊中當山大王確實是很威風的，但如果有了黑轉白或者底層向上層躍遷的機會時，大部分的梁山好漢都會下山去待價而沽。

丹陽兵的名氣大到什麼地步呢？孫策在袁術那兒裝孫子策劃入江東之前，丹陽兵是他起事的決定性部署環節。何進曾經派都尉毌丘毅去丹陽募兵，當時做「洛漂兒」的劉備是跟著一塊兒去的。此時的劉備已經血戰過黃巾（真是一刀一槍地砍出了小功名），棄官鞭打過督郵，一心一意地在洛陽找機會。

劉備是三國著名苦情戲的主角，但大耳朵有福的劉備向來是眼光在線的。他放棄了在洛陽的機會千里迢迢地去丹陽，就是因為丹陽兵此時

已經馳名全國，劉先生看看在這兒能不能再找著跟他的關羽、張飛。

但是吧，丹陽郡產出的「烈馬」並不太好駕馭。丹陽人無法領會劉備這個涿州人的厚道熱情，不僅天生擅長拐別人家老爺的劉備沒收穫，其實曹操在第一次和丹陽兵溝通時也差點兒死人家手上。

在龍亢，不知是曹操長得不夠濃眉大眼還是此時「行奮武將軍」的咖位不夠，人家南方兵在見過曹操後不想跟他去千里之外送死。

剛帶回來的廬江和丹陽兵夜裡兵變了，把曹操的帳篷都燒了。形勢危急，曹操手拿寶劍狂殺數十人才最終逃出營去，最終一清點，沒叛逃的僅僅五百多人，後面又陸陸續續地在老家附近募到了一千多人，再帶上了最後的一部分曹家家底，曹操一共湊了三千人，重新回到了中原舞臺上。

此次雖然丹陽兵差點兒要了他的命，但曹操仍然既往不咎地堅持要丹陽軍去充實自己的部隊。

曹操點名要丹陽太守周昕的弟弟周喁帶著丹陽兵去跟他混[1]，周昕作為丹陽太守前後給曹操募集了一萬多丹陽兵去支援他。[2]

這位周昕為啥會這麼幫他呢？看看背後的交情和利益關係吧。

周昕的職場履歷是「辟太尉府舉高第」，隨後當上的丹陽太守。周昕的太尉貴人從時間和兩家的關係來看，大概率是曹嵩。

無論怎樣，曹操最初能夠登上歷史舞臺，他幕後那個一直被取笑的爹幾乎是居功至偉的。

1　《會稽典錄》：初曹公興義兵，遣人要喁，喁即收合兵眾，得二千人，從公征伐，以為軍師。

2　《會稽典錄》：曹公起義兵，昕前後遣兵萬餘人助公征伐。

做個對比，一生之敵差不了幾歲的劉備這輩子足夠努力、足夠堅強、足夠矢志不渝、足夠英雄知名天下，但默然親口承認自己不如曹公，這輩子的事業和曹操比起來也差著級別。

兩人人生和事業的巨大差距，其實歸根到底是階層起步時的差距。

曹操固然有足夠多的超人天賦，但他更異於他人的，是歷史級別的試錯機會和階層助力。他自幼接受頂級的教育，見識頂級的世面，拿著丹陽兵這種頂級的試錯籌碼，身邊有著最忠心不二、英武有力的諸曹與夏侯兄弟。

理論＋階層助力＋實踐，造就了曹操大成後的用兵指揮能力，曹操用兵也被公認是這個時代的一流水平。劉備打仗靠的是一路基層摸索的風騷走位和頂級嗅覺的老兵不死。

實戰經驗，公認能打，極度頑強，但技戰術成型的那些年沒怎麼打過大仗，手上也永遠不會有丹陽兵、泰山兵這種頂級兵源，籌碼就那麼多，稍微死點兒就心疼。等技戰術風格已經成型後，基本上是什麼水平也就什麼水平了。

指揮戰爭這種事，除了天賦之外，往往是拿兵和戰役餵出來的。（說的是絕大多數人，別拿韓信這種神仙做比較）剛起步的那些年，用著高質量兵源而且大規模、高密度的作戰是能夠極其快速地提升作戰指揮水平的。籌碼一多身邊要是沒有幫著安排的法正就不知道怎麼過日子的「玄德浪」，其實並不怨他。

窮一輩子的李雲龍再打八輩子也沒打過的富裕仗時也沒有任何的章法，表示咱也當回地主，都是主攻！

在此也再次感慨下國運：當年強漢冉冉升起的時候，劉邦也是起身寒微，但時代的劇本卻最終幫他抹平了天差地別的階級鴻溝，還給了他頂級的用人技能包和一級的統帥技能包，幫他耗死了霸王，捆住了兵仙。

到了四百年後，老天依舊待劉家不薄，劉備的用人技能仍然是頂級的，但除此之外，老天不再優待。

時來天地皆同力，運去英雄不自由。

劉家已有四百年天下，總該讓別人當當主角。劉邦在韓信眼中，是能指揮十萬人的。劉邦五十歲開始逐鹿天下，這能力大概率是天賜的。其實如果老天也給了劉備這個本事，蜀漢的結局也許會很不一樣。

五、江東猛虎

等曹操自揚州募兵再回中原的時候，各路氣勢洶洶的討董聯軍已經解散，聯軍內部矛盾重重。

冀州牧韓馥怕袁紹危及自己，動不動就減少對河內的糧食供給；兗州作為反董的票王則先鬧出了人命。兗州刺史劉岱跟東郡太守橋瑁從第一天就不對付，後來劉岱聯合了張邈和濟陰太守吳資直接殺了橋瑁，命手下王肱兼任了東郡太守。

所謂的討董討了半天，就曹操給了董卓一傢伙，還被人給打回來了。

這次再回來，曹操並沒有再找老朋友張邈，而是投奔了另一個老朋友，袁紹。

陳留是大郡，張邈又是酸棗聯軍中名氣最大（當年大名鼎鼎的士族「八廚」之一）實力最強的，而且陳留離譙縣老家近，為啥曹操放棄了再從張邈這等機會呢？

兩個原因。

1.張邈跟曹操並沒有好到那種地步，張邈對喊打喊殺的曹操處於防著的狀態，不然曹操作為炮灰打光手中的兵後張邈不可能不表示，還弄

得曹操又跋涉上千里去老家和揚州搬兵。

2.兗州現在已經亂了，火併已經出現，兗州這幫爺們兒早就開始劃分地盤打上了。

曹操看出了張邈的水平，這位爺根本不是個能把事搞大的人。那誰能把事情搞大呢？那還用問嗎！當然是我本初兄啊！曹操去河內投奔了袁紹。（見圖1-4）

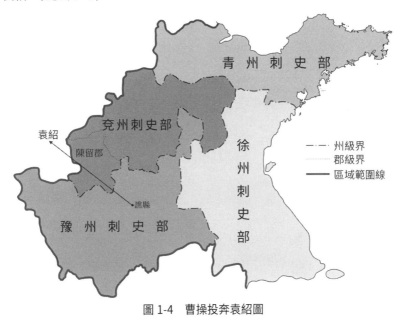

圖1-4　曹操投奔袁紹圖

到了河內，當年洛陽城雞飛狗跳二人組再次見面。袁紹問曹操：如果事情不順利，後面有啥打算呢？

曹操反問：「袁大哥以為如何？」

袁紹對他說：「我當南據黃河，北阻燕、代，兼收戎狄之眾，向南以爭天下。」

曹操說：「吾任天下之智力，以道御之，無所不可。」

這基本上體現出了兩人此時的人生規劃路線。

從袁紹導演漢末大戲時就看出來了，袁導在總結治亂興衰為我所用上那真是高手。他上一齣頂級歷史驚悚劇「漢末崩塌」，參考借鑑的是東漢所有外戚宦官亂鬥的劇本。他在這齣大戲演完卻被男八號董卓收割票房後，迅速地跟董卓拔刀然後第一時間就奔往了冀州。

他的第二幕大戲，是河北。借鑑的藍本對象，是光武帝劉秀。當年劉秀借河北發家，然後打殘中原，隨後定兩京，拿山東，最後定涼州、益州。他基本上也是全部借鑑的。

他對曹操說要向南拒守住黃河，北面拿下燕、代，然後收下幽雲鐵騎和外族雇傭軍，向南再氣吞山河。

曹操這邊則什麼打算都沒有，或者說根本就還沒有規劃他的亂世劇本。他比較晚熟，在不久之前還能當炮灰去打董卓呢！他的夢想在前三十五年比較保守且正統，想當征西將軍曹侯，夢想的是洗掉宦官背景成為世家大族，對於割據當劉秀的打算根本沒有想過，因此也就談不上為此有什麼遠見和規劃。

人家袁導眺望遠方，說出了下一幕大戲的框架，他基本上說不出個所以然，所以說了句「任天下之智力」的場面話，省得讓袁導看不起。

劉備跟曹操比，是一天一地。曹操跟袁紹比，其實差距也有點兒那個意思。不光寄生蟲與資本家之間有此差距，「四世三公」和「贅閹遺醜」之間，其實也有著類似量級的鴻溝和差別。

不過，有的時候，風雲際會的歷史劇本會幫你神奇般地跨過那天差地別的鴻溝。

人生有時候很多規劃當然是借鑑歷史、引經據典，越完美越好，越周全越好。但是，當年劉邦一路向西時不會知道自己是第一個稀裡糊塗闖進咸陽的？當年劉秀踏進河北修羅場後是不知道自己會有多麼的窘迫，也不知道是怎麼稀裡糊塗地躺贏的。如今的曹操也不知道，每個時

代都有每個時代的獨特劇本。當它來找你時，請微笑地當好演員。

曹操重返河內後不久，時間來到了190年冬天，董卓在搞定并州白波軍後開始反擊了。鬧騰了快一年的時間，董太師有種被欺騙感情的感覺。

你們折騰得挺大，宣傳得挺嚇人，弄得我跟神經病一樣都遷都了，結果你們連屁都沒放就都散了，太可氣了！

先是屯兵河內的王匡被董卓狂揍一頓，董卓派疑兵在平陰津佯裝渡河，暗派精兵在小平津偷渡繞過王匡軍在後方猛擊，在津北大破之，王匡主力基本被滅。

在掃清洛陽北邊後，董卓軍開始向外出兵。

準確來講自始至終，這十好幾路關東諸侯根本對董卓沒造成任何傷害。令董卓頭疼的，確切地來說，只有一個人，就是孫堅。所謂的「十八路諸侯討董卓」，其實應該叫作「孫大炮北伐」。

孫堅字文台，吳郡富春人，據說是孫武的後人，家裡世代沒出什麼有出息的人，陳壽說他「孤微發跡」。《三國志・吳書》裡面則說孫堅家世代在吳地做官。

《三國志・吳書》裡的可能性不高，屬於給孫堅臉上貼金的做法。因為後面孫權稱帝後不立七廟，只有孫堅在長沙臨湘有一廟，孫策在建業有一廟；祖上如果所謂的「世仕吳」，是不會不給祖宗們也掛上編制的，真實情況是祖宗們實在沒法提。

《宋書・符瑞志》裡倒說：「孫堅之祖孫鍾與母分居，遭歲荒，種瓜為業。」這種說法的可信度相對較高。

孤微的孫家祖墳葬在富春城東，到了東漢後期，他家的墳上特別神奇，老鬧鬼，總有異光出沒，墳頭上空還總飄著塊兒五色的雲。一度孫家墳頭成了富春景點，鄉親們經常去看，據當地的老人們講：這個「氣」

可不同尋常，孫家要發達了。

等到孫堅出生後，他爹慢慢地明白他家墳頭上老鬧鬼是啥意思了。原來自己生了個「鬼見愁」。

孫堅長大後容貌不凡、性格闊達、武力不俗，初步具備了亂世當流氓的潛質。

十七歲的那年，孫堅和他爹在一次行船中看到了一群海賊，剛剛搶劫完商人們的財物，正在岸邊分贓，很是囂張。所有船都不敢靠岸，這個時候，孫堅跟他爹說：「請您批准我宰了他們。」

他爹說：「你給我哪兒涼快哪兒待著去。」

孫堅果然哪兒涼快哪兒待著去了，他跳船來到了涼快的河中，隨後操刀上岸，大手一揮如指揮部隊圍捕這幫海賊的樣子，大有領導人風範。

海賊們心理素質欠佳，以為真有官軍要來，開始逃跑。本來海賊跑了就完了，但小青年孫堅還追上去砍死了一個海賊。江中大量的圍觀旅客紛紛鼓掌叫好，孫堅開始亮出了名頭，後來被當地官府召署為基層官員。

為什麼說孫堅有亂世當流氓的潛質呢？有他媳婦的證詞。

孫堅的媳婦吳姑娘是當地有名的才貌雙全之人，孫堅比較有想法，他沒有找他爹去幫他說媒，他知道他爹只會讓他哪兒涼快哪兒待著，他自己去吳家表達了想當姑爺的想法。

結果吳家討論後是什麼結論呢？這貨是個二流子，好白菜不能讓豬拱。

人家嫌孫堅「輕狡」。輕浮、狡詐，不是什麼好人。說句實在的，吳家沒看錯，孫堅這輩子就是這倆字的真實寫照。

那後來怎麼又嫁了呢？首先是孫堅「甚以慚恨」，然後極有可能放出了話要血洗老吳家。是吳姑娘本著犧牲我一個、幸福一大家的覺悟為了

保平安獻身了。

「夫人謂親戚曰：何愛一女以取禍乎？如有不，命也。於是遂許為婚。」瞅瞅，不嫁閨女會「取禍」，話外之意就是這大流氓回來會跟咱家拚了的，為了咱家我這輩子認命了。吳姑娘後來捐軀變成孫夫人後絕對沒有後悔，她確實救了吳氏一族。

孫堅除了這份「輕狡」外，老天還給他配上了幫他「輕狡」的勇猛技能包，以及看不起我我就弄死你的人生信條。這隻江東猛虎迎來了漢末亂世，開啟了自己大炮轟一切的人生之路。

172年，會稽郡妖賊許昌自稱陽明皇帝，煽動諸縣的數萬人，被此時已經小有名氣、混成郡司馬的孫堅募召了千餘人與會稽郡兵合作剿滅。當時的揚州刺史對這位猛男請功，孫堅隨後歷任鹽瀆丞、盱眙丞、下邳丞。

在淮泗三縣的這十多年中，孫堅開始培植起了自己的軍事力量和聲望，雖然人數不多，但足夠幫孫堅拿出籌碼進入亂世的歷史進程了。

184年，黃巾起義，天下大亂，朝廷的三路討伐主力中，中郎將朱俊是會稽人。朱俊聽說老家這些年出來了一個祖墳冒煙的富春猛男，馬上徵招孫堅為自己的佐軍司馬前來幫場。

孫堅隨後利用自己十多年間的威望募集了淮泗精兵千餘人，帶著自己的股本開始了征程。（和曹仁一樣，是淮泗地區的黑老大。）

孫堅打仗的時候有著近乎瘋狂的勇敢，經常自己操刀往前衝，所以士兵們看到這種領導普遍也容易被沖昏頭腦，以為自己也是超人，瘋狂往前衝，但往往褲衩穿外頭的超人只有孫堅一個人。

孫堅也不總是全身而退，有一次孫堅在衝垮黃巾軍後中了埋伏，被人打下了馬，所部被打散。孫堅隨後開始臥倒裝死。他的坐騎則機靈鬼

般地飛奔回營，各種哭天喊地「嗷嗷」地叫，撒潑滾地蹄子刨，表示你們趕緊跟我救我家老孫去。孫堅的兄弟們後來在識途老馬的幫助下，在草叢中發現了裝死的孫堅。十多天後，孫堅養好了傷，又跟瘋子一樣地殺出來了。

汝南、潁川的黃巾軍被官軍打得走保宛城，然後孫堅在攻打宛城的戰役中高難度先登，殺出了灘頭陣地，隨後弟兄們蟻附入城，拿下宛城。

當年吳姑娘怕他報復是對的，城門樓子先登都當玩，你家那牆才多高？

孫堅此戰後因功被封為別部司馬。

185 年，涼州邊章與韓遂叛亂，董卓征討不利，朝廷派張溫平叛。張溫帶上了以勇烈而盛名的孫堅隨他屯軍長安。張溫到達關中後徵召董卓，董卓目無軍紀與等級，不僅誤時，還言辭傲慢。

孫堅勸張溫：「董卓是禍頭，讓我宰了他吧！」

張溫沒有採納，董卓是不能動的，殺了以後他手底下那幫人沒有人能控制得住。

孫堅這輩子看人很準，但他缺乏大局觀，很多時候他並不能看清事物背後的本質邏輯。他的一生，就像一個武勇非凡的狡猾公牛，一路靠著自己的天資猛衝加詐騙，所經過的地方往往一地狼籍。

此時的他，還沒有到主掌一方司命的地步，但人生觀上卻大有閻王爺的行事邏輯。後面的他，幹出了很多今天他慫恿張溫要幹的事情。武勇的孫堅在一系列戰鬥中開始讓西北人民開眼，董卓對他就刮目相看。

別看董卓殘暴，但他在孫堅身上似乎看到了更加猛烈的殺戮之氣，而且孫堅不光殺氣重，還有軍事眼光，諸多軍事判斷非常英明。

二人自此在涼州相識，互相忌憚。兩人均不會想到，五年後雙方還會再次碰面。屆時，他們成了舞臺上的絕對主角。

187年，荊南又反了，長沙賊區星帶萬餘人造反，周朝、郭石在零陵、桂陽也跟著響應，朝廷派孫堅為長沙太守去平事。孫堅到了長沙，沒用一個月就掃平了區星，然後又跨轄區討周朝、郭石，三郡全平。憑藉這個軍功，孫堅被封為烏程侯。

孫堅就是這麼靠著軍功從平民一步步地殺下了爵位。

190年底，關東諸侯起兵討伐董卓，孫堅在長沙起兵會盟，五年前就看你不順眼了！打你去！

孫堅聽說董卓砸了大漢瓷器店後比較痛心，說當年西北平羌亂時我就說過，早聽我的宰了他，哪兒還有這事！隨後他開始一路砸荊州的瓷器店去了。

孫堅北上後，先是殺了荊州刺史王叡。這位王叡是大名鼎鼎的琅邪王家的人，人家是高門士族，很看不起出身低微而且以「輕狡」聞名的孫堅。

他不光跟孫堅不合，跟武陵太守曹寅也不合，揚言要殺了曹寅。結果孫堅一北上，曹寅就挑撥孫堅去殺王叡。

孫堅帶兵到了江陵城下，王叡問：「你們這是要幹什麼啊？」

孫堅藏在軍中，他的前部先鋒答：「我們這幫臭當兵的久戰勞苦，請您出點兒血，資助一下。」

王叡說：「我這什麼都沒有，不信你們自己進來看。」

一小部分兵被放進了城，隨後王叡看到了藏於其中的孫堅。

王叡比較詫異：「孫領導怎麼也在這裡？剛才怎麼沒說話呀？」

孫堅說：「受中央指示弄死你。」

王叡問：「我犯了什麼罪？」

孫堅說：「無能罪！」（坐無所知。）

隨後王叡被逼自殺。這可是朝廷任命的荊州刺史啊！你這麼就給殺了！連個正經的理由都沒有！

孫堅的目的是什麼呢？王叡沒有耽誤你北上討董啊！你殺得著人家嗎！

《三國志》中說得很明白：「荊州刺史王叡素遇堅無禮，堅過殺之。」人家過去沒太拿你當回事兒，你就把人家殺了。

除了洩憤之外，他用無賴般的方式逼死王叡，其實更深層次的企圖是從王叡手裡奪取荊州，在這浩蕩的亂世趁機擴大自己的地盤與力量。

為什麼這麼說呢？因為他後面到了離董卓沒兩步遠的南陽後，整整快一年的時間都沒再找董卓的碴，而是忙別的事去了。

他天下為公地一路北上，到了中原倒是像人家曹操那樣開幹啊！他並沒有。

孫堅並沒有什麼戰略眼光，不僅無法判斷出時局的走向，也不知道該怎樣把握住自己手中的籌碼。

殺了王叡，拿下江陵，奪取荊州兵權後他就不應該再往北打了。北邊是南陽郡，出去就能逐鹿中原了，太守張咨又是潁川高門，跟張邈他們同一批外放出來的士族，孫堅作為一個寒門黑戶，此時再往北打就是向人家士族集團宣戰。再說南陽是劉秀老家，士族集團三巨頭之一（**南陽、潁川、汝南**），去了他控制得住嗎？

南陽那地方是標準的廟小妖風大、池淺蛤蟆多，家裡四世三公的袁術在那兒都坐不住，士族「八俊」的劉表後來更是直接扔出去當緩衝區，人家「自己人」都搞不定，他這個區區寒門軍閥可能拿得下那幫南陽老爺嗎？

此時他只要把戰線頂到襄陽，憑藉襄陽嗓子眼和漢水之險就完完全全地觀成敗了，他可以先整合除南陽外的整個荊州勢力，看看北面到底

發展成什麼態勢。

　　這是有成功案例的，王莽篡漢時秦豐僅僅以一個南郡為基地就打得相當頑強，要不是碰上岑彭這位風騷走位神將，襄陽之險是不好過的。（見圖1-5）

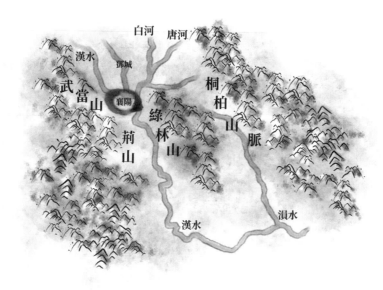

圖1-5　襄陽周邊地勢圖

　　還記得岑彭偷秦豐時的這張圖嗎？事實上，後面的劉表就是照搬了秦豐的經驗，他守在襄陽太太平平地晚年善終。而且荊州的實力和兩百年前真不一樣了。

　　兩百年前，荊州七郡中，南邊六個郡加一塊兒也沒有北邊南陽一個郡地方人多，但時代發展了，社會進步了，南邊長沙、零陵、桂陽三郡取得了長足的進步，到了順帝時期，南三郡已經比南陽的人多了，此時孫堅當太守的這個長沙郡的人口數是個啥水平呢？人口在百萬以上，和袁紹的勃海郡是一個級別，人口比兗州群雄的任何一個郡都要多。

　　但孫堅對於此時的這個結果並不滿意，隨後裹挾了王叡的荊州軍力

繼續一路向北，到了南陽時已經數萬人的規模了。

他對南陽郡這塊兒肥肉很有想法。他只看到了帳本上的數字，卻沒看到這背後的暗流洶湧。

此時的南陽太守，是董卓那批外放官員中的潁川士族張咨，袁術逃出洛陽後沒有地盤暫時落腳南陽，這位帶著四世三公光環的後將軍可是什麼動作都不敢有。都是圈裡人，你沒辦法明搶！

但孫堅不明白這個。他這輩子就是不要慫，就是幹！

孫堅向張咨要糧食，張咨不給，也不肯見孫堅。你前腳剛把琅邪王家的人殺了，還是偷襲，還根本沒理由地殺，誰敢見你！

孫堅說自己得大病了，還請了一大堆巫醫給他大肆地看病，整得全世界都知道。

隨後孫堅派人去見張咨，說我不行了，要把我的弟兄們託付給你。結果張咨上當了，帶著五六百人到那兒打算接手部隊，結果被孫堅從病床上跳起來宰了。

由於張咨剛剛到任南陽，是董卓當權後外放的那批官員，根子還不深，結果南陽郡被孫堅嚇唬住了，自此提的要求全都滿足。

孫堅這人殺氣實在太重，他這一路北上已經弄死兩個士族高級官員了。他自長沙的一路北上，實際上就是一頭公牛砸瓷器店的過程。還是頭專門耍詐的公牛。

他從荊州的南端一路破壞到了荊州的最北端，將荊州的固有秩序攪了個一地狼藉。他的目的是什麼呢？

還是前面我們說過的，他的目的是為了荊州，因為他到此就為止了，一路上這麼厲害的牛人隨後對董卓那裡也沒個動靜，兩人掐起來完全是因為別的原因。

但是吧，他的手段太低劣，做法也太直白。底層的人生經歷讓他不

知道高級別的政治手腕和以退為進是怎麼玩的。

他的人生歷程中，想要一個目標就一路砸過去，直到拿下這個目標。老天卻又恰巧給了他打砸一切的狡猾與力量。他因此也過於迷信一路走來賴以生存的市井智慧與天賜力量。

但是他打砸荊州一路北上的過程引起了很多人的憤怒，首先關東的士族圈子就開始對孫堅非常有看法，所謂的「群雄討董」開始大有「群雄討孫」的態勢。

然後吧，孫堅的這一路禍害最終便宜了兩個人：其中一個，不光算計他，還算計他孤兒寡母；另一個，則是他這隻江東猛虎的命運休止符。

六、孫堅戰洛陽

孫堅北上的那段時間，史書中是這麼記載的：

1.袁術以後將軍的名義出逃南陽投奔張咨。

2.劉表在孫堅殺人後迅速地得到了荊州刺史的朝廷任命。

3.孫堅殺張咨，隨後南陽郡慫了，要什麼都給。

4.然後劉表上表袁術當正式的南陽太守，袁術又上表孫堅當豫州刺史。

5.孫堅隨後引兵歸附了袁術。

這段歷史裡面，人們傳統的印象是孫堅一路北上來投奔大哥袁術去討伐董卓。這個傳統印象，高看孫堅與袁術的關係了。

孫堅起兵之初根本沒打算搭理袁術，孫堅的履歷中沒有京官的背景，大概率兩個人根本沒見過。他折騰一大通本來是打算自己霸佔荊州的。

那為什麼孫堅這位動作片導演在拍完血腥暴力大片後，票房也讓人搶走了呢？怎麼南陽歸了袁術，荊州便宜了劉表了呢？

其實歷史中的荊州在那個時間段相當驚悚翻轉。

孫堅遇到了他命中的剋星：劉表。

劉表是當年關東士族天團中大名鼎鼎的「八俊」之一，後來黨錮禍起，蹉跎了人生中最黃金的近二十年，直到黃巾大亂，黨錮解禁，已經年近五十的劉表投靠了何進，董卓入京時劉表的職位是北軍中候。這個職位也就意味著在漢末崩塌的驚心動魄一夜中，劉表也被義憤填膺的軍人們裹挾著投奔了董卓。

劉表這個鐵桿兒的關東士族大咖，很神奇地成了這幫站隊者中的幸運兒。

董卓進洛陽沒倆月，關東群雄嚷嚷討董，南邊孫堅第一個在亂世揮起了屠刀，殺了荊州刺史王叡，討董沒看見，殺朝廷大員他算是敢為天下先。

董卓太知道孫堅想幹什麼了，這兩位猛男其實是心有靈犀的。董卓於是將有著士族背景而且是關鍵時刻投誠自己的劉表迅速地委派為荊州刺史讓他去上任。老劉趕緊給我把荊州搶回來！

劉表上任的時候，荊州已經被孫堅自南向北糟蹋得失去了秩序，孫堅北上南陽後老窩就被別人給搶了。

此時已經四十八歲的劉表單槍匹馬進入了南郡北部第一大城宜城，並在這裡會晤了襄陽豪族蒯良、蒯越和蔡瑁，然後劉表運用自己「八俊」天下馳名的大名頭，與荊州已經騷動的宗族們展開說降與合作，或拉攏或誘殺地平叛了宗賊勢力，並將焦點釘在了襄陽。

等孫堅殺掉南陽郡守張咨，得意揚揚於「郡中震慄，無求不獲」時，發現局勢風雲突變。南陽的本土官員和軍隊在「震慄」之餘自發投票投奔了四世三公的後將軍袁術。（見圖1-6）

自己一路推過來的混亂局面卻被士族大咖劉表神奇地在荊州單騎立足，並且在襄陽攔死了自己的歸路。他自己本身是長沙太守，曾在零

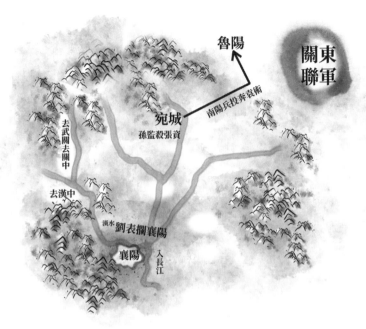

圖 1-6　孫堅殺張咨後局勢變化圖

陵、桂陽作戰，剿匪有基礎，武陵太守曹寅跟他一塊兒陰謀搞死的王
叡，王叡手裡的刺史武裝也被他裹挾到了北邊，本來形勢大好的荊州怎
麼突然間就一無所有了呢？

　　孫堅確實大炮轟一切，但劉表卻是個厚道靠譜能讓我們看到穩定收
益的未來，我們還是跟他混吧。

　　荊州之所以在孫堅走後大亂，就是因為他這個超級病毒的肆意妄為
讓太平了百年的荊楚地區就像爆發傳染病一樣地突然失去秩序，然後人
們開始搶物資、搞戰備，準備迎接末日到來。

　　此時的孫堅面臨著兩頭堵的抉擇，按他的性格有兩個選項：

　　1.接著弄死袁術。

　　2.南下弄死劉表，然後再弄死所有作亂的人。

在孫堅面臨抉擇的時候，劉表又出招了。劉表害怕逮誰幹誰的孫堅狗急跳牆往南打，於是提前拉攏袁術，表袁術為南陽太守，將本來就不在自己控制範圍的二百萬人口的大郡送了出去。

這樣做，有四個好處：

1. 南陽郡本來就已經投票歸順袁術了，我這是順水人情。

2. 袁術是士族，自己人，南陽送給他，是咱們圈子裡都會認可的潛規則，他們會認為我會辦事。

3. 我給了你大人情，你絕不能夠贊助孫堅軍糧來打我。

4. 孫堅如果還是想要南陽，會與袁術死磕。

在劉表哥們兒義氣地向世人展示自己會做人後，袁術卻面臨著關鍵抉擇。南陽郡歸袁術了，南陽的官僚和士兵們也都看著他，按理講應該給同樣是士族圈子的張咨報仇，尤其他當初逃出來時投奔的是張咨，這是他非常鐵的關係，不然他不敢投奔到這裡。

但是呢，袁術做了一個史書中看不出來效果卻讓整個漢末新聞界譁然的抉擇：他不但沒有給張咨報仇，而且居然表孫堅為豫州刺史，希望跟孫堅聯盟。

他對孫堅說，你太牛了，跟我袁家混吧，我表你為豫州刺史，咱去打豫州吧。這就好比他住朋友家，朋友被強盜殺了，然後他過戶了朋友家的房子，隨後跟強盜說，咱要不接著殺對門鄰居去？

孫堅此時面臨著巨大的形勢危機，除了袁術這邊遞過來安撫的橄欖枝以外，中原幾乎所有的勢力對他都是提防與憤怒，南邊劉表已經立住了腳，他能再打回去嗎？

孫堅想：如果往南打，不僅糧草成問題，袁術會不會幫劉表偷襲我背後呢？如果佔著南陽不走，袁術、劉表和中原群雄們會不會來圍攻我呢？

隨著劉表的突然接管荊州以及將南陽送給袁術，孫堅鯨吞荊州的所有算盤全部落空，還面臨著之前連殺兩位士族大員的險惡局勢。

孫堅退而求其次，開始與袁術合作，和袁術達成了聯盟。袁術這輩子註定的失敗也就從這一刻開始了。他對於孫堅的接納成了他人生諸多失敗選擇中的第一個巨大敗筆。

1.所有的士族同盟從此把你開除出士族集團的互助名冊。

張咨原來是圈裡的自己人，張咨被殺了你應該給他報仇，就算不報仇，你咋能把仇人孫堅這大流氓招到麾下了呢？孫堅這種沒有規矩、殺傷性驚人的流氓，你袁術咋能用呢？你逃出來，張咨收留你，孫堅殺了張咨，你得了南陽，讓孫堅當豫州刺史，這一連串事件怎麼看怎麼像你指使孫堅幫你殺了張咨，好讓你拿到南陽呢！吃著人家還害人家！你個大混蛋啊！

2.你招攬了孫堅這個流氓，是不是也想把我們當下一個張咨！

幾乎所有的士族大佬都開始對袁術充滿敵意與提防。

漢末荊州風雲第一集落下帷幕，有兩個大贏家。

一個是袁紹。袁術不配是袁家的種，袁紹自此獨享了四世三公的祖宗積澱的聲望，所有的士族幾乎從這一刻開始全部倒向了袁紹。

另一個，是單騎入宜城的劉表。劉表這輩子，其實在老天給他的牌和運中永遠做的是最優選擇。沒偷襲曹操、沒指揮劉備打到許昌去就是大窩囊廢？人生總有想做的、能做的，和根本做不到的。

他能一個人在短短時間內安定、撫平了荊州說明了兩件事：

1.荊州本就是成熟的地方豪族自治體，所以他能牽住關鍵的幾根線就把控住了全域。

2.他這位「身長八尺餘，姿貌溫偉」的「八俊」，並非名不副實。

東漢末年也有光桿兒的「劉秀」，只是這位「劉秀」的歲數和劇本，

上蒼不再像兩百年前那樣厚恩賜福了。

後來隨著劉表和袁術的短暫合作，孫堅的一通忙活最終給別人做了嫁衣裳。而且孫堅並不知道，投劉表票的實力派中有一個江夏安陸的黃家，掌門人叫作黃祖，是他孫猛虎的命中武松。

袁術上表，孫堅領豫州刺史後，跟關東的士族聯軍們一樣，根本就沒提打董卓的事。在孫堅入中原的大半年時間裡，他幹什麼了呢？歇著了嗎？

並沒有，他手裡這幾萬隊伍是很寶貴的，不能瞎打，浪費在董卓身上多可惜。他這位豫州刺史打豫州去了。為什麼這麼說呢？

來看看一年後董卓和孫堅是怎麼打起來的，先看史料：

1.《後漢書·董卓傳》：卓先遣將徐榮、李蒙四出攄掠。榮遇堅於梁，與戰，破堅，生擒穎川太守李旻，烹之。

2.《後漢書·袁術傳》：術又表堅領豫州刺史，使率荊、豫之卒，擊破董卓於陽人。

這裡面可以捋出什麼線索呢？

1.董卓在洛陽成為無人區後，給養很成問題，董卓要劫掠洛陽周邊的物資。

2.在梁縣（臨汝西）徐榮撞上孫堅了。梁縣在穎川郡與河南尹的交界處。

3.孫堅沒打過徐榮，穎川太守李旻被烹殺了。

4.孫堅的部隊是荊州兵和豫州兵。

綜合起來是什麼意思呢？

1.孫堅在和董卓交戰前的近一年中，成功地將勢力插入到了豫州，因為他率領著「荊、豫之卒」，而且至少拿下了穎川郡，因為這位「穎川

太守李旻」是跟他一塊作戰並受他指揮的，大概率也是他封的。孫堅格外鍾情北京、上海這種大地方，潁川也是士族聚居的三巨頭之一，人口近二百萬。

2.董卓派軍劫掠，嚴重地影響了孫堅潁川的地盤，並且在遭遇戰中把孫堅給打了。

隨後孫堅徹底地不幹了。

捋出來孫堅這近一年的時間幹啥後，來看看他和董卓所有的交戰細節：

最開始是190年冬，雙方就有過小範圍摩擦，而且是董卓率先偷襲，但是沒有偷襲成功。

直到孫堅移屯前線梁縣東（臨汝）的時候，在遭遇戰中碰到了四處劫掠的董卓大將徐榮，開春給曹操差點兒打死那位。孫堅和專打大牌的徐榮對戰後也被打崩，前面我們說過的潁川太守李旻被生擒，然後被烹了，生擒的士卒被裹成木乃伊倒立點燈，孫堅率領數十騎突圍而出，收集散卒後在梁縣陽人過了個慘年。

出了正月，董卓又來撐孫堅了。董卓惹怒了一個不該惹的人。隨後的戰鬥，變成了孫堅的一人表演。

這次是胡軫和呂布帶隊來了。胡軫是涼州人，董太師從老家帶來的弟兄，此行為大督護，督導呂布為騎督，剩下的高級步騎將校都督者也有不少。

胡軫跟呂布一個武威人，一個九原人，兩人很不對付。這兩人不對付的背後，是董卓麾下的秦胡兵和并州軍之間的巨大隔閡。

呂布率并州軍投誠之後，并州軍整體並沒有得到太高的優待，呂布作為并州軍的代表僅僅被封為中郎將，而且他這個中郎將還是董卓麾下諸多中郎將中的一個。

兩派本來就有隔閡，這次的領導胡軫的性子還比較急，出兵前就高調放話：「今此行也，要當斬一青綬，乃整齊耳。」我這回出來非殺一個高級別的立立威。

這種話其實一點兒用也沒有。古往今來出征時殺將立威的事基本上都是不打預防針的。套路基本是開始你好我好大家好，甚至會稍微縱容一些人嘚瑟，然後突然間一天拉下臉，殺一個非常過分的人，隨後起到所有人覺得你真嚇人的效果。

或者比較厚道些的，像楚漢爭霸時期的彭越大哥，比較平靜地說拉我造反就得聽我的話，不聽話我可殺人，然後第二天變臉真殺人。

董軍開拔到廣成，距離陽人城還有數十里，天已經黑了，人馬已經疲憊至極，本來最開始的計劃是到了廣成後好好歇歇，吃飯睡覺，然後後半夜行動，早晨攻打陽人城。

結果呂布為首的高級軍官們全都希望胡軫這回現眼，於是建議：「陽人城中的守軍聽說咱們來已經都跑了，咱得趕緊去追擊啊！要不這趟咱就白來了！」

胡軫隨後不休整連夜進軍，結果累得半死，半夜到了陽人城下發現人家三步一哨、五步一崗，根本就沒跑。

董卓的這夥精兵此時已經累成了傻狗，連防禦工事都沒做就全都釋甲休息。

這個時候，呂布又派手下高聲嚷嚷：「城中賊出來了！」董軍開始丟盔棄甲地大潰散。跑了十餘里，發現根本就沒有敵軍，然後探馬回來說陽人守軍根本沒發現咱們，咱們的裝備還都滿地扔著呢。董軍於是又折回十多里回到陽人城下拾取兵器，準備攻城。

你也不想想，為什麼孫堅會不收城前的那堆軍械？那就是等你們再跑回來唄！隨後孫堅開始追擊一通猛打，關老爺喝酒前殺的華雄就是這

個時候報銷的。華雄本人可遠沒有《三國演義》中那麼威風，華老師是一夜沒睡來回跑了好幾十里後被狂追致死的，比較淒慘。

孫堅大敗董卓軍後開始向洛陽進軍，有人向袁術進言：「孫堅若得了洛陽，你可治不了他，小心除狼而得虎呀！」

袁術心疑後給孫堅斷了糧，結果被孫堅連夜趕回魯陽強烈問責了一通：我上討國賊，下給你家報仇，我孫堅跟董卓可沒有什麼仇怨，你到底什麼意思！

袁術趕緊又堅決保證戰士們的伙食不掉隊，孫大將軍我錯了您繼續努力。

董卓在胡軫軍敗後並不知道是具體怎麼敗的，還以為孫堅真的是硬碰硬地幹死了自己的精兵，於是派李傕遊說孫堅，說咱和親吧，咱哥倆是階級兄弟，咱倆殺的都是士族，在關中時我就看你行，你家的子弟想當什麼官，郡守刺史的你提條件，皇帝在我手上，什麼官咱現在安排不了啊！

結果孫堅比較大義凜然，大流氓之間也有鄙視鏈，表示你名聲太臭了，在關中時我就想宰你，現在非夷你三族不可，怎麼可能跟你和親！

孫堅進軍大谷，距洛陽九十里。

隨後董卓親自出戰孫堅，第一次孫堅被徐榮偷襲，第二次胡軫敗於內訌，這次算是真正地檢驗孫大將軍的實力。結果這回董卓在漢家被他刨的諸皇陵之間被孫堅打敗，退回到了澠池。

孫堅進洛陽，在宣陽城門外再次暴打呂布。呂布敗走。

孫堅進入了死城洛陽，打掃漢宗廟，修整被挖開的皇陵，以太牢祭祀天地後，出現了神秘景象。

也許是漢家列祖列宗感謝孫堅的祭祀安陵之功，洛陽城南的官井上空出現了五色氣。孫堅派人去井中查看，發現了十常侍之亂那一夜遺失

的傳國玉璽。

不知是不是受了傳國玉璽的鼓舞，孫堅也許對天命產生了想像後使命感爆棚，表示跟董卓沒完，分兵出函谷關準備繼續往西打。

走到新安和黽池之間時，聽說了兩個消息。

1.董卓佈置了中郎將董越屯黽池，中郎將段煨屯華陰，中郎將牛輔屯安邑，其餘中郎將、校尉佈在諸縣，以禦山東。

2.袁紹趁機開始下絆子，表曹操的部將周喁（丹陽太守周昕之弟，給曹操輸送丹陽兵那位）做豫州刺史，率軍偷襲孫堅豫州大本營陽城（登封東南），斷了孫堅的後方供應，要來搶奪他的豫州。

前途層層設防，後面老窩被端，孫堅隨後還軍反攻周喁。

由於孫猛男的一通禿嚕，包括董卓在內的所有實力大佬對於此時此刻的局面均表示了認同。

董卓試了試關東集團的能量，確實有一個挺猛的，心理也不覺得不平衡了，暫時不東征了。

關東這邊因為董卓徹底滾出了洛陽，我們也不用擔心西線的軍事壓力了，洛陽地區被董卓變成了數百里無人區，挺好，完美的戰略緩衝，我們該一心一意地搶地盤了。

至此，隨著孫堅趕跑了董卓，關東群雄互相撕破臉的暴力混戰正式開始。

七、孫堅橫死，袁紹奪冀

　　來看一下此時此刻的天下大勢吧。

　　總體來講，關西的董卓勢力和益州的劉焉勢力暫時趨於穩態，這兩夥人要先放一放。

　　關東方面，已經亂了。雖然亂，還是有主線的。第一條主線，是袁紹集團和袁術集團的搏殺。

　　袁紹雖然被董卓竊取了第一齣大戲的票房，但最終的局勢走向還是可以接受的。因為他袁導的名聲以及製片能力還是得到了市場認可的，而且他兄弟袁術由於收攬了沒規矩的孫堅，所以士族集團們普遍是買袁紹的帳的，大量的士族人才奔向了袁紹陣營。

　　袁紹方面佔領了士族市場，袁術那邊則破罐破摔地開發出了編制外的野路子，繼孫堅後，各種山賊土匪黃巾軍都跟袁術結成了統一戰線。當董卓將關東市場讓出來後，初期的演化方向，漸漸地變成了袁家哥倆的對手戲。

　　袁術走出聯盟孫堅的臭棋時，袁紹在幹啥呢？在佈局下一盤大棋：袁紹和冀州牧韓馥打算謀立幽州牧劉虞為新的大漢皇帝。

這事兒呢，袁紹諮詢了投奔他的曹操。曹操對此表達了反對意見：因為董卓不是東西，所以咱們聚義攻伐，天下無不響應，現在幼主很可憐，而且並沒有昌邑王當年的那種混蛋表現，怎麼能輕易更換新君呢！

董卓代表的朝廷對關東失去控制之後，各路諸侯私刻大印成風，給小弟們發各種印、發各種符節去搶地盤，但造假這事兒還是袁紹幹得最大，他連玉璽都敢刻。袁紹拿著自己刻的一個玉印跟曹操顯擺，說這是濟陰人王定發現的玉印，上面寫著「虞為天子」，又發現有兩個太陽出於代郡，看來劉虞當代立啊。

曹操呵呵一笑。

袁紹還派人給曹操做工作，現在天下豪傑群英哪裡還有蓋得過袁紹的！你怎麼就不跟袁大哥唱雙簧呢！此時寄人籬下的曹操沒有跟著捧臭腳，沒表態。

袁紹後來還寫信給兄弟袁術，說：「獻帝不是靈帝的兒子啊！咱得學習滅諸呂的好榜樣周勃，廢了這野孩子立大司馬劉虞當皇帝啊。」

袁術還比較明白，你這是在拍第二季《權力的遊戲》，我可不搭理你了，要立皇帝你上南陽來立，立的那位離我那麼遠又成你遙控我了！袁術說了一堆君臣大義的話，把袁紹的合作邀請給拒絕了。

袁紹跟袁術再次回信，說咱全家都讓人殺了，你怎麼心這麼大呢！

袁術繼續回信：「皇帝聰明睿智，這孩子外號『小周成王』，董卓禍亂是本朝的小小厄運，你怎麼能說人家是野孩子呢！殺咱全家的是董卓，跟皇帝有什麼關係呢！」

在這個問題上，袁術極其政治正確地表明瞭擁護大漢的態度，義正詞嚴地拒絕了他哥哥另立皇帝的建議。

我現在是朝廷的後將軍！你就是一個勃海太守！我才是咱家的正根！你是丫鬟生的，還沒完沒了地折騰上了！袁術在孫堅幫他得到南陽

後，一開始對他哥哥袁紹是有著一定優勢的。

袁紹自打從勃海郡收兵後一直駐紮在河內，糧草由韓馥供應。袁術駐紮在南陽這一富裕之地啥也不愁，麾下的孫堅又是大炮轟一切的主兒，而且他還結交了幽州的軍閥公孫瓚來對付袁紹，並經常發表「這幫瘋犢子不跟著我混反而跟著我家的家奴屁股後面」的不團結言論。誰敢跟你混啊！張咨那墳頭還熱乎呢！

最開始是語言攻擊，後來袁術打算要了袁紹的命，他在給公孫瓚的書信中寫出了「紹非袁氏子」的可怕新聞。袁術打算從品牌上徹底打倒他兄弟，讓他失去混社會的最高級武器。

這也標誌著二袁的正式決裂。

不久，發生了一件大事：荊州風雲第二季轟轟烈烈地上演了。

孫堅打董卓的時候，袁紹曹操方面對豫州進行了偷襲，袁紹派曹操的部將會稽周家搶奪孫堅在豫州的地盤，也就是潁川。

隨後孫堅回師打跑了袁曹二人的這次偷襲，然後和袁術軍鋒所指，轉而奪取劉表所割據的荊州。

孫堅和袁術的這次軍事行動有兩個原因：

1.劉表跟袁紹結盟了。

袁術因為跟袁紹撕破臉了，劉表卻與袁紹結盟，這讓袁術感覺丟面子，而且也是實打實的危機。

2.劉表被認為是軟柿子。

袁術認為劉表好捏、孫堅好使，自己黃雀在後。孫堅則認為自己在潁川這個四戰之地危機太多了，沒完沒了地總被人惦記，還是荊州好，惦記的人少，此時袁術已經和自己聯盟，不再有後顧之憂。

孫堅和袁術在雙方的各懷鬼胎但利益一致的情況下，開始南下打荊

州。

　　孫堅又離開了潁川去南方尋找未來，雖說這一年來逮誰幹誰得罪一大堆人啥也沒得著，但猛虎南下後依舊是攻無不克，劉表被孫猛虎咬得極其狼狽。

　　孫堅在鄧城、樊城大敗劉表部將黃祖，並成功渡過漢水圍困襄陽。隨後黃祖想搞一把偷襲，卻又讓孫堅給禿嚕了一通，黃祖潰退，孫堅猛追。

　　依著孫堅的戰鬥力，孫堅自荊北一路打到荊州只是時間問題，但就在這時，戰局發生了一百八十度的調轉。

　　191年四月，孫堅追殺黃祖時跑猛了，疏忽大意了，單槍匹馬過峴山時，被黃祖軍射殺。（見圖1-7）

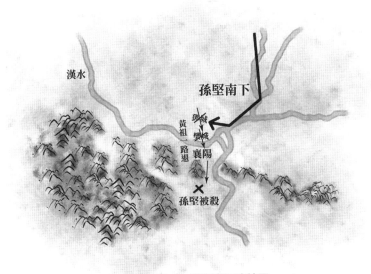

圖1-7　孫堅南下路線圖

　　孫堅死的時間取自《漢紀》和《吳曆》中的初平二年（191），裴松之做過詳細考證，並非《三國志》中的初平三年，《資治通鑒》中司馬光

在比對後也選取了初平二年。

孫猛虎就這樣早早地離開了波瀾壯闊的漢末舞臺。

孫堅作為全軍的方面軍司令，卻幹出了「單馬行峴山」的李雲龍行為，讓人歎息意外的背後，他的行為和結局似乎又透露著必然。李雲龍可以那樣做，因為那是電視劇。

孫堅這輩子大炮轟一切，想弄死誰就弄死誰，還真的就能弄死誰，漸漸地就會產生自己就是死神的莫名優越感。在「我只會給別人帶來噩夢」的病態優越感下，往往就會在很多地方疏忽大意，去放任自己的倖存者偏差，認為自己是凌駕萬物的神。最終的結局，就是在黑暗中射出的一支箭後，莫名其妙地倒下，死不瞑目地離開。

《道德經》中有這麼一句話：「強梁者不得其死，吾將以為教父。」老子說：「過分強猛豪橫的人不得好死，我把他當作我理論的宗旨。」

有沒有道理呢？我覺得有道理。

有的人突然手握權勢之後會展現出極強的破壞力和毀滅性。看上的東西就要搶過來，沒有規矩，沒有原則，不服就幹你，幹死你為止。史書中每當出現這樣的橋段，傳主通常也就快到頭了。

孫堅這輩子「勇摯剛毅，孤微發跡」，因為對大惡魔董卓態度堅決，所以在史書蓋棺論調時得到了「忠壯之烈」的評語，給了「輕佻果躁，隕身致敗」的客氣輓聯。

但是，從他大炮轟一切的人生之路來看，他這輩子所過之處破壞力太強，對不服從自己的勢力連根拔起，沒有妥協，沒有原則，看上的東西用盡辦法總要得到，大不了就滅了你。

他狂暴的人生之路除了漢末第一等的戰鬥力之外，他夫人在嫁他之初吳家給出的那句評語其實更為貼合他的人生底色：「吳氏親戚嫌堅輕狡。」

孫堅雖然離開了歷史舞臺，不過他的這份驍勇遺傳給了他的長子。

父親對於男孩的性格養成極其關鍵，如果父親足夠成功且被孩子崇拜視為榜樣的話，父親的為人處世和性格脾氣會極大程度上被複製到兒子的身上。

孫堅遺傳給長子一份武勇基因外，還有那相同的性格與宿命。

裴松之在寫孫堅父子的結局時，意味深長地引用了東晉孫盛的一段評語：「孫氏因擾攘之際，得奮其縱橫之志，業非積德之基，邦無磐石之固，勢一則祿祚可終，情乖則禍亂塵起，安可不防微於未兆，慮難於將來？」

核心一句話：缺大德定下的基業，有點兒風吹草動就崩了。

太原孫盛在夷狄亂華的飄搖江左指桑罵槐調侃孫氏之前，晉明帝司馬紹在聽完王導講完祖宗的創業史後掩面伏在床上，說出了那句著名的「若如公言，晉祚復安得長遠」？

物過，剛則易折；做絕，勢必不久。

劉表因孫堅之死開始扭轉戰局，荊襄全境轉危為安，而袁術方卻折損了戰力最強大砍刀。

襄陽乃中國之腹，天下巨防！憑他自己的那點兒能力，是過不了漢水的。

三十年後，決定中國歷史走向的一戰，將在此打響！

一方在墜落，另一方在升起。袁術斷臂的191年，袁紹鯨吞了冀州。這也是關東大亂局面下的第二條主線。

袁紹在諮詢了很多盟友後發現重立新帝的提議普遍沒人贊同，還因此跟袁術徹底地鬧掰了，於是打算先幹了再說，成立大河北聯盟，派了前任樂浪太守張岐等帶著他們的提議到幽州向劉虞奉上皇帝的尊號。

劉虞堅決不同意。

袁紹又給出了下一步方案：你不當皇帝也行，先主持尚書事務，代表皇帝封爵任官。劉虞表示皇帝我不幹就是為了不背鍋，我怎可能去行使天子權力？你們再逼我我就去投奔匈奴！

袁紹在謀立劉虞不成後，開始進行下一步：打算擠走韓馥。

韓馥幹這個冀州牧已經一年多了，基本上算是紮下根來了。袁紹最早離開洛陽的時候，就是直接逃奔冀州地界上來了。

袁紹的思路從一開始就比較明確：要做第二個劉秀。

韓馥也是能感覺到袁紹的心思的。

在袁紹屯兵河內後，譙縣曹操、上黨張楊等都來投奔大名鼎鼎的袁紹，而不是他這個實際的軍糧給養提供者——冀州牧韓馥。

韓馥對袁紹是很有看法的，並且一直在暗暗地減少對袁紹方面軍的軍糧供應，你沒有糧食我看誰還拿你當大哥！

袁紹也加緊對韓馥下絆子。恰逢韓馥的大將麴義和韓馥鬧翻了，公然反叛，還擊敗了韓馥的討伐軍。袁紹馬上給麴義遞上了橄欖枝，隨後又給公孫瓚寫信，相約共取冀州。公孫瓚隨後表示贊同，說要去打董卓，帶兵南下準備「借路」冀州。然後袁紹開始將隊伍往東帶，駐紮在了延津。(見圖1-8)

面對南北夾擊之勢，韓馥感到了巨大的危機。

這個時候，袁導安排的演員們開始北上鄴城。

陳留高幹、潁川荀諶等一大幫士族開始去遊說韓馥，去了以後就嚇唬人家：「公孫瓚朝您這兒殺過來了，袁紹那邊又引軍向東，也不知這倆人是要幹啥，我替您擔心哪！」

韓馥問：「怎麼辦呢？」

荀諶說：「公孫瓚手下燕、代之兵鋒不可當，袁氏是時代領袖肯定不

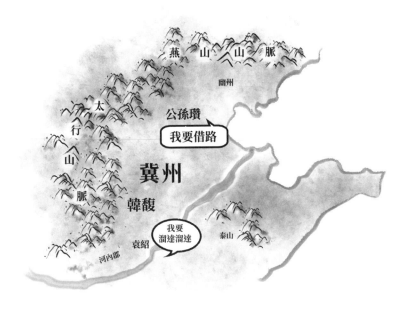

圖 1-8　袁紹公孫瓚夾擊韓馥局勢圖

會居於您的身下。冀州是天下之重資，如果兩雄並力謀奪您的冀州，我估計您就真懸了。袁家是您的故交同盟，我替您著想建議您把冀州讓給袁家。在雙雄爭冀州的這個關頭，讓袁家得了冀州是一個非常合算的決定。您既有讓賢之名，還會被袁家感激與厚待。您快別猶豫了，讓吧。」

韓馥在內心煎熬後同意了。

他的長史耿武、別駕閔純、治中李歷都在勸他：「冀州帶甲百萬，穀支十年，袁紹要是沒有咱們養活，他都活不過春天，咱一斷奶餓死他就和餓死孩子似的，不知為什麼您要把冀州讓給他！」

韓馥給出了最終的結論：「我本就是袁氏故吏，而且才幹確實不如袁紹，這種讓賢的高風亮節自古都是佳話，你們怎麼這麼說我呢？」[1]

韓馥的都督從事趙浮、程奐本來率領著強弩萬人屯河陽，聽說韓馥

1　《後漢書·袁紹傳》：吾袁氏故吏，且才不如本初。度德而讓，古人所貴，諸君獨何病焉？

要把冀州讓給袁紹，於是順著黃河飛奔東下。當時袁紹在朝歌清水口，趙浮的萬人軍團從上游駕著數百艘船從袁紹軍前全副武裝打鼓敲鑼地路過，然後回到了鄴城。

見到了韓馥，趙浮說：「袁紹軍中無糧，我從他那兒路過，看到他軍無鬥志，我請求帶兵去頂住他，十天內他的軍隊必定因為無糧而土崩瓦解！有啥可怕的！」

韓馥到底是沒同意，派兒子把冀州大印送到了袁紹的手中。

袁紹至此驚險地成了冀州牧。

韓馥草包是一方面，但在他做抉擇時，其中重要的一項理由是：我家世代是老袁家的門生。袁家的背景開始不斷地放光芒。

在曹操打出五年後的那張牌之前，袁家的招牌是無往不利的。當一個品牌經營了百年，它是蘊含著巨大底蘊與強烈能量的！

廣平人騎都尉沮授在袁紹拿下冀州後跟袁紹進行了一次深入的談話：

「將軍您弱冠登朝，名聲遠播海內，只要是您導的片子那都是大製作大手筆，現在嚇跑韓馥總攬冀州之眾威震河朔，您又一次讓市場和業界看到了您名導的實力。

「雖然現在東有黃巾，西有黑山，北有公孫，但那都不叫事兒。現在您應該橫大河之北，合四州之地，收英雄之才，擁百萬之眾，迎大駕於西京，復宗廟於洛邑，號令天下，以討未復，以此爭鋒，誰能敵之？以您的水平，幾年之後成此功不難。」

沮授對袁紹說出了他早就規劃好的想法，袁紹也很深情地對沮授說：「這就是我心裡想的啊！」

袁紹對於沮授的興奮點在於哪兒呢？

沮授說「橫大河之北，合四州之地，收英雄之才，擁百萬之眾」，讓他做東漢末的劉秀，這是他從洛陽跑出來後的人生規劃，有這麼一位

明白人跟他談這個事兒，他覺得找到了知己，所以興奮地回答：「此吾心也。」

但是呢，沮授其實說了兩件事，剛剛那是第一件。第二件事是：「迎大駕於西京，復宗廟於洛邑，號令天下，以討未復，以此爭鋒，誰能敵之？」

這是史書中首次記載的「挾天子而令諸侯」版本：「迎大駕而令天下。」

沮授其實早早地就對袁紹說出了兩步走的戰略規劃：當河北王；迎回天子，隨後以天子的名義打各路不服的勢力，誰還能幹得過你？

沮授可以說是袁紹陣營中，史書有載的最厲害的一位戰略家，他幫袁紹早早地梳理好了最順天時地利人和的一套戰略思想。背靠天下河北金角，人口和兵源都是天下第一（西北的人口對比河北人口劣勢太大），然後利用袁家四世三公的優勢和漢家的招牌，後面幾乎就是穩贏了。

但是，在袁導的劇本中，卻並沒有將董卓手中的獻帝放在自己的劇本中給個角色。

早在獻帝西遷後，董卓派了大鴻臚韓融、少府陰循、執金吾胡母班、將作大匠吳循、越騎校尉王瑰等來勸袁紹這幫人都散了吧。

董卓派的這幫人都是士族自己人，但是由於袁家剛剛被董卓滅門，袁紹腦子一熱對於這夥來勸和的自己人下了狠手，派王匡將胡母班、吳循等人都給殺了。

其實從這個時候就看出來袁氏兄弟的手腕了，袁紹始終本人沒髒手，這些人都是袁紹派王匡殺的，袁術則親自殺了陰循，還接納了孫堅。包括袁紹奪冀州，是韓馥送的，袁紹自始終至終也沒對韓馥宣戰，也沒跟韓馥發生武裝衝突。

這幫被殺的人嚴格意義上是朝廷的人，袁紹殺的從法理上來講是漢

臣，這是袁紹與朝廷結下的第一個梁子。

　　隨後袁紹又擁立劉虞做皇帝，但劉虞死活不同意，目的沒達成，卻和朝廷結下了第二個梁子。

　　從袁紹的角度來看，這麼做是沒有錯的，獻帝在董卓手裡肯定是弄不回來了！這張牌肯定是永遠攥在人家手上，自己這兒永遠是被動的，所以他要另立皇帝。

　　但是，風水是輪流轉的，雖然你現在絲毫沒有希望，也許有一天希望會突然送到你眼前，而且今天跟你說這話的沮授在四年後仍然會給你提醒，對你說出「迎大駕而令天下」的升級露骨版：「挾天子而令諸侯。」

　　人生有時會考驗你一項能力：你是否有臉將自己曾經撕破的臉再縫回去。屆時，那將成為決定袁紹一生成敗的最重要一次抉擇！

八、袁紹的至暗時刻

袁紹在做了冀州牧後，以廣平人沮授為奮武將軍，使監護諸將；魏郡審配為治中，巨鹿田豐為別駕，南陽許攸、逢紀、潁川荀諶皆為謀主。

袁紹的起步，士族圈子助力很大。河北、南陽、潁川的士人在其起步階段加盟。這也和當年劉秀剛起飛時一樣。

不過，即便長袖善舞如劉秀，後來在團結各方面勢力時仍然玩砸了一些環節，經歷了史詩級的叛變，劉楊、彭寵、鄧奉三大地頭眼鏡王蛇對劉秀輪番進行了考驗。

客觀地來講，袁紹和當年的劉秀是真像。

1.兩人都是名滿天下。

袁紹是四世三公袁家的第五任魁楚冀州牧，劉秀是昆陽城下以三千兵馬破百萬大軍的玄漢大司馬。

2.兩人都是才堪大任。

劉秀的開掛人生自不用說，袁紹即便是在群星璀璨的三國，仍然是前幾的存在。

3.兩人都是得到了各地士族的支持。

劉秀是天下豪族總代表，袁紹是士族圈子的頭號投奔對象。

兩個人有兩個區別：

1. 袁紹比劉秀的準備要充分得多。

當年劉秀是一無所有懵圈地來到河北，袁紹卻是提前知道考題，有預案規劃地飛奔冀州。袁紹知道河北對於統一天下有著多麼關鍵的意義。

但是，在「天下」這份答卷的面前，有備而來似乎並非那麼重要，它只能增加一個人的成功的概率。

輪到這種頂級的功業，謀事也許在人，成事卻從來要看「天」的。所謂的成事在「天」，其實是運氣。

2. 劉秀比袁紹要幸運得多。

劉秀極其意外地得到了天下兵王幽州突騎的鼎力加盟。在上谷漁陽高喊幽州有資格選擇自己的未來後，幽州突騎呼嘯南下，助劉秀迅速地平定了王朗政權，然後掃平了河北的盜賊流寇集團成為銅馬帝，隨後在下中原、定山東的過程中，耿弇和蓋延的幽州軍起了巨大的助力作用。

幽州突騎在這裡面不僅僅是出力的問題。天下兵王幫助劉秀節省了時間！劉秀統一整個關東僅僅用了五年。袁紹徹底地拿下河北，卻用了整整八年。幽州突騎還是那個兵王。但袁紹，唯獨少了這份運氣。這讓他在三國開局時段，在所有開局主公中直面最強的開局難度：幽州軍力在對立面的那一邊。

此時的幽州，最大的武裝頭目，叫公孫瓚。公孫瓚，遼西令支人（河北遷安），家世二千石。

家世挺顯赫，不過公孫瓚的出身和袁紹一樣，是丫鬟生的，公孫瓚沒有袁紹命好，沒有個早死的大爺過繼，所以起步就是個郡小吏。

但是，公孫瓚長得帥，聲若鐘，腦子聰明，每次匯報工作常常一個

人頂好幾個人的工作量，而且條理清楚從不出錯。當時的領導侯太守愛其才，把閨女嫁給了他。不要興奮感動，這不是啥婚姻改變階層的故事。侯太守的閨女大概率也是丫鬟生的，高門豪族正妻生的閨女在漢末是門第間搭關係的稀有資源，是不太可能配給「母賤」的公孫瓚的。

公孫瓚後來在涿郡盧植那兒上學搭關係，不久舉上計吏（**地方派往中央遞帳本的官員**），後來公孫瓚的上司劉太守因罪被抓到洛陽受審，公孫瓚喬裝打扮成侍卒一路伺候。

劉太守被判罰流放日南郡（**今越南**），公孫瓚決定繼續相隨，在北芒山祭先人，舉酒杯動情道：「昔為人子，今為人臣，我當陪太守流放千里，日南瘴氣，我估計是回不來了，與先人們在此別過了！」

結果半路上劉太守被平反赦免，隨後忠心義氣的公孫瓚得到了頂級回報：得到了舉孝廉的名額，正式地進入了高級官員隊伍。

到了漢末的時候，門第間的階層確實已經固化到了讓人絕望的地步。即便公孫瓚「家世二千石」，即便有「美姿貌，大音聲，言事辯慧」的個人素質，但由於他「母賤」，他就是個郡小吏而已。家族的名號、財產、仕途，跟你沒有任何關係。

他家是「家世二千石」的世代高門，這種家族的人本該很輕鬆地獲得舉孝廉資格，但公孫瓚的功名卻是自己給落魄領導燒冷灶，然後一路小心伺候，甚至賭上未來和生命的情況下才搏來的。

聽上去也許很心酸，但慢慢地習慣吧，在這個時代，我們至少還能看到公孫瓚這種豁出去的階層躍遷者。

到了下一季，除了土匪和蠻夷，正常途徑下，無論一個人怎麼「豁出去」，史書中也幾乎不會再出現「公孫瓚們」的篇幅了。

公孫瓚舉孝廉為郎後被任命為遼東屬國長史（**掌兵馬，助太守掌兵**），開始邊境武官的仕途之路。

在邊境跟烏桓、鮮卑這幫少數民族打仗的過程中，公孫瓚漸漸地選拔出了自己的核心軍官團，他選取了「善射之士數十人」全都騎白馬，自號「白馬義從」，在邊地幹出了很多相當駭人聽聞的壯舉。

比如帶著數十騎出巡，突然碰到了數百鮮卑騎兵，公孫瓚先是退入邊塞空亭，對身邊人說：「現在這個亭子什麼都沒有，咱們守不住，必須殺出去，不然就都死這兒了。」隨後公孫瓚帶隊衝出，自己拿著兩刃矛殺傷數十人衝出了鮮卑騎兵的包圍圈，自此聲威大震。

這個兩刃矛就是雙邊都有槍頭，一般武功高強的人才敢使這傢伙。槍法如果不純熟的話其實很容易傷到自己和馬匹，但如果使得好，則是非常威猛的武器，後面五胡亂華中所謂「項羽再世」的冉閔使用的就是這種槍。

公孫瓚長得帥，騎白馬，槍法好，實際上他本人更類似於傳統印象中趙雲的形象。

後來涼州叛亂，朝廷命令公孫瓚督遼西烏桓突騎三千隨車騎將軍張溫去討涼州賊。

結果公孫瓚一行到了薊城時，因為軍餉拖欠問題，人家烏桓騎兵不幹了。前中山相張純和前泰山太守張舉抓住空子策反了這三千人的領導烏桓大人丘力居，烏桓騎兵不僅不跟公孫瓚混了，反而調頭打他來了。

張純等在烏桓騎兵的助力下攻薊城、燒城郭、劫掠百姓，還殺了護烏桓校尉箕稠、右北平太守劉政、遼東太守陽終等，後來張純又策反了烏桓峭王等部，亂兵人數一度達到十餘萬，入青、冀二州，劫掠漁陽、河間、勃海，甚至一路殺到平原郡。

幽州匪重勢大，靈帝在轉年後將「威信素著，恩積北方」幹過幽州刺史的劉虞升級為了幽州牧，把幽州打包批發出去了。

州牧比刺史牛得多，是軍、政、財三位一體的大領導。劉虞到了薊城後，表達了三個意思：幽州現在我是軍政一把手了，都別鬧了；少數民族既往不咎；開出了暗花去懸賞張舉、張純等人的腦袋。

少數民族聽說厚道領導劉虞來了，紛紛表示不鬧了，張純等人也很快被殺，餘眾降散。

劉虞非常輕鬆地搞定張舉的反政府武裝，另一面則是公孫瓚非常苦逼地跟少數民族一刀一槍地沒完沒了的血腥拚殺。

公孫瓚自打督導烏桓騎兵征西被放鴿子後，就一直怒火中燒，在張純一路入寇的過程中不斷作戰，一度追擊，大敗張純等在遼東屬國石門山，繳獲了大量的俘虜。

公孫瓚並不見好就收，繼續追擊，最終被烏桓首領丘力居等圍於遼西管子城。一連二百多天，公孫瓚軍糧盡食馬，馬吃沒了煮弩楯上的獸筋吃，最終全軍分散突圍逃跑，烏桓軍在圍城的過程中也已經困頓不堪，後遠走柳城。在遼東的大雪中，公孫瓚軍死於路上的有十之五六。

等公孫瓚回來發現，張純等已經伏法，被大領導劉虞很輕鬆地拿懸賞令搞定了。公孫瓚很不平衡，要不是我把局面打開了，你能這麼輕鬆？

公孫瓚在丘力居遣使見劉虞時派人暗殺使者，破壞和談。

但劉虞作為厚道人，並沒有追究公孫瓚，而是詔拜公孫瓚降虜校尉，封都亭侯，復兼領屬國長史，職統戎馬，而且解散了各地武裝，只留了公孫瓚率步騎萬人駐紮右北平。

劉虞很有領導藝術，公孫瓚你那點小九九我不放在心上，只留你的兵權是充分認可你的工作能力，給你封侯是對你差點兒死遼東的革命補償。

另一邊呢，對於烏桓等少數民族劉虞也進行了表態，不打算打仗

了，把各地武裝都散了，但是跟你們有仇的公孫瓚在那兒咬牙切齒，你們再不老實可想好了。

公孫瓚這位遼北地區著名狠人有點兒類似於孫堅，對於面子比較看重，對於栽面子比較不接受，而且比較認同不要慫就是幹的人生信條，他對於烏桓人的痛恨有超乎於自己崗位的執著。

每次一聽說有警報，公孫瓚擰眉瞪眼地罵著街就殺出去了，史載「瓚輒厲色憤怒，如赴仇敵」，動不動就往死裡打，打不死還要夜戰，打不盡烏桓就絕不下戰場。

大漢的幽州突騎時隔近二百年依然保持著強悍的戰鬥力，碰見猛人帶領照樣血洗北方。烏桓等北部少數民族由於太過痛恨公孫瓚，在訓練射箭的時候都製作了公孫瓚模型，扎小人般「馳騎射之」（估計是模擬一邊逃跑一邊回頭射），射中公孫瓚模型的人被族人們高呼「萬歲」。

後來烏桓全族覺得跟大愣子公孫瓚犯不上，基本上不是日子過不下去的情況下是輕易不敢來的。一般聽說公孫瓚來了就趕緊跑，讓這小子撞上他就沒完沒了，他的外號叫遼西狗皮膏藥。

公孫瓚給自己的職業生涯設定了一個目標：掃滅烏桓。這和長官幽州牧劉虞的思路是相違背的。

自從黃巾鬧起來後，由於劉虞寬厚而且總攬地方大權，他開始勸督農植，還開了上谷地區的漢胡市場，並國營了漁陽的鹽鐵業，使得幽州的小日子開始爬坡。

青州、徐州地區避黃巾之難者逃奔劉虞處有百餘萬口，劉虞全都妥善安撫，給地、給政策，讓他們安立生業。

劉虞的思路是，要建設不要兵火，要買賣不要殺害，他本人也天性節約、樸素待人，但是這就和職業軍人出身的公孫瓚不對付了。

公孫瓚沒事就喊打喊殺，誓滅烏桓！劉虞看見這大哥就一肚子火，

滅什麼滅！你滅得了嘛！忘了差點兒死東北了嗎！招降就得了，你非整得全面開戰了幹什麼！我還得滿世界找錢給你報銷軍費！

幽州本就不富裕，由於地處邊境，軍費消耗特別多，過去每年需要冀州、青州擠出兩億錢來支援。由於公孫瓚民族覺悟比較高，鬥爭熱情分外高漲，導致了幽州軍費一路上漲，由於靈帝又打包了新創意的「州牧」，整個幽州打包給了劉虞，中央什麼也不管了，因此公孫瓚的軍費單子讓劉虞看見就一肚子氣。

一個是當家知柴米貴；一個是要通過打仗實現種族滅絕理想，還脾氣特別大。雙方從一開始就尿不到一個壺裡。劉虞希望不折騰，公孫瓚天生愛折騰，兩個人開始產生劇烈的分歧。

後來，袁紹的突然出現，橫亙在劉虞和公孫瓚之間，算是某種意義上緩和了兩人之間的矛盾。

袁紹和韓馥首先打算立劉虞當皇帝作為自己謀利益的招牌，被劉虞嚴詞拒絕了。袁紹、韓馥第二次又請劉虞領尚書事時雙方撕破臉了，劉虞把袁紹的使者給殺了。

韓馥軍屯安平打算要搞些動作，結果被劉虞派公孫瓚給暴打，公孫瓚乘勢入冀州，以討董卓為名打算搶韓馥的冀州。

結果再後來，公孫瓚接到了袁紹的來信，相約南北夾擊，還沒來得及打，冀州那邊就和平易主了，這回票房全都歸了袁紹，公孫瓚連毛都沒摸到。這讓公孫瓚非常憤怒。而且公孫瓚不久前還派了弟弟公孫越帶著千餘騎兵去和袁術結盟了，在袁紹派會稽周家為豫州刺史襲奪孫堅的大本營陽城時，袁術就派遣了公孫越去幫孫堅，結果公孫越中流矢而死。

弟弟被殺、冀州被搶，公孫瓚新舊兩仇一塊算，出軍屯磐河，上書陳述袁紹的十項大罪跟袁紹正式開戰。

袁紹剛剛拿下冀州，根基不深，開戰後「冀州諸城多叛紹從瓚」，形勢一度非常危急。比如說常山趙子龍就被推舉帶著本郡兵馬投奔了公孫瓚。[1]

　　袁紹之所以混成這樣有三個原因：

　　1.袁紹當這個冀州牧是名不正言不順的，明眼人都知道這是從韓馥手裡搶來的地盤，這跟後來劉備先生入蜀一樣。

　　2.袁紹薅河北羊毛薅得有點兒狠，對不交份子錢的豪族，袁紹手段比較黑。[2]

　　3.袁紹不太可能打得過公孫瓚。

　　這些年白馬將軍的戰神名號響徹河北，把黃巾賊和少數民族各種暴打，但袁紹卻從沒顯露過戰績，小弟王匡和董卓軍打仗時露了一面，隨後全軍覆沒。

　　不僅輿論不看好，袁紹自己也很虛，對於公孫瓚在「十大罪」的討伐廣告中將他說成不忠不孝、不仁不義的畜生，不但不敢跟人家急，還第一時間把所佩的勃海太守印綬送給了公孫瓚的從弟公孫範。（見圖1-9）

　　勃海郡是人口百萬的冀州第一大郡，袁紹希望通過割地的方式得到公孫瓚的原諒。結果公孫範到了勃海郡後就帶著當地的留守武裝幫他哥哥打袁紹來了。

　　劉虞是個厚道人，他的種種保境安民措施，是奔著名留青史去的，但袁紹居然要運作他僭越當皇帝。劉虞由此開始不再計較公孫瓚的滿世界禍禍，隨著這位白馬將軍去剿滅袁紹反動派。

　　公孫瓚不是個厚道人，他希望在這個亂世得到自己陽光下的地盤，並不僅僅局限於一個小小的遼東屬國，於是看上了袁紹的地盤。

1　《雲別傳》：為本郡所舉，將義從吏兵詣公孫瓚。
2　《典略》：紹又上故上谷太守高焉、故甘陵相姚貢，橫責其錢，錢不備畢，二人並命……

圖 1-9　冀州下轄勃海郡位置圖

　　而且公孫瓚非常牛氣地自署將帥為刺史，命嚴綱為冀州刺史，田楷為青州刺史，單經為兗州刺史，開始和袁紹全方位開戰。但在雙方開戰之前，出現了一個插曲。

　　一股非常兇猛的青徐黃巾軍共三十萬眾自山東開始北上，沿著海邊蝗蟲過境般地打到了勃海，進入了冀州地界打算吃河北大戶，順便與黑山黃巾軍會合。

　　這股青州黃巾軍在漢末最終局勢走向中非常重要，總之，百萬（算上家屬）黃巾入勃海了。

勃海此時已經是公孫瓚的地盤了，公孫瓚率步騎二萬人在東光南（滄州南）狂屠了這夥青州黃巾，斬首三萬餘。

山東黃巾在東北人的禿嚕下開始棄輜重奔走，渡過丹水，被公孫瓚一路追擊再次撞上，這次殺數萬，俘虜七萬並打包了這夥黃巾軍在青州的劫掠收入。

公孫瓚打垮青徐黃巾軍後，這夥流賊向南方而去，河北人太生猛，不是咱們混的地方，還是去河南發展吧。這夥山東流民軍，繼兩百年前的赤眉後，最終再度以特殊的方式改變了歷史的進程。

此戰後，公孫瓚對袁紹的優勢繼之前的「冀州諸城多叛紹從瓚」之後進一步拉開，冀州各地長吏開始紛紛不響一炮地開門投降。[3]

公孫瓚不僅能把北方遊牧民族打得聽見他聲音就跑，還通過屠殺黃巾軍在冀州造成了極其轟動的輿論影響。

市場上的投資人腦海中的判斷比較樸素：袁紹之前導的都是《權力的遊戲》這種高層宮鬥劇；但公孫瓚這夥東北猛男天天打外國人，拍的是實戰動作片。河北輿論普遍地認為袁紹要被公孫瓚打死了。

袁紹頭疼的不光如此，繼河北此時肉眼可見的眾叛親離之外，背後也已經不再太平。首先是虎踞南陽的自家兄弟袁術巴不得袁紹早點兒死。黑山賊于毒、白繞、眭固等十餘萬眾也開始攻略魏郡、東郡，兗州刺史劉岱安排的王肱被打跑。

在背後一片大亂的情況下，此時跟本初哥哥生死與共的孟德弟弟自河內揮師入東郡，擊破白繞於濮陽，將手伸入東郡。

袁紹迅速地表曹操為東郡太守，治東武陽，守住黃河渡口，準備隨時逆流而上阻擊趁火打劫的黑山諸賊。

3　《三國志・袁紹傳》：公孫瓚擊青州黃巾賊，大破之，還屯廣宗，改易守令，冀州長吏無不望風響應，開門受之。

黃河對岸的兗州，以刺史劉岱為首在觀望，袁紹為了安撫劉岱把妻子兒女都送過去當人質了。

　　曹操剛離開了河內，南單于於夫羅本來跟袁紹是友軍，但此時看出來袁紹要完蛋，於是劫持了另一個小弟張楊叛變袁紹，自黃河順流而下屯於黎陽準備分一杯羹；老仇人董卓隨後迅速地任命被劫持不肯叛變袁紹的張楊為河內太守來瓦解張楊的意志，讓他幫著一塊兒打袁紹。（見圖1-10）

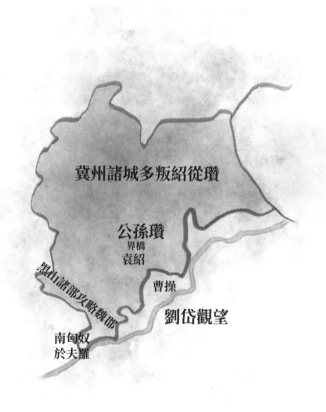

圖1-10　袁紹與公孫瓚會戰前周邊局勢圖

除了東邊背靠背生死相依的孟德弟弟之外，四面八方幾乎危機四伏。

說句實話，比當年劉秀遇到的局勢還要兇險，畢竟當年天下兵王是在劉秀那一邊的，而此時北境的幽州鐵騎則踏著風雪向他呼嘯而來。

191年年底，袁紹和公孫瓚雙方的大軍會戰於界橋南二十里（邢臺威縣東）。

強弱懸殊，危機四伏。敗則土崩瓦解的「官渡之戰」，並不僅僅屬於他的孟德弟弟。遠早於他的小兄弟之前，本初哥哥就遇到了自己人生中的至暗時刻。

生死存亡的界橋之戰，即將正式打響！

九、界橋會戰

袁紹、公孫瓚會戰界橋，先看雙方實力：

公孫瓚軍出戰四萬，配置堪稱豪華。中軍是三萬人的步兵方陣，騎兵一萬，左右兩翼各五千餘匹，白馬義從特種兵為中堅，左射右，右射左，旌旗鎧甲，光照天地。

在這裡，要專門介紹一下白馬義從。白馬義從是公孫瓚全都騎白馬的心腹特種兵，一開始有數十人，射術高超。後來，公孫瓚在這個基礎上精選了三千精銳騎兵，全都騎白馬，擴大了白馬義從的編制，本質上是自己的最精銳禁衛部隊。

袁紹方就沒有那麼多高級兵種了，佈陣也非常神奇，猛將麴義率領八百先登敢死隊在前，千人弩兵夾雜其中，袁紹帶領數萬步兵在後面。（見圖1-11）

解釋一下前面可能大家不太明白的一句話，什麼叫「左射右，右射左」呢？就是公孫瓚的騎兵部隊左邊射右邊，右邊射左邊。

為什麼要這樣呢？因為正面好防禦。

先來跟大家舉個例子，古代戰爭中射箭並不是像咱們印象中的那樣瞄

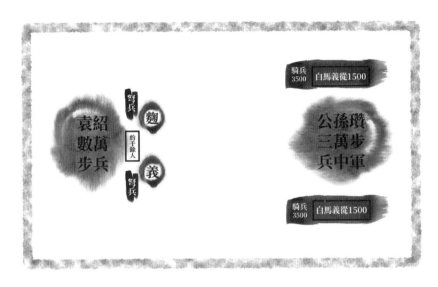

圖 1-11　袁紹及公孫瓚布陣圖

準平行射箭的。而是要把角度調高到向天四十五度的。為什麼要調高呢？

1.要是不調高角度，後面隊友的箭就射前面隊友的屁股上了。

2.調高後的打擊面更廣，能射到很多後排的敵軍，平行射箭只能射到第一排的敵軍。

戰場上弓兵追求的是密度和頻率上的殺傷，而不是靠準度，使勁往天上一放，愛射哪兒射哪兒，趕緊就下一箭了。類似於這種沒完沒了的效果。

那為什麼還要左面射右邊，右面射左邊呢？因為如果你單純地正面吊射，人家防禦起來也不困難。

所以要左射右，右射左，讓正面、左面、右面、上面全都被箭雨包圍，那盾牌又不是四面的，讓對手防不勝防！（見圖1-12）

公孫瓚的部隊有三萬步兵，強突上一萬騎兵，配置很全面。

袁紹方面則硬實力上差了許多。他沒有那一萬騎兵，萬人騎兵隊是

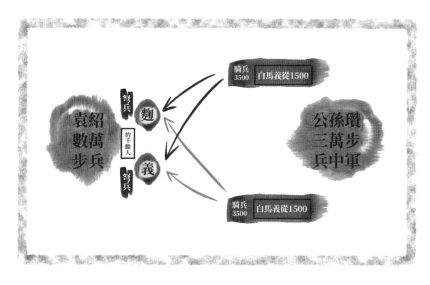

圖 1-12　兩翼騎兵衝陣後交叉射出箭網圖

相當強悍的戰鬥力，當年光武開國上谷漁陽各出了三千突騎就橫掃整個河北了。他只有步兵。

正常情況來講，袁紹肯定是打不過公孫瓚的。因為他少一個極其厲害的戰略兵種。戰場上少一個兵種其實是要吃大虧的，因為可選的排列組合就少很多，更不要說比對手少了可以整出很多花樣的騎兵。

正常戰鬥的時候，公孫瓚大概率是不會先出騎兵的，因為騎兵雖然厲害，但是防禦差，在不知道敵方箭陣方隊的位置時沒必要放出寶貴的騎兵。往往是步兵方陣拿著盾牌往前走，吸引對手的弓箭火力。這是《孫子兵法》中說的「以正和」。

騎兵左右翼或拖後放箭，或按兵不動，直到戰機出現，雙方已經攪在一起時，騎兵才會瞅準機會或是左右或是斜插猛烈衝擊敵軍方陣，等陣型衝垮後收割比賽。這是「以奇勝」。（出預備隊收割戰局）在「奇兵」（預備隊）的運用上，騎兵的效果往往是最好的。因為速度快、力量大、

震撼性強。

袁紹剛剛當上冀州牧，手上的兵大多是新兵，按常規打法，雙方步兵接陣後非讓公孫瓚的騎兵突死不可。袁紹想贏下這場戰役必須要達成一個先決條件：抵消掉騎兵的兵種優勢。

於是，針對這個前提，基本上之前沒怎麼打過仗的袁紹進行了非常高妙的佈陣。他將麴義的八百先登軍放在了前面，中間夾雜擺下了千名強弩兵。

為什麼這麼看重這個麴義呢？因為麴義是袁紹陣營中經驗最豐富最驍勇的名將，比名氣更大的顏良、文醜、張郃要牛得多。

麴義手中的這夥部曲，具體是什麼時候招募來的史書無載，只是知道這夥兵在涼州見識過很多陣仗，知道騎兵戰怎麼打，戰鬥力極強。[1]

這樣擺陣有兩個好處。

1.可以驕敵之兵。

僅僅這點兒兵力在前面會讓公孫瓚產生輕而易舉攻破的錯覺。

2.掩蓋自己的劣勢。

自己的那數萬步兵根本沒法往前擺，因為人家有騎兵。騎兵之所以可怕，在於利用超強的機動性和衝擊力，可以衝垮步兵的陣型，一旦步兵的陣型垮了，就談不上什麼戰鬥力了。

其實步兵方陣對騎兵衝鋒的劣勢也並沒有那麼大，但前提必須得是訓練有素的步兵，是不慫的老兵。

基本上越是在亂世初期往往越是騎兵大放異彩的時候。因為都是野路子、泥腿子，很多部隊還是剛抓來的壯丁，基本沒怎麼打過硬仗，更不要說見什麼兇猛的場面。這種隊伍要是看到對面有一萬騎兵衝過來直

1　《英雄記》：義久在涼州，曉習羌鬥，兵皆驍銳。

接就「拉稀」了。

很多騎兵打步兵能打出屠殺性的效果，就是因為還沒開打，步兵這邊就開始潰退了。然後騎兵追著砍，步兵自己互踩。

袁紹的那數萬步兵大概率是見不得這種陣仗的，所以單單擺了麴義的八百先登軍在前面。但凡要是有不「拉稀」的老兵，袁紹也會放上去的，畢竟對面如果上萬騎兵衝陣，就八百人擋著還是太險了。

袁紹將寶全部壓在麴義「曉習羌鬥，兵皆驍銳」的八百先登軍和那千張強弩的身上，還有後面的佈置：將步兵軍陣遠遠地布在了麴義先登軍的後面。這樣做的目的是為了引誘公孫瓚率先放出騎兵。

因為公孫瓚在計算出大軍的弓箭射程不夠時，才會大概率放出騎兵部隊先去擊潰這一小部先鋒軍拿下開門紅，起到把對方嚇尿褲的震撼效果。

公孫瓚要是看見袁紹的弓兵陣在後面，他絕對不會把騎兵放出去的，步兵扛盾牌往前拱唄。

對於袁紹來講，麴義其實是一個戰略棄子。

如果這一千八百人能把公孫瓚的一萬騎軍引出來了，這就在一定程度上完成「抵消掉騎兵的兵種優勢」的戰略任務了。因為步兵有方陣，但騎兵其實也有方陣。只要騎兵軍團撒丫子進行一次衝陣之後，就失去了速度和陣型，就會變成漫山遍野、參差不齊的騎兵單體，整體的殺傷效果就會大幅下降，再把騎軍重新攏起來整成隊形就會很費時間也很困難。

所以騎兵往往是省著用的，在和步兵對戰的過程中恰恰是能不用就儘量不用。因為騎兵很珍貴，最大的效果是將對方陣型衝散，而且使用次數有限。好鋼一定要用在刀刃上，在看到對方的步兵主力方陣的弱點時騎兵一口氣衝過去效果才最好。

袁紹通過這個佈陣，打算誘使公孫瓚率先扔出最強的那張牌，即便公孫瓚的王牌把我這一千八百人全打死了，但公孫瓚騎兵的陣型也衝散

了，我再指揮步兵陣貼過去，這就抵消掉騎兵的衝擊優勢了。

袁紹在賭公孫瓚的輕敵。此時此刻，作為弱勢者，他只能祈禱，祈禱他的詭計可以誘公孫瓚上鉤。

公孫瓚如果不搭理他，只要常規打法，派步兵主力拿著盾牌貼上去跟他拚消耗，在雙方大軍短兵相交後再派騎兵衝軍陣，他照樣必敗無疑。

在正面博弈時，弱者想贏必須要等強者犯錯誤！強者不犯錯誤弱者很難贏得了！

袁紹賭贏了。

公孫瓚看到袁紹的攏共一千八百人的對陣先鋒後就沒想太多，直接放騎兵衝鋒了。[2]

公孫瓚認為袁紹基本上沒有什麼戰績，跟自己的百戰部隊不是一個檔次，戰況會像熟悉的方向發展，對方一衝就垮，遠處的袁紹軍陣看到先鋒被屠隨後會自我崩潰，然後又是一場大勝。結果都是隨著騎兵的衝鋒，公孫瓚漸漸感覺出不對來了。一萬騎兵在不斷前進中左射右右射左地箭如雨下，但對方根本沒有反應，也沒有出現預想中的慌亂。袁紹的一千八百兵將身體全都藏在了盾牌中。

但是，那個年代沒有大喇叭話筒，公孫瓚再想改變部署已經來不及了。騎兵衝到離袁紹軍僅僅數十步的時候，盾牌下的千張強弩開始同時發射，公孫瓚的騎兵連人帶馬地被射倒。

與此同時，麴義帶領他的八百先登軍從盾牌下躥了出來，揚塵大叫，拿起了長矛挺在前面開始往前扎。

在這裡，說一下弩兵的作用。弩兵對比弓兵，有兩個巨大劣勢：

2　《英雄記》：瓚見其兵少，便放騎欲陵蹈之。

1.速率慢，一般來講發一弩的時間可以射四箭左右。

2.弩兵不能組成弓兵那種方陣，因為它是向前射的，只能一排散開。

綜上，弩兵對比弓兵有著密度、頻率雙低的巨大劣勢。

但是，它也有兩個好處：

1.勁兒大，力度甚至可以達到弓箭的三倍。

2.可以無時限地瞄準。

箭往往拉開就要射，一直拉著胳膊受不了，但是弩卻可以像手槍一樣端著一直瞄準。這也就意味著，殺傷力大的弩兵在瞄準一個目標後，一旦目標走進射程，極有可能被一擊斃命。

公孫瓚的騎兵部隊在一個回合後迅速地被斬首千餘。與此同時本場戰鬥最大的轉折點出現了，公孫瓚任命的騎兵指揮官冀州刺史嚴綱也被臨陣斬殺了。

在「強弩雷發，所中必倒」配合著「揚塵大叫，直前衝突」以及指揮官嚴綱被殺，戰場上出現了巨大的震撼效果。

失去指揮官的騎兵軍團反而被麴義的先登軍打亂了軍陣，群龍無首的衝鋒騎兵開始勒住馬頭往回跑，反衝自家的軍陣，隨後步兵也開始了大潰敗。

這個時候，袁紹發出了總攻的命令，幾萬後軍開始和麴義追擊公孫瓚。一直追到界橋，發現公孫瓚並沒有回營，而是已經在界橋上組織起了第二波有序阻擊部隊。

不過不好使，麴義攜勝勢再度衝破公孫瓚軍，隨後一直衝到了公孫瓚的軍營，攻破其軍營，拔了公孫瓚帳前的軍旗，直到把公孫瓚營中的留守後備軍都打垮才算完！[3]

3　《英雄記》：義追至界橋，瓚殿兵還戰橋上，義復破之，遂到瓚營，拔其牙門，營中餘眾皆復散走。

界橋會戰，公孫瓚軍一敗塗地。

此時的總司令袁紹離著界橋有十幾里，看到公孫瓚已經大敗，於是放慢了腳步並沒有跟著大部隊追擊，身邊僅僅是持強弩數十張、大戟士百餘人的衛隊跟隨。

這個時候，公孫瓚手中有騎兵的戰略優勢還是體現出來了。在爹找不著娘、娘找不著孩兒的情況下，公孫瓚的兩千多騎兵在打散後重新集結在了一起，突然間和袁紹的一百多人衛隊相遇了。這夥騎兵把袁紹一行圍了好多層，開始各種放箭。

田豐看到這種情況於是趕緊拉著領導要躲進一堵牆後，但袁紹一顯大導演本色，不僅不躲還將頭盔扔在地上大怒道：「咱獨立團的傷口永遠是正面的，死也要死在衝鋒的路上，躲牆裡就能活嗎！所有人聽我指揮！守住陣型！弩兵反擊！」

在袁紹的亮劍精神下，一百多大戟衛士牢牢地佔據住了有利地形，穩住了陣型，幾十把強弩開始批量射擊，這兩千多騎兵就是生生啃不下這塊骨頭。

袁紹扔頭盔的英勇行為除了讓自己死的概率更大外，還有兩個好效果：

1.振奮士氣，領導都不怕死了，我們更不怕！

2.敵軍不知道他是大領導了。

這夥騎兵由於不知道陣中有高級將領，因此也並沒有下狠心去跟袁紹死磕。

就這樣，一直等到了麴義率領大部隊禿嚕完公孫瓚回軍後發現半道上還有這麼個段子，於是上前趕跑了這夥騎兵。

袁紹也由此次遭遇戰，收穫了並不亞於麴義這位此戰絕對英雄的威望。

此次袁紹當弱者的「官渡之戰」，並非一戰而定公孫，而是袁紹在剛

剛拿下冀州牧的極端不利形勢下成功地續命。

此次界橋大戰，無論是戰陣佈置，還是陣前鬥智，還是陷入絕地時的頂級英勇表現，袁紹都展現出了極高的名將水準。

1.什麼叫軍神呢？

要麼就是兵貴神速，讓對方還沒來得及使出自己的優勢牌時就已經被他一劍封喉；

要麼就是他無論手裡有什麼牌，總會想盡辦法地讓對方先出牌，先抵消掉對方的優勢牌，然後再拿自己的優勢牌打對方的軟肋。

這就是李世民大名鼎鼎的那句話：「朕觀千章萬句，不出乎多方以誤之一句而已。」

2.所謂「兵無常勢，水無常形」是什麼意思呢？

就是槍兵、弓兵、弩兵、騎兵、這一大堆兵種，它的搭配和使用是有很多種排列組合的。

今天對公孫瓚我先登軍在前，弩兵放黑槍，步兵陣在後應對；也許轉天打黑山賊就變成了步兵陣在前，弓兵陣狂射，先登軍兩翼出擊的陣型了。

怎麼設計讓對方鑽入到你的圈套裡，怎麼設計讓你能克制對手的兵種和陣型而不被對方克制，就是「運用之妙，存乎一心」了。

3.什麼叫領導威望呢？

就是會忽悠人，忽悠人有人信，能說動麴義死心塌地地帶著那一千八百人大概率地為了組織當炮灰，能讓麴義臨陣堅定信念就跟這一萬騎兵死磕了！

袁紹能讓麴義踏踏實實地等死，換別人就沒本事進行這樣的安排。

「汝果欲學詩，功夫在詩外」，其實很多非常牛的隱性操作，都在史書中的字眼裡。

別再說袁紹是個大草包了，上半輩子打的烏桓不敢犯邊的公孫瓚後面對陣袁紹本人時基本就沒贏過。

4.再說個「詩外」的事，這仗最關鍵的是什麼？

最重要的其實還是運氣。騎兵指揮官嚴綱要是不意外被殺，估計這一萬騎軍怎麼也把麴義那一千八百人給拚死了，袁紹只是抵消掉了騎兵的突擊優勢，後面打成什麼樣還不一定呢。

所謂的「弱勝強」其實都需要點兒運氣，千萬別狂。

努力是本分，算法常優化，事敗別氣餒，功成是幸運。

順便再做個小預告，後面曹操袁紹的官渡之戰，兩位大神之間的各種出招和拆解那真叫「三國時代」中的巔峰對決。

自189年八月董卓入洛陽，兩年後，191年年末，整個天下的形勢是這樣的：

關中涼州董卓為王；

河北地區袁紹和公孫瓚、劉虞、黑山軍一打三；

曹操拿下東郡進入兗州，同時兗州各位領導張邈、劉岱、鮑信等人一鍋亂燉看不出目標；

荊州劉表逐漸將袁術趕出南陽；

徐州陶謙在逐漸向周邊的青州、豫州釋放自己的能量；

揚州目前仍在太平觀望，但親袁曹，無論是刺史陳溫還是九江丹陽，均對曹操有過兵源輸送；

益州劉焉派張魯拿下了漢中，並且和朝廷主動地斷了聯繫，從此遠離世間紛紛擾擾；

諸侯外還有并州白波、河北黑山、汝南劉辟、百萬青州四夥比較大的編外黃巾軍勢力。

最先出現重大變局的是哪裡呢？是惡貫滿盈的董太師。

第 2 戰

兗州風雲：青州兵收降始末，兗州境叛亂真因

一、魏王佐之才上場

人在要走大運之前，是有徵兆的，比如說曹操。人在要倒大霉之前，也是有示警的，比如說董卓。

191年，是曹操人生爆發的前一年。這一年曹操一直在給袁紹擦屁股，在袁紹和東北猛男公孫瓚硬剛的時候，曹操在背後剿匪，主要是跟黑山賊幹仗。

簡要地介紹一下黑山賊，這夥土匪是冀州黑山等地的農民起義軍，主要的活動區域是中山、常山、上黨、河內等太行山脈的諸山谷，主要依託山地打游擊。

黑山位於太行山脈的南端，史書統稱這幫起義軍為黑山軍，沒辦法，因為山頭太多了，挨個兒記載就累死了。

上一戰中我們說了，黑山賊集團的于毒、白繞、眭固等十多萬人攻擊魏郡與東郡，對袁紹幾乎要形成腹背包抄的態勢。

劉岱殺了喬瑁後扶植的王肱挑不起大樑，無力形成阻擊，於是曹操率軍趕到，大敗黑山軍，自己進入了東郡，順便轟走了劉岱安排的王肱。

袁紹迅速地表曹操為東郡太守。

東郡這個地方非常特殊，狹長的一個條帶，主控黃河多個渡口，戰略位置極其重要。

　　東郡本來是劉岱的地盤，劉岱又是兗州刺史，此時的黃河南北氣氛非常微妙。

　　袁紹一方面把家屬抵押給劉岱當人質，另一方面又在曹操入東郡後將不屬於自己的兗州地盤冊封給了自己的小弟。

　　從曹操的角度來看，袁紹真仗義！為了我得罪劉岱，老婆孩子都不好使。

　　從袁紹的角度來講，本來我把家屬送到你劉岱那兒是希望劉大哥高抬貴手別捅我了，結果你確實沒捅我，但東郡都讓山賊搶走了，這和捅我有什麼區別！還是我孟德弟弟聽我指揮，能打硬仗，作風優良，我必須穩住我這兄弟！眼下公孫瓚這瘋子正咬我呢，黑山賊和南匈奴已經捅我了，孟德弟弟要再叛變了，我四面八方就沒有好地方了！老婆孩子愛咋咋地吧！

　　當軍閥的家屬確實是比較倒霉的事情，不定哪天就讓人撕票了。

　　之所以說人在走大運前是有徵兆的，並非是說曹操終於有了塊兒根據地。那都不叫事兒，曹操後來一度賠得就還剩三個縣，東郡丟了五分之四，照樣最後翻回來了。人的最大幸運永遠是遇到了對的人。

　　曹操入東郡後不久，他得到了一個人的加盟。這個人是整個三國時代最被低估的一位，嚴格意義上來講，並不應把他和荀攸、郭嘉、賈詡等謀士放在一起比較。

　　整個三國中，能和這位相提並論的只有諸葛亮一人而已。這兩位都一手打造，襄助了一個偉大的上市集團，有所區別的是，諸葛亮更像是一個偉大的職業經理人；但這個人，更類似於曹魏集團的創立合夥人。

　　沒有他，曹操百分之百是掃不了六合八荒的！

這個人，叫作荀彧。這個人的背後，叫作潁川士族集團。

潁川是豫州六郡國之一，這個地方在東漢末期佔據著極其重要的位置。（見圖2-1）

圖2-1　豫州諸郡及封國圖

它是士族三巨頭（潁川、南陽、汝南）之一，幾乎代表著整個漢帝國的頂級治國人才庫。

潁川最大的世家大族有四家，分別是荀家、韓家、鍾家、陳家。

這四家都出來了什麼牛人呢？說一下最著名的幾位：荀彧、荀攸、陳群、鍾繇（鍾會他爹）。

上述的這些大牛們，最後都在曹魏的文官系統中發揮了至關重要的作用並影響了歷史進程。

潁川最牛的家族，就是荀氏家族。

從東漢中葉時，潁川士族的影響力就已經起來了，荀彧的爺爺荀淑

是文壇領袖，名震當世，號為「神君」。荀淑生有八子，號稱「荀氏八龍」。

「八龍」啊！這是個什麼評價！家裡出一條龍就了不得了，他荀家出了整整八條！這是對一個家族培養體系的頂級評價了，要知道，哪怕就是有一個孩子不成器，都是沒法把這個稱號喊出去的。

到了荀彧這輩人時，荀家出品依然有質量保證，南陽名士何顒，就是說曹操「清平奸賊亂世英雄」那位，見到荀彧時驚呼：「王佐之才！」

何顒也因此成為歷史上鑑定人才的典範。看人太準了！

黨錮之禍被解禁後，荀彧作為高門迅速地舉孝廉入仕了；董卓亂政後，荀彧棄官歸鄉。冀州牧韓馥派人接荀彧去河北，荀彧對父老說：「潁川是四戰之地，如果天下有變，這裡將成為亂戰之地，都趕緊麻溜搬家。」

結果沒人搭理，荀彧獨自將宗族遷至冀州避難，後來牛輔派李傕等西涼惡魔將潁川糟蹋成了修羅場，潁川郡被殺得「所過無復遺類」，荀家因為荀彧的眼光得到了保全。

荀彧到冀州後沒多久，冀州姓袁了，幫助袁紹嚇唬韓馥（潁川四大家的韓家人）的頭號戰將就是自己的同族弟弟荀諶，潁川老鄉辛評、郭圖等也都在袁紹旗下簽約拍戲。

袁紹拿下冀州，很大的助力就是這幫潁川老鄉在恐嚇另一個潁川老鄉。按說這幫謀士都是咱老家的兄弟，袁紹這位主公又是當時的第一領袖，荀彧應該留在這裡好好地幹啊，但他做出了一個判斷：袁紹最終不會成什麼大事！

這在後世分析時基本上說荀彧早就看出來袁紹最終會敗在偉大的曹操先生手裡。

實際上吧，還是擺事實、看情形地看待這次跳槽吧，荀彧之所以離

開袁紹有三個原因：

1.在界橋之戰前夕，河北輿論普遍認為袁紹會被公孫瓚打死。

公孫瓚是個丫鬟生的，邊境砍人上來的，將來肯定跟我們士族混不到一塊兒去。

2.袁紹「能賢彧，而不能盡彧」。

袁紹對荀彧是很客氣的，待以上賓之禮，但是此時荀彧的弟弟荀諶和同郡辛評、郭圖已經都在袁紹這兒擠進高層了，是團夥作案恐嚇韓馥的小組成員，再加上袁紹集團中還有南陽、河北等一大群士族高門在幕僚班子中，荀彧的重要性大打折扣。

荀彧和諸葛亮的志向都很遠大，他們要當頂樑柱，而已經混出模樣的軍閥與官僚是不會給他們這個舞臺的。

3.最重要的一點，袁紹預謀另立劉虞，有巨大的政治污點。

這在荀彧這種把自己的職業規劃定為「扶大廈之將傾，挽狂瀾於既倒」的王佐之才眼中是不可原諒的。

放眼望去，荀彧看到了一個人：他忠於大漢，在滎陽唯一出手討董；他能力強幹，在東郡擊潰黑山諸賊；最重要的是，他身邊只有一群宗族武夫，並無士族官員，去了就是頂樑柱！

就是他了！

191年年底，二十九歲的荀彧離開袁紹投奔曹操。曹操見荀彧來投，也給出了自己的金牌評價：「吾之子房啊！」

子房，是「漢初三傑」之一的張良的字，張良在劉邦的整個創業過程中有多重要之前我們詳細地介紹過了，他是劉邦集團的見識擔當，幾乎每一個歷史的轉折點，要沒有張良，就憑劉邦那腦袋瓜子，估計全都選不對。

但曹操這個評價還是低了。他應該說，天下三傑，吾得其二矣！荀

或客觀地講，是蕭何跟張良的結合體。

荀彧對曹魏集團來講有以下三個意義：

1.在曹操未來所有的人生轉折中給出了最正確的建議。

2.承擔了繁重的治郡乃至後來的治國任務。

3.曹魏集團的第一人力資源經理。

荀彧來到之後，作為潁川謀士集團的領袖，開始大量推薦人才。如果說譙縣家族集團成為曹操的武力支持，那麼潁川士族集團則成為曹魏騰飛的治國擔當。

曹操在亂世中，雖然起步時非常弱小，但他卻是在創業早期就完成了文武兩個班子的頂級建設。

經荀彧引薦的有：荀攸（第一謀主）、郭嘉（關東首席心理諮詢師）、鍾繇（關中總督兼和平大使）、棗祗（曹魏「袁隆平」，屯田制的首倡者）、趙儼（金牌督軍）等，大量的潁川人才進入了曹操的帳下，使得曹操的事業開始迅速攀升。

武班子，有老家的鐵桿兄弟們；文班子，潁川的士族集團挑大樑；曹操最後贏袁紹贏在哪兒呢？文官系統核心只有一個地方，潁川！大本營根據地只有一個地方，潁川！質量高、數量足的人才輸出地，潁川！是潁川比河北牛嗎？並不是，河北俊才何其多哉！

只是中國這片土地啊，地域文化特別重，有些社會經驗的朋友都懂，當內耗因素考慮進來後，就變成了：曹操的潁川系＞袁紹的河北系＋潁川系＋南陽系。而潁川核心中的核心，就是這位荀彧。人發達之前，都是有徵兆的。天欲發其福，必先開其慧。荀彧的到來，把曹操集團的「慧」開了。

荀彧在曹操這兒不久，曹操問了荀彧一個問題：董卓禍害天下，咱該拿他怎麼辦呢？

荀彧對曹操說出了他加盟後的第一個判斷：董卓暴虐已甚，必定會禍亂致死，他已經改變不了自己的結局了！

在荀彧做出判斷後不久，董卓惹下的彌天大禍終於讓他惡貫滿盈了，大限來了。他攏共嘚瑟了幾年呢？兩年半。

也就是自189年八月底十常侍與何進同歸於盡，他入京摘桃，到192年四月，他即將等來他的大限。

他幹的那些事：廢立皇帝、毒殺太后、廣植黨羽、塗炭百姓、除了少數的親信外，他算得上是對全體社會階層缺大德了。

當時的著名民謠《千里草》是這麼唱的：「千里草，何青青。十日卜，不得生。」這算不上讖語，頂多算是拆字罵街。「千里草」是董字，「十日卜」是卓字，連起來就是董卓必須死。

親手幹掉董卓的，是中國歷史上著名的義子呂布；背後攢局的，是著名女色使用者，兩家嫁閨女的王允。

《三國演義》中，王允把貂蟬姑娘送給董卓這頭豬拱，然後又讓她勾搭餵不熟的呂布這匹狼，設連環計讓董卓與呂布反目。

由於《三國演義》寫得太好了，虛構人物貂蟬榮登古代四大美女之列，實際上歷史並沒那麼個義女，王允也比《三國演義》中要複雜得多。

王允出身太原王氏，也是名門望族，王允自打入了仕途就是個跟曹操那樣有著思想抱負、初生牛犢誰都頂的好官，而且不僅行政能力出色，在黃巾之亂中還顯示出了治軍統略之才。也正是在黃巾之亂中，王允發現了大太監張讓的一些黑材料，於是硬懟第一太監頭子，結果自己的命差點兒懟沒了。

張讓要弄死王允，王允讓何進救了，何進讓張讓做了，張讓被袁紹黑了，袁紹讓董卓搶了，董卓把漢室糟蹋了。

一大串貪食蛇，最後吃成了個董胖子，經歷人生大變的王允開始換

了人生操作系統，不再喊打喊殺做忠臣孝子，而是玩起了隱忍。他就是另一個平行世界的曹操。

189年，董卓廢帝遷都，王允投誠先是做了董政府的太僕，不久又遷尚書令，轉過年來又當了三公中的司徒，最開始遷都長安時，王允是董卓的內務大總管。

王允換了思路，曲意逢迎，違背原則，成了董卓的親信，也藉此主持了一些恢復王室和發展經濟的具體事務。

人才就是人才，無論是當憤青還是裝孫子，人家都能拿金獎。明面上，董卓認為王允是同道中人，辦事能力強，對他很放心；背地裡，王允一直在密謀幹掉董卓，並漸漸地發展了一個殺董小組。

他的這個密謀小組成員隨著董卓的缺德冒煙人數越來越多，司隸校尉黃琬（曹操起兵時玩命鎮壓的那位）、僕射士孫瑞、尚書楊瓚等都是密謀殺董的重要會員。

192年春天，大雨連下兩個多月，天下大災，蒼天示警，殺董小組骨幹成員士孫瑞說：「自去年歲末以來，太陽陰晦不照，淫雨連綿不斷，這是老天在催我們宰了這老王八蛋，你們考慮考慮。」

組長王允很贊同士孫瑞的意見，但小組在討論具體搞死董卓的方法時，發現一個很困難的問題——董卓的安保力量比較強大，而且人家自己就是練過的。

在仔細地推敲後，小組瞄準了一個人，董卓的保安隊長呂布。中郎將呂布，弓馬嫻熟，膂力過人，董卓知道自己得罪了太多人，所以出行常派呂布站崗，非常信任呂布，認了呂布當乾兒子。[1]

董卓性格比較陰晴不定，王允知道呂布曾經有一次沒達到太師的要求，一言不合就被太師拿著手戟（方天畫戟原型，其實是太師玩具）飛

1　《資治通鑑・漢紀五十三》：卓自以遇人無禮，行止常以布自衛，甚愛信之，誓為父子。

擲了過去。呂布成功逃脫，等太師消氣後認了錯這事兒就過去了。

王允還知道一個小祕密，呂布和董卓的侍女（貂蟬原型）私通。

呂布在激情過後是比較哆嗦的，誰知道哪天大戟又飛過來了。

這種心理也被王允知道了。

王允一向待呂布很好，兩人一個五原一個太原，都是并州老鄉。呂布有一次主動地說出幾乎被董卓射殺的故事，於是王允覺得時機到了，兩人隨後進行了男人間的談話。

王允說：「你得宰了這老王八蛋！」

呂布說：「他是我義父啊！」

王允說：「你姓呂，奸賊姓董，況且董卓現在已是眾叛親離，你難道還認賊作父嗎？你拿他當父親，他拿你當兒子嗎！你拿大戟飛你兒子嗎？」

一席話，讓呂布輕鬆地卸下心理包袱，根本沒有《三國演義》中那麼費勁兒，還糟蹋一大美女讓豬去拱，還什麼連環計，太高看呂布先生了。

在董卓被刺殺的前段時間，董卓派董越、張濟坐鎮弘農一帶，牛輔率李催、郭汜、賈詡等人領兵出征關東劫掠糧餉，討伐穎川、陳留一帶。

西線方面，董卓有兄弟董旻、親族董璜等人在鄜縣駐紮。

因為董卓的「西北兵」在外，長安城內只有呂布這種保安隊，所以這就給王允的刺殺行動提供了一個巨大的偷襲機會。

有句老話，叫作「遠觀忠，近觀敬」。把這人派遠處，考察他的忠心；把這人放身邊，看他是否有規矩。延伸一層的意思則是：放到遠處的人，一定要忠心的！放在身邊的人，一定要有規矩的！

周邊兵家重鎮董卓放上兄弟、女婿和西北嫡系們是非常正確的部署。不是鐵桿，過兩天袁紹先生就給你拐走了。

但是吧，這個身邊的保安，你都拿手戟飛他了，你還認為他會對你有規矩嗎？有規矩怎麼還忙活你侍女呢？你怎麼就這麼過去了呢？

這個殺董小組的保密情況非常差，當時已經有道士在一塊布上寫了呂字送給董卓，官僚集團已經出現叛徒來暗示董卓了。

但是，人在大惡做盡、時辰到的時候，很多示警就看不出來了。

人在大災禍之前同樣也是有預兆的，事後都是能琢磨出來的，但當時就是鬼使神差地沒有反應。

總之，留給董太師的時間不多了。

二、董賊死，漢末「陳平」毒計亂長安

192年四月初，獻帝大病初愈，百官在未央宮集合，恭祝天子龍體安康。呂布派同郡心腹騎都尉李肅與殺手泰誼、陳衛等十餘人穿著衛士服守在北掖門等著董卓。

董卓剛出門，馬就驚了，把他扔泥裡面了。董卓只好回家換衣服，進屋後他媳婦勸他別去了，不是什麼好兆頭。董卓表示得去，但長了個心眼兒，衣服裡穿上了盔甲。董卓快到的時候，他那匹半仙馬又驚了，死活不往前走。

呂布說：「爹您得去啊！他們都等著您了。」

就這樣，董卓順利地來到了鬼門關。

董卓一如既往地橫著身子坐在車上入殿，一進門就遭到潛伏的李肅等人的突然襲擊。李肅一把大戟扎過去，發現太師衣服裡面穿著盔甲，根本捅不進去。董卓傷了胳膊，並被捅下了車，大呼：「呂隊長何在！」

呂布瞬間出現，大呼：「有詔討賊臣！」

董卓大罵：「狗東西看給你能的！」（太師原話：「庸狗，敢如是邪！」）

呂布被罵後又拿著長矛扎董卓，還是沒扎死董卓，最後董卓是被砍了腦袋斃命的。

呂布在殺了董卓後掏出了文件：「就殺董卓一個，剩下人都不追究！」所有官員都立正稍息，山呼「萬歲」。

長安百姓們在董卓死後開始了報復性的歡慶，大量的人哪怕賣金銀首飾都要買酒買肉慶祝一下，董卓掌權後差點兒被報復致死的名將皇甫嵩隨後被任命為征西將軍，帶兵前往郿塢偷襲西線駐兵的董旻。

懷有深仇大恨的名將出手後盡滅董卓全族。

董卓的屍體除了腦袋很重要外剩下的大胖身子暴屍於野，看守屍體的工作人員在董卓的肚臍上引了盞燈，好幾天才將這個人燈點完，袁家的門生將董家人的屍體全部聚集後進行火化，隨後挫骨揚灰於路，讓千萬人踩踏。

國賊的醜陋結局讓人唏噓。

董卓兩年前要是沒在那個關鍵的時間趕到洛陽呢？他也許仍然會是個手握軍權的封疆大吏，也許還會手握西北權柄好多年。

但無論如何，他最後的局面其實都是一樣的。只不過現在你手中多了一個不會用的皇帝。因為他出身邊豪，性情暴虐，所謂自從有文字記載以來都沒見過這麼一個大混蛋，沒那麼高的位置時，還爆發不出這麼大的破壞性。

每次風雲際會的時代洗牌都會給很多本來永遠都不會有機會冒出來的「低能」者機會。很多人感恩這個機會，改變家族百年命運；但更多的人，是認為這個世界欠他們的終於還回來了，老天終於睜眼了，隨後開始肆意妄為。

前者知道控制自己的欲望，謙虛地融入那個曾經不屬於自己的圈子，遵守圈子的規則。後者則根據自己的意願改變所有看不順眼的人與事。

「強梁者不得其死」，作得猛，死得快，這話是有道理的。董卓、孫堅，都這意思。

四百年前，秦末大風起兮雲飛揚，鄉里聚眾兩萬，陳嬰被擁戴為王。

陳嬰母親對兒子說：「自從我當了陳家的媳婦，就沒聽說過你家祖上有什麼貴人，現在突然暴發，不是什麼好事，應該帶著隊伍找個能人，事成能封侯，事敗易逃亡，因為你不是被槍打的那個出頭鳥啊。」

董卓也有母親，活了九十歲在被大清洗時仍然沒活夠，哭哭啼啼地喊「求求別殺我」，但讓她再活九十歲，她跟兒子也說不出陳嬰母親的那種話來。

董卓被殺後，王允作為大漢的再造之臣錄尚書事執政，呂布為奮威將軍、假節、儀比三司，封溫侯，共秉朝政。

王允在政變成功之後，心態開始發生變化。孫子突然不用裝了，落差有點兒大。總體來說就是飄了，覺得自己太牛了，簡直是大漢的再造之人，開始居功自傲，不再團結群臣。本來就是因為害怕董卓才裝的厚道人，董卓死了以後在王允這兒就再也看不見好臉色了。

其實這沒什麼，突然當了國家一把手，飄起來也正常，但他有個關鍵問題沒有處理好。這個關鍵問題的處理，直接讓大漢把最後一點兒氣都吐乾淨了。從這一刻起，大漢徹底地成植物人了。

董卓能這麼嘚瑟的最大原因，是手裡有兵權。除了董家宗族被誅之外，此時還有多股董卓的武裝力量，王允並沒有掌握。

王允做的第一件事應該就是收編或解散這股力量。古往今來政變的官方操作是：首逆已誅，餘罪勿問，徐徐圖之。在這種情況下，王允卻沒有明確地赦免那些董卓散在各地的部曲武裝。他有些糾結。

弄死董卓後，呂布勸王允趕緊全部誅殺董卓的部曲。這個可以理解，呂布帶的是太原兵，董卓的鐵桿是西北兵，本來就不是嫡系，也無

法利用，所以智商有限的呂布覺得應該全都殺了。

王允給否決了，算是比較理智，沒有被呂布忽悠。

做法是沒錯的，因為王允打不過，但是理由很神奇。

王允在和士孫瑞商議下詔特赦董卓部曲武裝的時候，突然產生了非常神奇的糾結：「那幫西北軍是沒有罪的啊！禍頭是董卓啊！現在說那幫無辜的人有罪然後赦免他們，這不是讓他們產生疑慮嘛！」因此，王允對董卓部曲的態度選擇了不表態。

這是非常可笑的一個想法，因為所有阿諛奉承董卓的士大夫們都被迅速地幹掉了，那麼作為董卓的嫡系這群燒洛陽殺萬民的幫兇會怎麼想？

比如說蔡邕跟王允坐著聊天時聽說董卓死了，就歎息了一下，他也沒說是惋惜董卓死得冤啊，如果歎息表示終於能看見紅太陽了呢？反正王允聽了歎息就怒了，然後就要搞死蔡邕。

很多人來求情，說要不就黥首為刑，讓他修漢史吧。

王允說：「當年漢武帝不殺司馬遷，結果讓那部謗書流於後世，這種人都是禍根，必須殺！」（你懂漢武大帝的千古胸懷嗎？你懂太史公的字字珠璣嗎？）

歎了口氣的蔡邕被宰了，這時王允卻在糾結這群幫兇是無罪還是有罪的。

這種心態，古往今來並不罕見：內奸定要千刀萬剮，幫兇卻能不計前嫌。

王允覺得不表態也不行，要不就解散了董卓的武裝？又有人說了：「涼州人向來忌憚袁氏，畏懼關東，一旦下令把西涼兵都解散了，恐怕會讓他們人人自危引起軍變啊！不如讓皇甫嵩將軍接收這夥武裝，安撫住他們。」

王允說：「不行，關東的官兵們都是我輩中人，如果不解散西涼兵讓

他們繼續割據險阻，雖然把涼州兵安撫了，但關東的官兵們該怎麼想我們了？」

在一次又一次的推諉扯皮中，怎麼對待董太師部曲這件本該快刀斬亂麻的關鍵事情被無限期地推遲，然後在這個時候，呂布出手了。呂布派小弟李肅去河東，詔書誅殺牛輔，結果牛輔帶兵把李肅打敗，李肅逃到弘農，隨後被呂布幹掉。

正在呂布琢磨怎麼收攤子的時候，發生了一個小概率事件：牛輔軍營中無故夜驚，牛輔以為軍中出亂子了，這個大魔王的女婿心虛後開始自己帶著家底兒逃跑，隨後被身邊人所殺，腦袋被送到了長安。

這時候王允仍然有一次平復這件事的機會。但是，王允不僅繼續犯錯，而且牛輔的被殺也使得西北軍中的幾位煞星被放出來走上了前臺。董卓的手下，能人是很多的，像呂布只能算是一般角色。

在這裡專門說一下呂布，真實的呂布跟我們腦海中的呂布完全就是兩個維度空間的人，《三國演義》中的呂布可以一個人打二爺、三爺，外加添亂的大爺。

真實的呂布是比較勇武，擅長騎兵作戰，但根本就算不上三國第一勇烈的級別。

他的整體戰績基本上就是打山賊有餘，打普通軍閥平手，打高手被狂揍，比如他碰見孫堅兩次都被虐，在巨大優勢下被曹操翻盤，他除了忘恩負義這個屬性外，其他全是被高估的。

呂布在董卓諸將中，水平撐死也就排到第四。前面三位是一個級別，比如暴打孫堅、曹操的徐榮。

徐榮是名將，一個遼東人能在西北幫中混到了這麼高的段位，勝過巔峰期的孫堅，勝過初期的曹操，手中是有東西的。

前三中的另外兩位，正在潁川血洗荀彧老鄉呢：李傕和郭汜。

李傕和郭汜兩人勇猛詭譎，善於用兵，有辯才，而且具有董卓派將領的最大特點：兇殘。

牛輔在董卓出事之前，正分頭派遣校尉李傕、郭汜、張濟劫掠陳留、潁川諸縣，所過之處猶如死神過境。[1]

結果李傕等人回到河東，聽說董卓點天燈了，牛輔腦袋送長安了，於是派遣使者向長安方面請求特赦。

牛輔死後，王允更飄了，對於李傕等人的服軟給出了響亮的態度：「一年之內怎麼能搞兩次大赦呢？」（當年正月曾經搞過一次大赦。）

李傕等人一合計，咱們還是散攤子跑吧。如果是這個樣子，歷史幾乎沒有任何懸念就將徹底改寫。因為獻帝最終就到不了曹操手裡，最終的關東局勢也就不知會怎樣演化。

歷史在這一刻，被一個謀士改寫了。

三國第一劇情反轉手，賈詡登場。

賈詡是西涼武威人，少年時就被稱有西漢初陳平的智慧，這是個很靠譜的評價。

青年賈詡舉孝廉為郎，後來生病辭官回鄉，途歸汧縣時，遇到了氐族武裝劫道，同行的數十人全被搶，然後要被滅口。這時候，賈詡大叫：「我是段熲的外孫，別殺我，送我回去，我家必有重賞！」

大家還記得段熲嗎？東漢晚期滅羌的那位涼州三明之一（與皇甫規、張奐並稱涼州三明）。此時段熲在涼州是大魔王般的存在，是神出鬼沒的閻王，不要說小孩聽他名字不敢哭了，大人連街都不敢罵。

氐族人一聽綁了大魔王的外孫，於是除了賈詡外其他人全部被滅口，然後客客氣氣地送賈詡回了家。

1　《後漢書·董卓傳》：因掠陳留、潁川諸縣，殺略男女，所過無復遺類。

段熲永遠不知道，他這位臨時外公救了三國時代的劇情推動師。這位大神可謂三國讀心第一人，這輩子的所有選擇在利己角度上全部做對了。每一次選擇後，他都更上一層樓，而且全都是改變歷史的關鍵點。往往他的幾句話，下一個時代就開啟了。

賈詡在董卓進京時，人在洛陽為太尉掾，後來因為是西涼老鄉，遷討虜校尉，跟著董卓的女婿牛輔幹，然後劇情就來到了董卓和牛輔都死的節點了。

正在李傕、郭汜、張濟打算解散兵眾各自分頭逃跑回西涼老家的時候，賈詡站出來了。不能跑！

他人生中第一個改變歷史的建議是這麼說的：「聽長安人議論說欲誅盡涼州人，各位如果棄軍單行，一個小小的亭長就能抓住你們了，不如率軍西進，攻打長安，為董卓報仇。事情如果成功了，則奉國家以正天下，如果不成功，再回老家也不遲。」

「奉國家以正天下」，是繼沮授「迎大駕以令天下」版本後對於獻帝使用說明書的第二個版本，是賈詡提出來的。

他這一段話，讓關中倒大霉了。

李傕聽後開始發動全軍演講：「朝廷不赦免我們，我們應當拚死作戰。如果攻克長安，則可以得到天下，攻不下，則搶奪三輔的婦女財物，西歸故鄉。」

西北全軍響應。李傕夥同郭汜、張濟等將，率軍數千人撲向長安。

王允聽說這個消息後，派出了董卓舊將胡軫、徐榮、楊定去新豐迎擊李傕、郭汜，結果徐榮戰死，胡軫、楊定率部投降。

具體過程史書無載，徐榮戰死比較意外，可能是李傕、郭汜太厲害了，但以徐榮的作戰水平不至於這麼快就掛掉了，但以他的籍貫來說就很有可能了。

他是遼東玄菟人，胡軫是涼州武威人，造反的李傕等人也是涼州人，非我老鄉其心必異啊，甚至有可能是胡軫和楊定背後偷襲了他。

徐榮這位東北名將在三國的開頭，連打了好幾位牛人，然後被西北軍給「做」下去了。但是，他的影響在三國時代仍在繼續。他以自己的影響力向董卓推舉了自己的玄菟老鄉去遼東郡上任。

那個人，叫公孫度。

李傕一邊向長安走一邊沿途收集逃跑過來的西涼士兵，到達長安時已經有十多萬人了。這種滾雪球的速度很不一般，徐榮除了背後被捅外，也有可能是死於士兵的士氣上的。根子裡，是王允處理董卓餘孽的政策出了大問題。

五月，李傕又與董卓的舊部樊稠、李蒙等人會合，圍攻長安。

西涼軍缺乏進攻武器無法攻城，雙方在對峙過程中還發生了英勇插曲：呂布邀請郭汜單挑。

郭汜很爺們兒，表示非捅死你不可。結果還是呂布更英勇，長矛刺中郭汜，郭汜由於身穿重甲，被手下救回了一條命。

守到第八天，呂布屬下的士兵叛變，六月戊午，叛軍引西北軍入城與呂布展開巷戰。

最終，呂布率領數百名騎兵，把董卓的頭顱掛在馬鞍上，突圍逃走，王允被殺。

李傕等縱兵劫掠，長安城隨後變為死城。關中這地方比較倒霉，項羽、赤眉、李傕，每過二百多年就得被屠一次。

復仇成功後，朝廷格局變成了李傕、郭汜、樊稠三人共同把持朝政，西涼諸將「治國無方，擾民有術」的特點比董卓時代還要放大，軍糧補給基本靠搶，大量關中百姓被殺或逃跑，好好的關中大地沒有多久也變成了「千里無雞鳴」。

大漢兩京就這樣被這夥西北軍閥玩殘了。

董卓在遷都的時候，曾經說這是個必敗的選擇。因為關中此時今非昔比。

看看人口帳本吧。

公元2年王莽篡漢前夕：京兆尹，六十八萬。左馮翊，九十二萬。右扶風，八十四萬，一共二百四十四萬。

後來王莽改制、赤眉屠關中後三輔大地千里白骨，經過一百多年的休養生息後，恢復得怎麼樣了呢？

公元140年人口：京兆尹，二十九萬。左馮翊，十四萬。右扶風，九萬。

您沒看錯，在三輔地區擴大的情況下，關中三輔加起來五十二萬，僅為西漢的五分之一多點兒。

東漢順帝年間的全國人口已經恢復到西漢的三分之二了，但關中人口卻遠遠地落後於全國漲幅。

當年王莽和赤眉對關中人口滅絕的影響太過觸目驚心了，人口基數被禍害沒了，一百多年都緩不過來。

接下來的五十年中，段熲滅羌、黃巾大亂、韓遂馬騰亂西涼後，關中作為前線戰區人口還能剩下多少很難說。

最終在這次李傕、郭汜禍長安後，人口幾乎再次清零。從這一刻起，關中作為戰略基地左右歷史的價值在未來長達百年的時間裡幾乎就不存在了。

無論再怎麼沃野千里，再怎麼四塞之國，沒有人，一切都是白扯。

在關中徹底地變成無人區退場的時候，曹操迎來了迄今為止人生中最重要的一次考驗。

百萬級別的人力資源朝他洶湧而來了。與此同時還有一個勁爆消息：黃河南岸的兗州刺史劉岱被殺了！

三、收編青州兵

　　早在董卓被暗殺、袁紹界橋續命的大半年前，袁紹剛剛來冀州的時候，曹操得到了一個人的建議。這個人，也是三國中被忽略的一個重要存在，一個可以媲美賈詡、郭嘉眼光的人。他能讀人心、看大勢，他的判斷在他短暫的一生中從未出過錯。

　　這個人叫鮑信。

　　鮑信在漢末崩塌時簡短地出過場，當時他奉何進之命去老家招兵，等回來時何進卻被害了，他看出董卓是個無節操、無下限的人，更看出他剛剛入京實力未穩，於是勸袁紹去幹掉董卓。

　　袁紹一哆嗦，痛失好局。

　　隨後，鮑信回到了地方，做了濟北相，成了討董卓的一路諸侯，帶著兩萬步兵、七百騎兵、五千輛車的輜重參與會盟。

　　在討董聯軍中，袁紹作為盟主風頭無兩，所有人都認為他是亂世終結者，只有鮑信看中了當時還是馬仔級別的曹操，認為曹操才是那個撥亂反正的人。

　　所以鮑信在曹操準備去滎陽拚命的時候，派弟弟鮑韜帶著隊伍去幫

曹操。結果在革命青年曹操的英勇指揮下，鮑韜死在汴水了。

袁紹奪下冀州後，鮑信看出了袁紹不是幫著大漢這公司渡難關而是在拿他老袁家的招牌來給自己的公司上市用，鮑信對此時依附袁紹的曹操說：「袁紹就是下一個董卓，黃河以北不要再待了，去大河之南靜觀其變吧。」

鮑信更預感到了幽州的公孫瓚會對立足未穩的袁紹進行全面開戰。

非常高明的眼光，但曹操卻並不能一下子走得那麼硬氣。因為他什麼都沒有嘛！給養什麼的都得指望大哥袁紹，他去了河南也是依附兗州派，上哪兒都是當打手，何必總跳槽呢。

隨後，事態如鮑信所料，袁紹被劉虞、公孫瓚、黑山軍、南匈奴四面圍攻，形勢極其危急。在這個關頭，曹操並沒有如鮑信說的那樣放棄袁紹去河南求發展，而是選擇跟他本初哥生死與共。

曹操在當時全國各地新聞頭條上的形象是：上回差點兒死滎陽那大傻子這回要死河北了。這回死定了，妥妥的，再找不到這種大傻子了。

曹操出兵東郡，一路順流而下東推，打跑了黑山賊兵保護了即將在界橋開戰的袁紹側翼的安全，並對周邊的所有敵視力量進行了有力威懾。

袁紹隨後激動得把老婆孩子都扔一邊，冒著得罪兗州刺史劉岱的風險，跨區表曹操為東郡太守。

東郡這塊地方外號「黃河旅遊觀光帶」，當年王景治河時東郡政府是主要配合對象，轄區有一半在黃河北，一半在黃河南，治所在黃河南的濮陽。（見圖2-2）

曹操作為袁紹的東郡太守，並沒有將手伸到濮陽，而是將大本營安在了河北的東武陽。

其實此時河北危機四伏，他又和關係非常好的濟北相鮑信全面接壤了（見圖2-3），是有極大機會向兗州派投誠的。但是，年輕時一塊兒偷

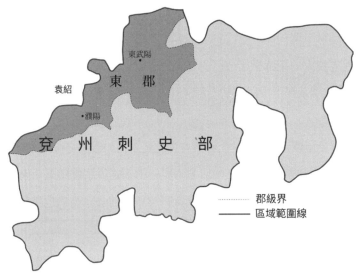

圖 2-2　兗州下轄東郡位置圖

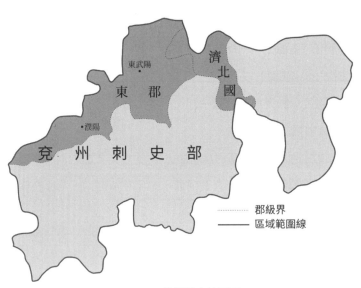

圖 2-3　曹操勢力範圍圖

新娘子的洛陽雞飛狗跳二人組用他們的行動表示：我們哥倆是可以同患難的！

192年年初，界橋新聞傳來，袁紹打贏了！曹操也開始出兵頓丘，繼續跟袁紹背後的黑山群賊開戰。

曹操隨後逆黃河而上，擊敗黑山賊眭固部，又在內黃擊破南匈奴於夫羅，報答了他本初哥哥為了他不要老婆孩子的這份義氣。

曹操、袁紹這兩位大佬在早期用鮮血凝結的友誼雖然最終沒有萬古長青，但客觀地來講最終都兌現了豐碩的回報：前面曹操幫袁紹續命，後面袁紹給曹操撐腰。

就在192年的春夏之交，曹操被一個大餡餅拍臉上了：兗州刺史劉岱在作戰中被青州黃巾賊給殺了。

說他之前，我們先來看一下這股黃巾軍的背景。

188年，在青州死灰復燃鬧起來非常兇猛的黃巾軍，連破州郡，人數一直發展到了百餘萬。基本上半數的青州百姓都信了教了。

曹操在濟南砸劉章祠堂的時候我們說過，青州「淫祀」現象嚴重，當地老百姓在地上人和地下鬼的雙料綁架下活得很艱難。也因此，每有天下大亂，山東百姓就總能爆發出巨大的階級仇恨以及強悍的戰鬥力。

不過這上百萬教徒是不是都那麼虔誠呢？不一定。流民這個組織只要是滾動裹挾起來，人數增長速度是非常快的。

一個村活不下去了，去搶另一個村，兩個村都活不下去了，就都變成了流民去搶第三個村。這樣越滾越大，如蝗蟲般流竄壯大。

190年在盟軍討董的時候，青州的黃巾軍開始肆虐青州，青州刺史焦和為了避免跟黃巾軍開戰，於是將兵帶過了黃河，聲稱要來參加會盟。

結果沒走幾步，傳來了曹操在滎陽被徐榮剃光頭的戰報，焦和又嚇

得不敢動彈了。回去又沒本事剿匪，看見賊寇就跑，青州一片蕭條。黃巾軍生生地把青州打成了自己的根據地，不久，焦和就病死了。

191年的時候，青州這夥黃巾賊將青州禍害乾淨了，開始北上沿著海邊去打勃海，進入了冀州地界，打算吃河北大戶，順便與黑山黃巾軍會合。

但這一回運氣就沒那麼好了，碰上了公孫瓚，然後被屠殺和俘虜了近十萬人。

由於河北人比較猛，這夥被打劫了的青州黃巾軍只好南下，此時只有一個去處了：兗州。黃巾軍幾乎沒有遇到什麼阻攔，越過濟北和東平，一度插入兗州腹心，殺了任城相鄭遂。隨後黃巾軍又回頭轉入東平郡，來找兗州一哥劉岱。

劉岱打算與這夥流賊開戰，鮑信說：「千萬不能打，這夥賊跟往常的黃巾賊不一樣，規模太大了，百姓震恐，卒無鬥志，打不過啊！我觀察賊眾拖家帶口的，軍無輜重，肯定是沿途一路走一路搶，現在咱們應該堅壁清野先固守，斷他糧後等他自己潰散，隨後再派精銳打他們！」

鮑信說得很對，這夥黃巾軍確實是沒有輜重的。因為輜重早在去年冬天被公孫瓚搶劫了，公孫瓚就是狂屠與俘虜了近十萬青州黃巾後才被河北投資人徹底地看好的。

但是，劉岱為什麼非要跟這幫黃巾軍開戰呢？也跟公孫瓚的戰績太過高光有很大的關係，這跟宰雞有什麼區別啊！但公孫瓚那是幽州突騎，猛好幾百年了，劉岱有那兵種嗎？

結果劉岱不聽，出門就被黃巾軍打死了。

曹操去年被鮑信勸說去河南發展的心開始蕩漾了。想睡覺有人遞枕頭，他在東武陽征辟的當地士族陳宮對他說，現在兗州無主，王命斷絕，讓我去當說客迎您牧兗州，憑它成霸王之業。

劉岱死後，兗州陷入了一片慌亂，兗州的領導突然明白了自己在國際上是個什麼定位。黃巾賊被公孫瓚當雞宰。扭過頭來黃巾賊把兗州一哥當雞宰。現在唯一能指望的是誰呢？

河對面的袁紹把公孫瓚當傻子打，他兄弟曹操把黑山軍和南匈奴當球踢。

陳宮過黃河後見到了兗州群雄，在老伯樂鮑信添油加醋的勸說下，以鮑信和州吏萬潛等為首的兗州領導去東郡迎曹操頂了劉岱的坑。

不要高興太早，沒有平白無故的愛，就是看上你這傻小子能打了。讓你來是有條件的，這夥流賊還在這兒呢！你得給我們解決問題！

曹操作為入主兗州要交的投名狀，必須幫兗州解決黃巾軍問題。

曹操研究後定了驕兵計，這夥流賊剛剛大勝，曹操打算拿自己當誘餌去引他們進入包圍圈，隨後偷襲剿滅之。結果設想得挺好，在壽張，曹操和鮑信這幫高級領導當誘餌後將黃巾軍引到了埋伏圈，卻發現埋伏的步兵沒趕到。黃巾賊們跑得還特別快，這就把這幫兗州領導給圍上了。

鮑信似乎是上輩子欠了曹操什麼東西，這輩子的最大任務就是把他接到兗州後再救他一命。鮑信殊死戰鬥將曹操救了出來，自己卻死在了亂軍之中。

知道為什麼軍紀裡面「誤點」的罪過都是殺頭的了吧，幾分鐘的區別往往就是一場大勝或者全軍覆沒。

曹操入兗州的時機其實他也根本沒有準備好。在幫著袁紹剿匪的這兩年中，他從丹陽拿到的那萬餘精兵和之前招募的老兵損耗得相當厲害，大部分兵源都是新兵蛋子。他剛剛把名頭打出來，還沒有進行新兵訓練就迎來了入兗州的機遇。

老天給你的重大機遇從來沒有萬事俱備的時候。他考驗你的永遠是能不能迎著暴風口去披荊斬棘。

曹操進入兗州後不久就被已經打了好幾年仗的青州黃巾軍擊敗了好幾次。士兵士氣極其低落。曹操隨後開始沒完沒了地做思想工作，做戰鬥動員，宣誓軍功必賞，才攏住了這夥新兵沒散攤子。

曹操極其困難地在咬牙堅持。好不容易才進了兗州，絕不能放棄！但是，從概率上來講，這種堅持也許並沒有什麼意義。因為戰場上打的是人數；因為戰場上打的是老兵；因為新兵只能在順風場上才有點兒戰鬥力。曹操現在人數遠遜於黃巾軍；風雨裡打過來的老兵越來越少；新兵打入了伍就沒怎麼打過勝仗。

眼瞅就要崩盤。就在這個時候，誰也想不到的一個轉機出現了。

黃巾軍給曹操寫了封信：「聽說您在濟南時毀壞神壇，是個『破四舊』的鬥士，這是咱們太平道兄弟的同道中人啊！現在漢朝氣數已盡，黃家當立，天運不是您的才力所能改變的啊！」

這封信，讓曹操猛地一拍大腦瓜子！對啊！我當年在青州是為他們做主的父母官啊！為了他們我爹差點兒都讓我坑死了！這讓曹操看到了一種可能：誰說我一定要消滅他們呢？他們曾經是我的管轄的百姓啊！

當年憤青打出的招牌誰能想到幾年後竟然成了命運低垂下的勁爆果實！

曹操開始跟這夥黃巾軍一邊打一邊談投降的條件。咱別打了，什麼條件你提啊！咱不就是為了混口飯吃嘛！

一般來講在這個眉來眼去的時候雙方就都不再下死手了，不過曹操時不時地還是挖坑搞陷阱坑這幫黃巾大兄弟，動不動還老搞夜戰，不讓人好好睡覺。

打打談談半年多，最終，在濟北，條件談攏了。192年冬，史載：「受降卒三十餘萬，男女百餘萬口，收其精銳者，號為青州兵。」

短短的幾個月時間，曹操完成了地盤和實力的雙豐收。

這是曹操發家的一場最重要的戰役，因為從中他選取了精壯之士編為了後來相當長一段時間裡曹軍的戰鬥主力：青州兵。

收編青州兵是曹操事業發展中最大的一次質的突破。因為青州兵的性質很不一般。這股力量，是無主的。這在漢末極其重要！這標誌著，你不必再受制於你的部曲！

漢末，少量的世家大族與地方豪強混成了當地的頂級地頭蛇，比如孫權雖然後來當了皇帝，但他這輩子都在和江東的士族博弈，孫吳打自衛反擊戰天下無敵，打開拓進取戰罕見勝績是有著重要的內部原因的。

孫吳的統治根基是眾多江東士族、豪族的入股，武裝力量中有大量的私人部曲，每次抵抗侵略，保衛的都是自家地盤，所以戰鬥性很強，每次出去開疆拓土打下來的又都不歸自己，所以積極性從來不高。

劉表看似是荊州的法人，但為什麼他一死整個荊州就無條件地投降了？因為他單騎入的宜城嘛！不是他兒子劉琮草包，而是荊州地頭蛇開會討論的結果！劉表雖然是人傑，但他最大的能力頂多能做到整合當地的力量。因為除了一群地頭蛇外，他根本就沒有自己的實力！蔡瑁、張允這些地方勢力一合計，換個老闆自己的利益也不受損，但抵抗就不一定了，死的可能性大，還是趕緊回歸中央！

包括赤壁之戰前期，孫吳那一大票的主降派，根子也是在這兒：你沒有自己的鐵桿力量，你說話的分量就沒那麼足！就沒那麼硬氣！

舉個例子，李典。李典是山陽巨野（今山東巨野東北）人，他的從父李乾是乘氏縣的豪族，賓客數千家（一兩萬人）。

後來李家跟曹操混了，雙方經歷了很多風雨，呂布之亂時李乾被殺，曹操派李乾的親兒子李整帶領李家的那些賓客。李整死了以後，曹操又派李典帶領這支隊伍。

倒了三手，還必須得是李家的人帶著這支隊伍。換別人根本指揮不動！

這支青州兵的從天而降幫助曹操完成了這種力量的整合。因為青州軍體量足夠大（從三十萬人中選拔出來）；足夠精銳能打（能和曹操對抗半年多，還砍死一堆兗州領導）。所以曹操從此不用再看人臉子了，他不需要再平衡多方力量了，可以指哪兒就打哪兒了！

這很重要！

很多的決策並非是當時的決策者傻，能混到老大級別能拍板的人中草包還是少見，說到底，他有他的不得已，他有他需要平衡的太多方面。

曹操從這一刻起，牢牢地攥住了自己的方向。

那麼他是怎麼逼降這百萬青州兵的呢？就因為他曾經是父母官嗎？這僅僅是一方面。

史書中我們看到幾句比較輕描淡寫的話，說曹操逼降三十萬黃巾軍外加一百多萬家屬，精銳編成了青州兵，戰鬥力大增。

這是電子遊戲中的結果。真實世界中，並沒有那麼簡單。

要知道，戰俘和家屬的問題從來都是大問題，《秦併天下》中我們不是說過白起為什麼要坑殺四十萬趙軍降卒嗎？

三個問題：養不活；制不住；沒地方消化。

那憑什麼曹操那麼點兒實力，剛剛得到兗州，就能這麼輕鬆地逼降這麼大體量的青州兵呢？他怎麼就養得活？他怎麼就制得住？他怎麼就能消化了呢？

原因在於兩方面：

1.曹操手中現在有地。

2.地的主人都死了。

曹操在和黃巾軍談判的過程中發現，黃巾軍有一個特點，就是「且戰且耕」。也就是一邊打仗，一邊耕田。這其實有點兒類似於「屯田」的土匪版本了。

那麼「屯田」是個什麼意思呢？不是字面上種莊稼的意思，這個詞是有特指含義的。史書中一提起「屯田」，基本是指為軍事組織從事農業生產的意思。

一般來說像邊疆與困難地區，中央政府都會讓當地的邊防軍進行屯田自給自足。但這項制度向來屬於沒有辦法的辦法。因為效率極其低下。

1. 種的地不歸自己，積極性永遠上不來。

2. 軍隊長官各種貪污，軍屯土地慢慢地就成私有的了。

軍屯的最終演化往往就是變成社會毒瘤，碰也碰不得，收也收不得，地方怨聲載道，中央避免提及，成為「三不管」問題。

但是野百合也是有春天的，屯田唯一在一個時期是能夠輸出正能量的，這個時期就是天下大亂。

天下大亂的最大問題，就是老百姓無法再進行安全生產了，整個社會在吃餘糧，餘糧吃沒了就開始搶與殺，天下浩劫後，人口大規模減少，地都空出來了，再出來大神搞統一，等統一後再慢慢地恢復生產。

此時的曹操剛剛入主兗州，基本上繼承了劉岱和鮑信以及領導被殺的任城國地盤，而且地主勢力並不是那麼強大。（見圖 2-4）

兗州處於多省樞紐，黃巾大亂這些年都被揉碎了，大把的地荒著，兗州這個四戰之地人口下降得很厲害。

曹操在天下大亂、諸侯們都在忙著搶地盤、搶兵源的時候，發現並瞄準了亂世生存的最重要砝碼：糧食。

但是，此處要劃重點，曹操逼降青州兵的條件絕對不是標準的屯田。因為屯田的本質是「官六民四」的超高稅率。

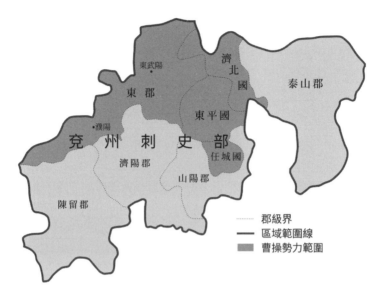

圖 2-4　曹操收編黃巾軍後的勢力範圍圖

　　由於青州黃巾軍進入兗州在時機上簡直恰到好處，曹操根本也消滅不了人家，還要有求於人家，所以談判的條件絕對不可能是屯田，人家不可能低頭讓曹操剝削。

　　曹操正式的大規模屯田是在兩年之後的196年才開始的，到時候會有專門分析。

　　參考到後來196年真正屯田政策時的轉變，吃下這百萬青州人口並從三十萬的降卒中收編、選拔了精壯青州兵的條件，基本上可以推測為：

　　1.發放私有土地。

　　2.繳納少量稅賦。

　　3.被選拔的青州兵有高級分紅待遇以及家屬稅收優惠待遇。

　　4.形成軍籍，不屬於地方管轄，不攤派徭役，光負責打仗，父死子繼。

曹操招降他們的時候很有可能是這樣的：「我是這裡的一把手，年輕力壯的都跟我去搶錢、搶糧、搶地盤，家屬都跟我回去屯田種地，有糧吃、有地種、有衣穿，你們自己合計吧！

「已經入冬了，你們要是再瞎折騰就把明年春耕荒過去了！你們能不能活過明年呢！

「別琢磨了，我也是反『四舊』起家的，當年我幫你們砸的廟！咱們爺們兒有什麼不好說的呢！我當年能罩著你們，現在就不能了嗎！在這亂世你們不信我還能信誰啊！」

除了生存條件談妥了以外，由於青州兵的宗教屬性，在投降時也附加了非常重要的一項：降曹不降漢。確切地說，是降曹操一個人。

青州兵自此只忠於曹操，或者說也只有曹操才能降得住這幫身份特殊的「雪中送炭者」。

這種獨特的宗教軍事盟約頗有點兒納投名狀的互相不辜負色彩。

曹操病死時，青州兵竟然自行決定解甲歸田，曹丕也不敢得罪人家，退伍軍人返鄉待遇按最高規格。

青州兵從組建到曹操死去的二十多年裡，始終保持著單獨編制，兵員的補充也是父死子繼從原來黃巾軍戶中選拔的，而且身份相當高，仗著有曹操護著特別擅長惡人先告狀。

這支青州兵，說到底是曹操年輕時的郡下子民，更是他的私人武裝。

也正如我們之前說的，這支武裝讓曹操從此牢牢地攥住了自己的人生方向。

四、袁術入兗，若喪家之犬

192年，國際上發生了三件大事：

1. 董太師被殺。

2. 曹操入兗，收編青州軍。

3. 袁紹和公孫瓚依然在大規模互撕。不光在冀州撕，在青州又撕上了。

當年袁紹割地勃海郡給公孫瓚後，公孫瓚派出了他的青州刺史田楷去收青州。與冀州接壤的青州州郡是平原郡。(見圖2-5)

此時為袁紹守平原的是當初攛掇張超討董起義的廣陵功曹臧洪。臧洪一直跟廣陵太守張超混，但此時袁紹已經和張超的哥哥張邈有了巨大裂痕，所以袁紹在和公孫瓚鏖戰界橋之前，張超派了臧洪去跟劉虞搞陰謀。[1]

之前一直說兗州各位領導一鍋亂燉、各懷鬼胎也就是這個情況，派系很雜，押注很多。

1　《三國志・臧洪傳》：超遣洪詣大司馬劉虞謀，值公孫瓚之難，至河間，遇幽、冀二州交兵，使命不達。

圖 2-5　平原郡與勃海郡位置圖

　　張邈打算陰袁紹，劉岱也是兩面派，一面扣著袁紹的家屬與袁紹結盟，一面又大方收下公孫瓚送禮過來的部曲表示：我很看好你，加油加油，打死袁紹。

　　你不得不佩服袁紹的手腕，臧洪本來是張超的手下，使命是去劉虞那兒搞小動作。然後呢，就被袁紹拐跑了。[2]

　　恰巧這個時間段，長腿將軍青州刺史焦和覺得自己太不適合這個紛亂的世界了，一賭氣就死了。於是袁紹又「表」臧洪為自己的青州刺史

2　《三國志·臧洪傳》：袁紹見洪，又奇重之，與結分合好。

去安撫接收焦和的部眾。[3]

「表」不是向朝廷上表，而是自己刻印寫委任狀，讓小弟們去搶地盤，誰搶下來就是誰的，朝廷愛同意不同意，我就是通知你一聲。

公孫瓚委任的青州刺史田楷進入平原，和袁紹委任的青州刺史臧洪就這樣開戰了。

界橋之戰後，公孫瓚率軍退還薊城，袁紹派手下崔巨業帶兵數萬一路北追收復冀州失地，一路推到幽州後開始圍攻涿州重鎮故安（今河北易縣）。

崔巨業在此兵鋒受阻，開始退軍。公孫瓚在崔巨業回軍後帶著步騎三萬人又追出來了，在巨馬水大破崔巨業，殺死七八千人。公孫瓚隨後又帶著三萬部隊沿著崔巨業來時的路打回來了。

上次是四萬，這回是三萬，由此可以推算出公孫瓚在界橋大戰的損失是一萬人左右。

公孫瓚在上次戰敗後總結經驗教訓，覺得不會再被袁紹算計了，於是又帶兵到了龍湊（今德州市東北）來找袁紹，準備一雪前恥。

這回史書沒寫細節，就一個結局：「瓚又遣兵至龍湊挑戰，紹復擊破之。瓚遂還幽州，不敢復出。」又讓袁紹打了，而且又打回老家了，還打得不敢出來了。

公孫瓚從此當宅男並不甘心，在192年年底的時候，又聯合了陶謙和袁術兩位大佬，準備再給袁紹點兒顏色看看。

此時袁術被劉表咬得基本脫不開身，並沒有參加這次會戰。最終是徐州方面領導陶謙屯兵東郡的發干縣，公孫瓚派出小弟劉備屯高唐，兗州刺史單經屯平原來威脅袁紹。

此時曹操已經和青州兵談妥，騰出手來幫大哥了。江湖上赫赫有名

3　《三國志‧臧洪傳》：會青州刺史焦和卒，紹使洪領青州以撫其眾。

的北袁紹、南曹操出手後，這夥國際聯軍再次被全部打跑。

就此，192年翻篇，時間來到了193年。

自191年開打，到了193年時，整個河北在袁紹和公孫瓚的高質量對打下基本上被打成了半殘廢，雙方小弟互拚的青州更是變成了無人區。

史載「士卒疲困，糧食並盡，互掠百姓，野無青草」，袁紹自打拿到了冀州，就沒有一天是踏實的，更不要說騰出時間去忙活生產和內政了。

不過先扛不住的是公孫瓚。

關中的李傕成功後為了顯示一下自己的影響力，曾經派太僕趙岐和解關東，使各罷兵，公孫瓚就著這個茬，給袁紹寫了信：「皇帝不讓咱打了，當年光武猛將賈復和寇恂也不合適，後來世祖調解後倆人能一塊開車出去玩，我覺得現在皇帝給機會讓我和將軍和好實在是太好的一件事了。」[4]

公孫瓚已經慫了。

一年多前的討袁檄文裡，公孫瓚列出的十大罪把袁紹定性為一個活畜生，現在這種軟趴趴的文字我都替他臊得慌。

他被袁紹消滅之前，曾經說過什麼話呢？必須要上原文：「袁氏之攻，狀若鬼神，梯衝舞吾樓上，鼓角鳴於地中，日窮月急，不遑啟處。」

翻譯一下就是：袁紹用兵，多智近於妖，進攻神出鬼沒，打得你心驚膽戰、無處佈防。

這哪是一生的對手去評論另一個軍閥啊！這是活生生從精神上被打服的一個小迷弟的追星表態啊！

一輩子好面子、掃烏桓、性剛烈的公孫瓚，死前在精神上已經崩潰絕望了。別再說袁紹是漂亮的草包了，聽聽他敵人怎麼說的，殺人誅心啊！

4　《三國志‧袁紹傳》：自惟邊鄙，得與將軍共同斯好，此誠將軍之眷，而瓚之願也。

只有明白「袁氏之攻，狀若鬼神」是個什麼前提，才知道曹操後來在官渡的勝利有多麼不容易。是兩個大神之間的巔峰對決，含金量非常高的一場戰役。

袁紹和公孫瓚在溝通後，最終通過和親的方式休戰停火了，各自引兵去養傷了。沒錯，沒看錯，和親了。

袁紹和公孫瓚休戰的同時，袁術被劉表踢出來了。

袁術這兩年一直處於一事無成狀態，自打190年佔據南陽後，在跟劉表的三年多博弈後，基本被人家趕出了南陽。

劉表在董卓死後跟李傕混得相當不錯，又送東西又喊哥地弄來了荊州牧的正式文件批覆。劉表變成了「鎮南將軍、荊州牧，封成武侯，假節」。

一大套官方文件全部到手，刺史變成了州牧，劉表名義上變成了東漢荊州地區的軍、政、財一哥。

在劉表一手辦房本、一手打老賴、兩手都要硬的情況下，袁術這個南陽太守在失去孫堅後打硬仗的能力大幅下滑，又是被斷糧又是被襲擊，軍事上一敗再敗。

如果打不贏，其實還算好說，劉表這個「低配版孫權」從這些年的表現來看，也沒見進攻水平有多高，主要是袁術在南陽混不下去了，這個士族三巨頭的頂級大郡拋棄了這位四世三公的「自己人」。

袁術在南陽時，這個原本人口二百多萬的州郡在天下大亂後戶口仍有一百幾十萬（戶口尚數十百萬），非常亮眼的數字。但是袁術自己不往上走，不代表廣大士族、豪族的根本利益，動不動還老打土豪，最終南陽人不跟他混了。

無論是在軍事上還是在人心上，南陽成為他再也回不去的從前了。

袁術於是打包了他這些年在南陽攢下的家底，引軍入陳留，打算入手兗州市場。這次選擇再一次印證了袁術的水平。袁術在漢末朋友圈中的評價是比較一致的：

文化人孔融說他是「塚中枯骨」，這貨已經在盒兒裡待著了。文化人罵街向來高水平。

沒文化的呂布說他「喜為大言以誣天下」，袁先生特別愛滿世界吹牛。忘恩負義的人說話普遍不愛拐彎抹角。

荊州的正面對手蒯越說他「勇而無斷」，這是形容袁術的技戰術特點。腦子一熱就瞎打，真打起來腦子裡又有鋼管，回不過來彎。劉表你都弄不過，你還惦著跟已經打了兩年高質量硬仗、收編了精銳青州兵的曹操打？開玩笑。

不過袁術這回是師出有名的，以中央的名義揮軍兗州。

早在去年劉岱剛死的消息傳到長安後，李傕等人就派出了一個叫金尚的作為兗州刺史前去上任。金尚半路上聽說兗州現在全境都是黃巾賊，曹操已經被民選出來當剿匪大隊長了，於是就跑到袁術那裡去了。

為什麼往袁術那裡跑呢？因為袁術向來跟各路山賊土匪非主流關係非常好，李傕入長安後主動跑來和袁術結盟，還送了「左將軍，假節，封陽翟侯」的套餐大禮。

袁術被劉表趕出南陽後，決定打著「金尚」這個朝廷任命的兗州刺史的名義和曹操搶兗州。隨後他迎來了人生中最恐怖的一場噩夢。

袁術引兵進入陳留後屯兵封丘，派手下劉詳屯匡亭（長垣縣西南），去年被曹操一通暴打的黑山餘孽和南匈奴於夫羅紛紛前來幫場。

戰區東道主張邈趕緊給曾經的小弟、現在的領導曹操打報告，說孟德你快來吧，袁家那二傻子過來了。

曹操帶隊伍過來了，還帶來了袁紹。此時的袁紹剛剛和公孫瓚握手

言和，正好過來打他這倒霉弟弟了。

袁術在戰前很可能是這麼設想的：曹操肯定會來找我麻煩，我在匡亭的小弟就可以斷曹操的後路，劉表這些年就是這麼打我的。

結果曹操和袁紹上來在匡亭把袁術的部將劉詳給打了。

袁術一看，這哪兒成啊！於是又衝動上去送人頭了。袁術在來救劉詳的路上就被暴打一頓。曹袁聯軍一路猛追，在封丘準備徹底地圍死袁術，因為袁紹下了殺心。

在對面部署包圍圈的時候，袁術發現太可怕了，於是趁著曹袁的包圍圈沒合攏再次開溜，跑到了襄邑。

袁紹這時候就回軍了，但估計對袁術下了必殺令，因為曹操隨後開始繼續追擊，在太壽撞上袁術，決渠水灌城。袁術蹚著水繼續跑，跑到了寧陵。（到豫州了）在寧陵繼續被追上，一路上曹操不拋棄不放棄。追得袁術一口氣狂奔六百里跑到了九江，去投奔自己的小弟，揚州刺史陳瑀。（見圖2-6）

這一年年初的時候，原揚州刺史、汝南人陳溫去世，袁紹和袁術都在搶揚州。袁紹派兄弟山陽太守袁遺去兼任揚州刺史，結果袁遺不爭氣，半路上軍隊就敗散了，袁遺逃到沛縣被亂兵殺死。袁術則任命了下邳人陳瑀為揚州刺史。

結果現在這位白眼狼不讓袁術進城了。袁術無奈去了陰陵，然後去淮北搬了自己的最後一道救兵。袁術帶著這道救兵，終於將陳瑀打跑，在九江落下了腳。[5]

這道救兵是誰呢？孫家人。

還記得當年孫堅入中原後不打董卓而去打豫州嗎？

5　《三國志‧袁術傳》：術退保陰陵，更合軍攻瑀，瑀懼走歸下邳。《三國志‧呂範傳》：術於淮北集兵向壽春。瑀懼，使其弟公琰請和於術。術執之而進，瑀走歸下邳。

圖 2-6　袁術逃跑至壽春圖

　　孫堅將手伸得很遠，一度伸到了揚州的九江郡。（芮玄父祉，字宣
嗣，從孫堅征伐有功，堅薦祉為九江太守，後轉吳郡，所在有聲。）

　　當時我們僅僅說了孫堅拿下了潁川，汝南的事沒提，因為並沒有明
確證據記載汝南被孫堅袁術集團拿下了。但通過孫堅表芮祉為九江太
守，很有可能孫堅在那一年中打下了潁川、汝南、九江三郡，而且潁
水、汝水、淮河這三郡是非常容易連接為一個整體的。（見圖2-7）

　　後來孫堅橫死，袁紹於是派了會稽周昂為九江太守，企圖從孫堅
手裡奪回九江。因為揚州向來是袁曹的後院，陳溫和周昕都給曹操送過
兵。但是，最終還是被孫堅的姪子孫賁帶領著孫堅的餘眾，在陰陵將周
昂打敗。[6]

6　《三國志・吳書・宗室傳》：堅薨，賁攝帥餘眾……術從兄紹用會稽周昂為九江太守，
　　紹與術不協，術遣賁攻破昂於陰陵。

圖 2-7　穎川、汝南、九江三郡位置圖

　　袁術又表孫賁為豫州刺史，孫家將隊伍帶到了淮北的豫州揚州交界
處，伺機染指豫州。

　　袁術去陰陵後，往淮北搬的救兵，是孫賁。袁術一路被曹操打得如
喪家之犬，最終暫時性地活命翻盤，靠的是孫家。袁術這輩子所有賺到
的錢，也幾乎都是在孫家的幫助下才得到的。

　　同樣，當有一天，孫家離他而去了，也就是他要下場的時候了。他
這塚中枯骨除了他家那名頭外，真的什麼也沒有。

　　袁術自荊北被趕到了淮南，曹操也於夏天回到了定陶。回來後聽說
了一件事，他本初哥和他在封丘打跑袁術分手後，又一次面對了生死存
亡。

　　193年三月上巳節，袁紹在打了兩年仗後決定搞一次祈福驅邪大會，

帶隊伍來到了薄落津（巨鹿故城西）。

古代鄭國的習俗，三月上巳辰時，在水上招魂續魄能夠去除不祥。不過這個習俗很可能就此沒人再過了。因為袁紹做了反面大廣告。這哪兒是消災啊！大禍臨頭了！

祭祀完畢後，袁紹帶領將領們剛要痛飲慶功酒的時候，後方鬧叛亂了，魏郡兵反，與黑山賊于毒等數萬人已經攻下了鄴城，殺了太守栗成，數萬人也在鄴城喝上了。

這是比較要命的，因為高級將領們的家小全在鄴城，他們開始吃不下飯，滿臉愁容，有的已經哭上了。

在這個時刻，只有袁紹該吃吃該喝喝，根本就沒有什麼反應，還勸將領們跟他玩飛鏢遊戲。一群毛賊罷了，公孫瓚都打跑了咱還怕他！只要你還在，老婆孩子都會變出來的！你看我這些年拿老婆孩子當過事兒嘛！

家眷被人家抓在手上，往往是外出大軍土崩瓦解的關鍵招式之一。後來威猛愛卒如關二爺，當江陵家眷被人家攥住之後，又碰上了呂蒙處心積慮好多年的安撫政策時，隊伍也是最終星散。

袁紹在關鍵時刻沒繼續掉鏈子的前提下，老天在這個節骨眼開始幫他。

在這夥黑山賊中，有一個小團隊的頭目叫陶升，原來是內黃的小吏，落草為寇後總是盼著被招安，這回拿這個機會玩了把政治投機，早早地帶著部眾從西城進入後接上了袁紹為首的所有將領家屬，親自護衛他們送到了斥丘。

不知道袁紹和陶升之間是否早就有聯繫，也不知道袁紹的鎮定自若中是否與陶升有關係，袁紹到了斥丘以後封陶升為建義中郎將。六月，袁紹軍入朝歌取鹿腸山，激戰蒼岩谷口，圍攻五日，大破之，斬于毒首

領及其部眾萬餘人，報了被偷襲的仇。

隨後袁紹沿著太行山山麓一路北行，開始攻擊左髭丈八、劉石、青牛角、黃龍、左校、郭大賢、李大目、於氐根等各種各樣的土匪部落，一路殺了數萬土匪，並成功地摧毀土匪壁壘山寨，斷了他們的根。

隨後，與黑山賊張燕及四營屠各、雁門烏桓會戰於常山。張燕有精兵數萬，騎兵數千，雙方連戰十餘日，張燕軍大敗。

這一戰基本上打沒了張燕的元氣，史書中再露面就是公孫瓚要死的時候了。

袁紹在這一路向北的過程中也軍疲師老，沒有再下死手追擊，帶兵回了鄴城。

北袁紹、南曹操，「關東豪橫二人組」在193年大殺四方，以袁術為首的非主流軍團被這兩人在這一年幾乎團滅打禿。

與此同時，幽州「互不順眼二人組」也在這一年走到了關係的盡頭。

五、幽州內戰，兗徐交鋒

193年，在袁紹打虎上山剿群盜、曹操窮寇必追袁術的時候，公孫瓚也沒閑著，他幹掉了民意口碑非常好的劉虞，獨霸了幽州。

幽州牧劉虞在公孫瓚敗於袁紹後，嫌他沒日沒夜地燒軍餉去打仗，太勞民傷財了，而且本來公孫瓚也不是劉虞的人。

本來兩人的關係就不行，是袁紹的出現讓這個幽州牧和幽州軍事主管的聯盟得到了維持。

在公孫瓚跟袁紹開戰的時候，劉虞也在籌備自己的武裝，193年，已經擁有了十萬之眾。不服劉虞不行，他搞經濟、穩人民確確實實是把好手，前面能供得起公孫瓚和袁紹開撕，後面自己還能拓展出十萬人的軍事編制。

翅膀硬了的劉虞開始在公孫瓚和袁紹對戰時就漸漸地減少對公孫瓚的糧草供應，公孫瓚只能去侵掠百姓補充軍費，甚至還公然搶劫劉虞安撫少數民族的賞錢。

公孫瓚也算是啞巴吃黃連，財政權從最開始就不在他手上，劉虞時不時地給他斷奶，他只能縱兵搶劫自給自足，沒有別的辦法。

總體來講，無論是在幽州還是在國際上，公孫瓚的口碑越來越差，

人心也本來就都在厚道了很多年的劉虞這邊。

雙方的矛盾開始日益激化。

公孫瓚回幽州後根本不進薊城，而是帶兵去了薊城東南自己修築的一座小城駐紮。劉虞在公孫瓚回來後幾次請他來開會，但公孫瓚稱病不去，根本不搭理劉虞。大半年後，劉虞決定來硬的了，他要派部隊幹掉公孫瓚。

公孫瓚那邊根本沒料到一向溫婉的劉虞居然會這麼暴力突然要幹他，公孫瓚的大部隊都被佈置在外。劉虞先下手為強，率領部下十萬大軍準備包圍了公孫瓚的小城。

開打之前，從事程緒勸劉虞說：「能不打還是別打，咱就包圍他，讓他謝罪就完了，所謂不戰而服人者也。」

結果這哥們兒被斬首示眾，隨後劉虞通報全軍：「沒別的意思，咱去就是殺公孫瓚一個人而已，絕不擴大事態。」

這一拿大喇叭喊，幽州從事公孫紀給公孫瓚報信去了。劉虞這就談不上什麼偷襲了，公孫瓚有防備了。

但即便如此，時機仍然非常完美。除了戰鬥力。

公孫瓚聽說劉虞帶著十萬人來了，倉促間打算從東城逃走，但是劉虞速度很快，已經圍城了。不過劉虞的部隊基本上沒打過仗，而且劉虞這幾年也沒挖個軍校出身的跟他混，十萬人在外面站崗，根本打不進去。

有人勸他放火燒城，劉虞又說別燒著百姓的屋子傷害無辜的人，結果被公孫瓚的幾百人乘風從裡面縱了一把火，隨後直衝突圍。幾百人將劉虞的十萬大軍衝散，劉虞和部下不接著調集軍力圍捕光剩警衛連的公孫瓚，而是一口氣向北逃到了居庸關。

隨後公孫瓚調集各地駐防的主力趕來圍攻居庸關，三日後攻下，把劉虞全家捉回了薊城。

為什麼還要把劉虞帶回來呢？因為此時長安朝廷方面派的使者到了，鼓勵幽州政府這兩年打袁紹打得勇猛、打得堅決，派使者段訓增劉虞的封邑並令其督關東六州事；拜公孫瓚為前將軍，封易侯，假節，督幽、并、青、冀州。

公孫瓚在使者面前表達了兩個意思：

1.謝謝你送的證書，這兩年玩命地跟袁紹打的人是我，沒有劉虞什麼事，這老小子一直預謀跟袁紹稱帝呢！

也不知道他哪裡來的底氣，劉虞不支持他打袁紹的話，斷他半個月的糧，袁紹就能整死他。

2.你來得正好，你代表天子，在薊城問斬劉虞。

公孫瓚在殺劉虞之前，還拿袁紹的那句話來黑劉虞：「如果劉虞真的當為天子，老天現在當以風雨示現。」

在漢末大亂世中，一路秉臣節的好大臣、撫萬民的好省長、少數民族的好哥哥劉虞，在薊城的大太陽下，被一路慫圈的段訓殺了。

劉虞被殺的時候，前任常山國相孫瑾，常山掾張逸、張瓚等站出來一塊兒陪著死，他的首級後來被公孫瓚送往長安時被其舊部在半路上截下送回安葬。

自188年幽州匪亂不能制，劉虞入主救火後，這些年他基本上以最大的努力做到了保境安民，他為人寬厚、廣施仁義，在幽州深得民心，死的時候百姓無不流淚痛惜。

客觀地來講，他和公孫瓚是相互成就。沒有公孫瓚，少數民族不會那麼痛快地搶著跟劉虞合作；劉虞不敢那麼硬氣地懟袁紹拿他當木偶皇帝的預謀。沒有劉虞，公孫瓚大概率還陷在和少數民族的戰爭泥潭裡，更不會沒有任何糧草等後顧之憂地在前方和袁紹對打。

但缺理的那一方，到底還是公孫瓚。劉虞從最開始就是幽州大領

導，是州牧，是公孫瓚的全方位長官。

1.公孫瓚作為低一級的直屬行政單位繞過領導聯繫袁術和陶謙。

2.公孫瓚一次又一次地破壞領導的計劃和少數民族政策。

3.公孫瓚在沒有任何行政權力的情況下推選出了青州刺史、冀州刺史、兗州刺史。

4.劉虞對公孫瓚有提拔之恩，他從東北喝風要飯回來的時候被封為侯，給他軍權，供他糧草。

公孫瓚逼著段訓殺了劉虞後，不讓段訓走，他讓段訓當了幽州刺史。什麼意思呢？他想甩鍋。

1.劉虞是朝廷派來的段訓殺的，腦袋我也快遞長安去了。

2.段訓殺了人以後自己當了幽州刺史，他眼紅劉虞的位置。

3.我留了心眼，我只讓段訓當刺史，只有監察和軍事職能；這倆職能又全在我這兒，從今天起我當幽州的隱形州牧。

但是，幽州人民又不是傻子，都知道這幾年公孫瓚是怎麼回事，最終劉虞被殺無論公孫瓚怎麼甩鍋，在世人的眼光中都是另一種顏色。

1.公孫瓚的頂頭上司劉虞是個忠君愛民的人。

2.公孫瓚一直拿劉虞不當回事兒，一個軍官就敢滿世界地命令一州之長。

3.劉虞對公孫瓚有恩，最終公孫瓚卻殺了劉虞。

公孫瓚在口碑上徹底地變成了北方孫堅：一個胳膊粗、沒規矩、以下剋上的亂臣賊子。

到了193年年底，袁紹導演的「太行山剿匪記」圓滿謝幕，公孫瓚以下剋上地弄死了老長官。整個河北地區在混戰兩年後最終剩下了兩個大玩家：袁紹和公孫瓚。（見圖2-8）

但是，整個河北在三年的亂戰征伐後也看清楚了最終的結局。

圖 2-8　公元 193 年年底袁紹與公孫瓚勢力範圍圖

　　殺了劉虞，成了公孫瓚最終敗亡的導火索。從此刻起，整個幽州的民心開始和公孫瓚作對。公孫瓚無法在一個滿懷仇視的根據地中去面對南邊這麼強大的一個對手。其實這兩年公孫瓚沒有趁著初期的強大優勢幹掉袁紹時，就已經預言了他最終會敗亡的結局。只是時間問題。

　　這一年繼河北開始預言結局後，兗州的曹操這一年非常忙，在上半年打禿袁術後，下半年往東南發展，開始和徐州的陶謙開戰。

　　雙方的梁子其實早就結下了。在192年的時候，公孫瓚和袁紹各種開打，陶謙就作為公孫瓚的友軍屯兵發干縣逼迫袁紹了。

　　他怎麼能一路推倒曹操東郡上的地盤呢？因為陶謙這些年其實是個伸手極廣的隱形東南大佬。

　　說說陶謙的履歷。陶謙家族是丹陽士族，他爹是餘姚縣長，因為死

得早，陶謙從小沒有老爹嚇唬所以在丹陽是以「不羈」聞名的。

後來一次很偶然的機會，十四歲的陶謙正和當地的半大小子們胡鬧時，被同縣老鄉原來的蒼梧太守看到了，相中了他的相貌和孩子王的做派，於是跟小陶謙溝通後把閨女嫁給了他。

一個類似於劉邦娶媳婦的故事，陶謙丈母娘問：「我聽說陶家那小子天天不務正業，咋把閨女嫁給他！」他老丈人說：「長得精神，長大了一定行，別廢話，姑爺就他了！」

陶謙靠著自家的宗族勢力和丈人的幫襯舉茂才（頂級入仕門檻）進了仕途，後來還在漢末幹過幽州刺史（跟公孫瓚有了交情），在西羌那邊剛剛鬧起來時還被皇甫嵩帶著去關中平匪。

後來皇甫嵩被太監陰了，派來了張溫當總指揮，但陶謙跟董卓一樣對張溫非常不敬。

張溫出現在史書中比較倒霉，他的存在就是被各路猛人不理的。董卓不理他，孫堅跟他沒大沒小，陶謙則直接「辱」他。

後來在各位同僚的說和下，張溫放過了陶謙，到了188年徐州黃巾又鬧起來後，陶謙成了徐州刺史，成功平亂，隨後成功地拿到了一張亂世入場券。[1]

為什麼要說陶謙悶聲發大財呢？他伸手極廣。陶謙屯的發干縣，屬於曹操地盤的東郡，在黃河以北。他從哪個方向進來的呢？東邊的泰山。

在去年董卓死後，以陶謙為主導的聯盟嚷嚷著迎獻帝於關中，隊伍橫跨五大州：

徐州的有：徐州刺史陶謙、琅邪相陰德、東海相劉馗、彭城相汲廉。

青州的有：北海相孔融。

揚州的有：前揚州刺史周乾、前九江太守服虔。

1　《後漢書‧陶謙傳》：會徐州黃巾起，以謙為徐州刺史，擊黃巾，大破走之，境內晏然。

兗州的有：泰山太守應劭。

豫州的有：沛相袁忠、汝南太守徐璆。

看上去成分很雜，但其實是以徐州為中心的幾乎整個東南地區，涉及的勢力範圍是這樣的（見圖2-9）：

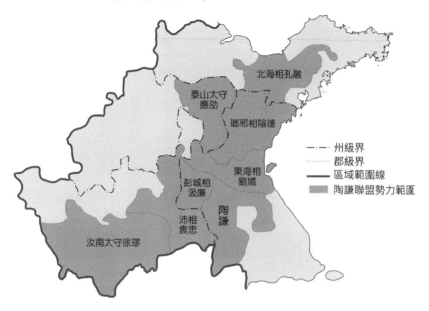

圖 2-9　陶謙聯盟勢力圖

刨除揚州的兩位前任領導不算，陶謙能動員的朋友圈是上面的區域。

陶謙主導的這個聯盟勢力著實不小。比如說曹操轄區的兗州，最東邊的泰山就是陶謙的勢力範圍。

在陶謙版的聯盟中有泰山太守應劭，曹操入兗州後發生了非常神奇的一幕。泰山太守應劭根本沒管兗州流民軍的事。

曹操五子良將中的于禁是泰山鉅平人，屬於將軍王朗，王朗把于禁推薦到曹操這兒上班。

王朗是誰呢？王朗是東海人，師從太尉楊賜，楊賜死後王朗就辭

職了，後來別人舉孝廉、關公府他全不去，直到徐州刺史陶謙舉他為茂才，他才去上班了。[2]

再後來呢，陶謙嚷嚷完迎接獻帝後又給李傕這幫人送禮，要來了徐州牧的正式授權編制，並且還給手下趙昱和王朗要來了廣陵太守和會稽太守的官。他把張超的廣陵太守從中央那兒正式除名，還將手伸到了揚州的會稽郡。

王朗是他非常信任的小弟。也由此可以推斷出，泰山郡在曹操剛入兗州時基本上是陶謙的勢力範圍，小弟王朗在兗州活動，還示好推薦了高級軍官于禁過去搞串聯或者說做臥底。

陶謙是個非常有水平且一直被忽視的野心家。他在東南不僅搞得有聲有色，而且一度摻和到了齊魯大地。

響應公孫瓚一路屯兵到了發干縣，就是走的齊魯線。

陳瑀是下邳人，後來被打跑後回的也是下邳。下邳是陶謙的大本營。大概率陳瑀被徐州牧陶謙策反了。

三國初期提到東南大佬，普遍的印象是後來稱帝的袁術。其實陶謙就是死得太早了，要不袁術後面根本用不著曹操去打。

在193年的時候，曹操北面是老大哥袁紹，西面是同盟軍張邈等兗州勢力比較敏感，所以只能向東、向南拓展。目前東、南的大勢力就是陶謙，還是公孫瓚的盟友。所以說曹操如果想擴大自己的影響力，只能往陶謙這兒伸手。(見圖 2-10)

2　《三國志・于禁傳》：及太祖領兗州，禁與其黨詣為都伯，屬將軍王朗。朗異之，薦禁才任大將軍。

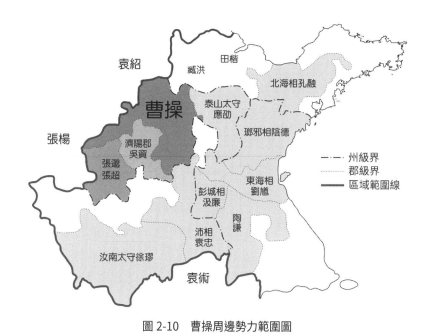

圖 2-10　曹操周邊勢力範圍圖

　　曹操在193年時無可避免地向陶謙開戰，尤其還是在陶謙先動手的前提下。

　　開戰的源頭是下邳地區聚集了數千人，有癟三自稱天子，然後徐州牧陶謙和這個癟三將兵鋒直接推到了泰山郡，還劫掠了任城郡。曹操和袁紹出兵打陶謙了。沒錯，袁紹又來幫忙了，很難想像這哥倆在創業初期好得跟連體嬰一樣。

　　袁紹派遣朱靈督三營兵前來助戰。非常有意思的是，助陣完之後，朱靈和麾下部曲不走了，原因是覺得曹操的人格魅力沁人心脾，被傾倒了。[3]

3　《三國志・徐晃傳》：紹所遣諸將各罷歸，靈曰：「靈觀人多矣，無若曹公者，此乃真明主也。今已遇，復何之？」遂留不去。所將士卒慕之，皆隨靈留。

這個朱靈真的是仰慕曹操到這份兒上嗎？

看看他和袁紹的那些交往歷史：當初公孫瓚界橋開戰前整個河北幾乎都叛變了，清河郡的季雍以鄃城投降了公孫瓚。朱靈的全家都在裡面。隨後袁紹非常罕見地派朱靈去收復鄃城。季雍把朱靈全家都掛城頭上了，表示快投降吧，什麼玩意兒有老婆孩子金貴？朱靈望著城頭大哭道：「我生是袁本初的人，死是大忽悠的鬼，早顧不上家了！」朱靈力戰後拿下鄃城生擒季雍。當然，一家子全死了。

你說朱靈恨不恨袁紹呢？

袁紹知道他是鄃城人，他帶兵來打，家屬肯定會被作為籌碼要挾。往好了說這是信任你，真的相信你會大公無私、秉公辦事，不怕你變心；往壞了說就是看你願不願意為我袁紹獻祭出一切。算計太深了。

朱靈是因為這個原因恨了袁紹，扭頭愛上了曹操嗎？估計不是，因為曹操非常恨這個主動投靠的朱靈，最後派于禁奪了他的兵權。

曹操對降將向來是給機會的，為什麼對沒有什麼黑材料的朱靈這麼恨呢？

按理說于禁也是被安插過來的間諜，但後來于禁怎麼就深得重用呢？曹操是搞人妻的主，人家很開放，是不在乎一個人的過去的。最大的可能，是曹操知道朱靈是袁紹安插過來的間諜，而且朱靈一直心向袁紹。

此時袁、曹是極度蜜月期，兩人換媳婦估計都不帶猶豫的，但袁紹早早地就派了願意為他死全家的朱靈來做曹操這裡的間諜了，這線埋得也太早了。

都說曹操一張大白臉，奸詐出了高度和風格。

其實袁紹呢？從當年導演太監殺何進開始，嚇唬韓馥送大印，誘惑公孫瓚騎兵出擊，再到家屬被綁票後繼續玩遊戲，袁紹出品的每齣戲從

來都沒有讓人失望。

你不能不承認，袁紹在「琢磨」人這方面是天才。這又早早地在兄弟身邊埋上暗線了。

要不是當初董卓突然闖進來，袁紹真的不知道會把歷史的道路引向何方。

193年秋，曹操出兵徐州，打下了徐州十多座城，一路打到了徐州第一樞紐彭城。在彭城會戰中陶謙被打死了一萬多人，逃跑退守郯城。危機之下，他派人向友軍公孫瓚的小弟青州刺史田楷求援。於是田楷帶著平原相劉備救援來了。

皇叔在漢末已經混了很多年了，此時混成什麼樣了呢：「時先主自有兵千餘人及幽州烏丸雜胡騎，又略得饑民數千人。」太慘了，就還一千來人和一點少數民族騎兵，一路上又拉了幾千個饑民充數。

田楷、劉備到了以後，曹操因為沒有軍糧了，於是撤軍了。劉備隨後換了老闆，表示我今後跟陶謙混了。

陶謙給了劉備四千丹陽兵，又表劉備為豫州刺史，讓他屯小沛，頂住曹操南來的路。

總體來講，在收編青州兵後的一年中，在整個193年，曹操展現出了極其神勇的一系列戰鬥成果：幫著袁紹打贏公孫瓚聯盟，把袁術一路自河南打到安徽，把近年來風頭正勁的陶謙打得連城都不敢出。

曹操打陶謙沒問題，陶謙敢挑釁上兗州劫掠，不打我這兗州一哥的面子往哪兒擱！

但是，曹操打陶謙時忘了一件事。

忘了的這件事，某種意義上出現了蝴蝶效應，差點兒毀掉了他為之奮鬥的一切。

六、曹嵩禍死，張邈叛曹

194年年初，曹操他爹曹嵩死在了陶謙手上。

曹嵩自曹操起義後就一溜煙地跑到了徐州的琅邪郡避禍。

他認為曹操這小子從過往表現來看就是個敗家子兒，這輩子投胎到他這兒就是討債來了，這回也一樣，掀不起多大風浪，將來還得自己給他擦屁股，但造反這屁股太大了，實在給他擦不了了。歲數大了，再過不了這種提心吊膽的日子了，還是離他遠點兒好。誰知道幾年下來，這小子成兗州法人了，也不知道接我過去，我不能上趕著找他去吧！

然後，突然有一天新聞傳來，曹嵩千挑萬選的這個避難地卻成了敵佔區。琅邪郡在徐州，屬於陶謙的地盤。

曹操把這個地方的陶謙給打了，拿下十多座城，還在彭城殺了一萬多人，把陶省長的臉當鞋墊子踩。這個王八蛋不知道老子在琅邪嘛！

最可氣的是，曹操圍攻陶謙的郯城離琅邪郡已經很近了，曹嵩以為曹操會派兵接他回兗州去療養，但誰也沒想到傳來的新聞是：你兒子把徐州打穿了一遍，把陶謙就差踩腦袋吐痰了，然後吃完了糧食自己回家了。

一股不祥的預感向曹嵩襲來。根據這輩子的過往經驗來看，絕對是指望不上這王八蛋兒子的。曹嵩於是迅速地打包行李，帶著家族趕緊奔兗州而來。

曹操這輩子確確實實就是找他討債來的，讓他提心吊膽了一輩子，惹了無數禍，最後成功地把他坑死了。在投奔他兒子的過程中，曹嵩被陶謙給「做」掉了，這些年的灰色收入成了陶謙的軍費。

關於曹嵩之死，一直有兩種說法，有認為陶謙冤的，也有認為就是陶謙幹的。

《三國志》裡的說法比較直接：「董卓之亂，避難琅邪，為陶謙所害。」就是你陶謙弄死的。

《世語》裡的說法則更詳細，是曹嵩前往泰山郡，已經到了兩州交界的地方了，被陶謙派出的數千騎兵追殺致死。

《後漢書‧應劭傳》裡說：曹嵩和兒子曹德從琅邪入泰山，泰山太守應劭派兵去迎，結果陶謙因為曹操的原因派輕騎追殺，成功地在郡界「做」了曹嵩一家，應劭害怕曹操遷怒於他，投奔袁紹去了。

這都是鐵證如山，說陶謙被打急眼了把曹嵩給「做」了。

另一種說法，是《三國志‧吳書》裡記載的。陶謙不但沒追殺曹嵩，反而派了兩百騎兵護送，結果護送的校尉臨時起意，殺了曹嵩、劫了財物，逃去淮南了。

從各方面的佐證看，《三國志‧吳書》應該是突顯陶謙無辜然後為了拉低曹操的形象分而做假的。

結合陶謙打小放蕩不羈的性格，大概率就是陶謙「做」了曹嵩。

千萬別以為陶謙是個受氣包。是他打曹操在先，這些年欺負別人欺負慣了，突然碰上硬碴讓人家反過來暴打了一頓，臉上掛不住了，輸急眼了，腦子一熱就殺人家父母了。

曹操在聽到他爹被殺的消息時突然想起：「總是向你索取卻不曾說謝謝你，直到長大以後我還不懂得你有多麼不容易。老爹啊！我這輩子從來都是闖了禍去找你，我是太想活出個樣來給你看了！讓你驕傲估計是談不上了，你要是活著估計連祖墳都不會讓我進，我是沒讓你過了一天踏實日子啊！」

晚了！現在說什麼都晚了！

當了一輩子混蛋兒子最終成功坑死老爹的曹操，年近不惑之年，忠君愛民了半輩子，在怒髮衝冠後幹下了幾乎毀滅他一生事業的事情：曹操下令屠滅徐州為他爹陪葬。

人在極度憤怒時千萬不要下決定！千萬千萬不要！因為很多破壞力極大的決定一旦頒佈，很多魔鬼會隨之而來地被放出來！打著你名義的利益鏈條會自動開啟，你想收都收不回來！但最終的買單者，是你這個開啟魔鬼大門的決策者。

正常來講，冤有頭債有主，曹操為什麼會如此遷怒百萬徐州百姓呢？

人越是缺什麼的時候，往往就會報復性地進行過激補償。他虧孝，虧得特別厲害，他自己知道太對不起他爹了，他想不出來什麼更能補償他爹的了。

當年，救青州萬民的是他；今天，屠徐州百姓的也是他。

只是導致他做出決策的環境發生了變化。

在青州，他要名垂青史做士大夫；在徐州，他要讓徐州百姓給他爹陪葬。

人永遠是複雜的，無論他多麼偉大，也總有他虧欠到當牛做馬都還不清債的那個人。無論怎樣，盡可能不要虧孝，人這輩子最重要的人真的沒幾個。

隨後，以青州軍為主力的曹軍在放開了手腳無限劫掠獎勵的前提下開始爆發出了強悍威猛的戰鬥力。

青州軍客觀來講本來都是好人家的淳樸百姓，但在五六年的流寇生活裡已經野化了，釋放出人性中太多弱肉強食的原罪了。這種人性的原罪會隨狂風而鼓譟，隨烈火而燃燒！

應劭逃離泰山後，曹操走的東線，先接管泰山，然後略地至琅邪、東海，所過屠城，雞犬不留。

本來駐防在小沛的劉備聽說曹操從東線殺過來了，迅速地來到郯城補防，結果在郯城東被曹操打垮。曹操繼續往南打，打破了襄賁，然後繼續一路走一路殺！

陶謙一籌莫展，準備跨過長江逃往老家丹陽郡，這輩子的創業算是到頭了。甭管陶謙多會佈局，多會網羅勢力，碰見打不過的閻王一點兒轍沒有，說什麼都不好使！

等死吧！

徐州雖然姓了曹也沒什麼用了，徐州民心和可榨取的實力從此跟曹操都沒有關係了。

就在曹操肆無忌憚地將各種暴行釋放的時候，此處，話鋒猛地一轉。

曹操的此次征伐在徐州血債累累，冤有頭債有主，喪父固然痛心，他不該對無辜的百姓施加如此暴行。本來就是錯在你，你爹在人家地盤上，你砸人家場子，砸了還不知道派人保護你爹，你這是什麼混蛋兒子！徐州百姓錯在哪兒！

曹操施完淫威迅速地得到了現世報，他接到了紅色警報，內容很驚悚：曹操異父異母的兄弟、髮小、支持者、陳留太守張邈，張邈的弟弟張超，謀士陳宮三人反了，迎呂布為兗州牧，兗州全境響應，目前只有鄄城、范縣、東阿仍在曹操手中。（見圖2-11）

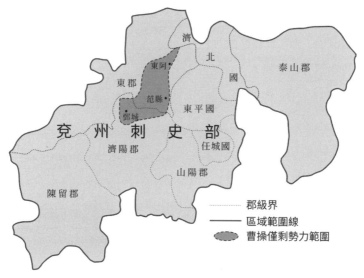

圖 2-11　曹操僅剩三縣勢力範圍圖

這要不叫現世報，就沒有能當典型案例的了。

曹操一夜間由馬上要橫跨兩州的超級省長降成了縣長，被迫班師，徐州百姓因此得到了救贖。當然，陶謙也續了命。但也可能因為這次驚嚇過度，他也快到日子了。

奉先再次上場了，我們來看看他在太師死後的兩年時間裡都在哪裡漂泊。

192年六月，連殺兩位老闆的呂布被喪家犬般地踢出了長安後，最終僅僅率數百騎兵帶著董卓的首級逃出了武關。

他先投靠了袁術，他以為他殺了董卓給他袁家報仇，袁術應該感謝他，結果袁術盜亦有道，因為呂布反覆無常，袁術根本不接待他。

專門跟非主流聯盟的袁術都不要他，呂布無奈只能壯著膽子來到了主流的袁紹那兒。

袁導向來能擺弄各路演員，而且時機比較好，袁紹此時正在拍《黑山剿匪記》，會戰張燕黑山賊於常山，正缺武打演員，於是呂布應聘去了。

當時張燕有精銳騎兵數千，這讓袁紹非常頭疼。呂布作為客串演員換衣服就上場試鏡了，打騎兵戰是呂布起家的本事。呂布為了在袁紹這兒立足，這部戲拍得很賣力氣，不僅不用替身，還經常與親隨成廉、魏越等率領騎兵軍團親自衝鋒。呂布打起來勇猛無比，戰績頗佳。

在幫袁紹擊破張燕軍後，呂布又翹尾巴了，他多次向袁紹要求增加軍隊而且縱兵劫掠，弄得當地怨聲載道。這讓袁紹很不高興，呂布折騰的是袁紹的地盤，再加上呂布習慣性弒主的爛名聲，袁紹準備要暗殺他。不過讓呂布察覺到了。

專門殺爹的呂布對於危險的敏感度非常高，於是在袁紹殺他之前成功地逃脫，又逃到河內張楊處。

張楊是他的并州老鄉，但這個老鄉得到了李傕、郭汜的消息：殺了呂布，中央大大地有賞。

呂布聽說後，對張楊說：兄弟你殺了我吧，殺了我你的實力就弱了，但卻能得到李傕的高官賞賜，挺合適的買賣。張楊一琢磨，於是表面答應李傕、郭汜，背地裡就是不動手，繼續觀望。

李傕、郭汜一琢磨，明白是什麼意思，於是迅速地調轉角度，又下了一封詔書，封呂布為潁川太守。既然你不想當壞人，那這人情還是留給我們，我們跟呂布握手言和吧。至此，并州勢力的呂布和張楊連跨河內與潁川連在了一起。

也是在這個時候，呂布進入了一個集團的眼簾。

呂布從袁紹那兒去投奔張楊的時候，路過了張邈的地盤，張邈派人迎接呂布，對他大加款待，臨分手時還握手盟誓。這就是張邈的不對

了，因為他現在和曹操是一夥的，而曹操的大哥又是袁紹。不過後面的發展，讓我們產生了懷疑，這也許是有預謀的一次示好。因為後來曹操老爹被殺，曹操在第二次帶著全部人馬去抽陶謙的時候，張邈聽從了陳宮的建議，迎此時在潁川的呂布入主兗州。

呂布襲兗州，是後來人們談論這段歷史的主要說法。實際上，這段歷史並不簡單。本質上應該叫作張邈叛曹操。

陳留太守張邈，和曹操是好朋友。當年曹操起兵的時候，投奔的是張邈。

兩人好到什麼程度呢？曹操第一次打陶謙之前，跟家眷說的是：「如果我回不來了，你們就去投奔張邈。」打陶謙回來後，哥倆還抱一塊哭一通呢。這是托妻獻子的交情啊！

兗州是反董卓聯盟的中堅力量，當年兗州刺史劉岱、陳留太守張邈、東郡太守橋瑁、濟北相鮑信、山陽太守袁遺，再加上當時張邈的小弟曹操，兗州六票成為討董聯軍票王。

但後來劉岱殺了橋瑁，曹操又打跑了劉岱派下來的東郡代理人，隨後劉岱死在黃巾手下，鮑信又拉了曹操當兗州的話事人，緊接著鮑信也戰死了，袁遺被袁紹派去搶揚州隨後死在沛縣，兗州就還剩下兩個革命大佬：一個張邈、一個張邈當年的小弟，現在的大哥，曹操。

史書中說鮑信等人當年迎曹操入兗州，其實根本不是我們認為的兗州從此就姓曹了，而是一堆手裡有點兒實力的本地股東拉了另一個更能闖的小股東，然後董事會公推曹操當總經理了。

最開始的時候，張邈並沒有同意曹操入主兗州。迎曹操的最大領導是鮑信，下面就是州吏萬潛了。熱烈歡迎曹操的是青州黃巾氾濫的東兗州領導們，西兗州根本沒表態！因為曹操此時是袁紹的人，幾年下來這

哥倆穿一條褲子，滿世界開戰是有目共睹的。

之前我們說，關東聯軍在解體後，分成了袁紹集團PK全世界：董卓、袁術、孫堅、劉虞、公孫瓚、陶謙這一大幫全在跟袁紹開戰。

曹操在血與火的拚殺中漸漸地出息了，成為袁紹大哥的南方第一打手、配合袁紹作戰的第一鐵拳。這讓張邈心很虛。因為他和袁紹很不對付。

當年成立討董聯盟時，袁紹當上盟主後比較嘚瑟，張邈曾經公開數落過袁盟主，兩家開始結下梁子。後來袁紹向小弟曹操多次授意，去把張邈給「做」了。

曹操拒了很多次，對袁紹說：「張邈是自家兄弟，甭管對錯都得高看他一眼，現在天下未定，不能自家人開幹啊！」

救人幫人的話千萬要多說，罵人損人的話盡可能不說。因為你無論說什麼，最終都會傳到被說那個人的耳朵裡。看不順眼也儘量閉緊我們的嘴，千千萬萬別豎仇家。原因就是，用曾仕強教授說過很多遍的那句名言：「中國人的復仇心很強，而且復仇期很長。」

曹操的話被張邈迅速地知道了，張邈在感激之餘心裡同樣是哆嗦的：誰知道曹操這大兄弟會不會哪天大義滅親了呢？

雙方不久後就有了裂痕。

當年王匡當袁紹小弟，殺過董卓派來和解的朝廷官員，後來王匡被董卓偷襲後部隊都打光了，袁大哥沒有什麼表示。王匡於是回老家泰山繼續募兵去了，又收了數千人，但這次王匡準備去跟張邈混了。你袁紹不夠意思，我找張邈去了。

王匡的跳槽讓袁紹很不爽，寧我負人，人勿負我，於是袁紹又下了一個套。

王匡殺的朝廷命官裡有一個叫胡母班的泰山豪族。袁紹把這個消息

放出後，在泰山招兵的王匡順利地等來了胡毋班，並殺了他。胡毋班家族不勝憤怒，聯合曹操，殺了王匡。

曹操從揚州招兵回來後就沒再投奔張邈，後來又殺過想投奔張邈的王匡，雙方其實已經對立上了。不過由於黃巾軍勢大，以及鮑信力主、袁紹在背後支持的情況下，曹操入主兗州並沒有被張邈等人公開反對。

張邈沒有迎曹操，只是沒有反對，選擇了讓子彈飛一會兒。

當時就是拿你當個打手，認為你會死在黃巾軍手裡，即便不死到時候你也沒什麼實力了，再收拾你也不晚。

不過，誰也沒想到的是，曹操到了兗州後迅速地鯉魚化龍了，劉岱和鮑信的地盤被曹操繼承了，隨後還得了一大票無主的青州兵，瞬間帶過來一百萬幹活的移民。

這一百萬人是什麼概念呢？後來劉禪投降的時候，整個國家登記在冊的正常人口總數不過九十四萬。（並不是說蜀漢總人口，沒算軍籍和吏籍。）

兗州也由最開始的曹經理出面帶領股東們扭虧為盈突然間變成了曹操佔了大股份。面上雙方也許還能說些托妻獻子的話，但心裡盤算的都是那零和博弈下的利益。

就算沒有裂痕，就算真是好兄弟又能怎麼樣？我們也看到了曹操和袁紹這哥倆在這幾年好到了什麼份兒上，但後來那場官渡大戰的主角又都是誰呢？

張邈覺得自己的利益受損了，大有被曹操吞併的趨勢，於是決定再也不能這樣活。

但是，曹操瞬間崩盤到只剩三個縣，真的僅僅是張邈和呂布的原因嗎？

張邈就算聯合了呂布、張楊以及友軍濟陰的吳資，充其量地盤也就

是那麼大。

北面有袁紹，東面有曹操，曹操只要回來弄死他們是輕輕鬆鬆的。這幾年曹操的戰績他是知道的，曹袁聯軍屠袁術的主場就在陳留郡的封丘！他是親眼見過那哥倆是怎麼宰雞的！

他心裡其實清楚，他也是雞。那他為什麼還敢幹這種不知死活的事情呢？因為他得到了確切消息，他的這一刀能徹底地捅死曹操！

誰讓曹操差點兒萬劫不復呢？

又是誰幫曹操挽狂瀾於既倒，扶大廈之將傾的呢？

他的「子房」要閃閃發光了！

七、陳宮之亂

　　除了和張邈的關係早已貌合神離外，曹操在兗州也幹出了很多不和諧的事。他殺了很多不服他的士族。最著名的那個，叫邊讓。

　　邊讓是陳留人，當年何進想盡辦法求他來壯門面，然後邊讓在何進府上高談闊論，讓數百人聽得如癡如醉。他屬於東漢末年咖位比較高的，後來被朝廷任命為九江太守，幹了沒兩年覺得世道亂，就辭官回老家了。

　　這是比較官方的解釋，真正的原因是那幾年九江被袁術、孫堅和袁紹來回拉抽屜，他這個明星在夾縫中活得很艱難。

　　結果他剛爬出菜窖，又掉蘿蔔坑裡了。回老家後不久，山東黃巾來了，曹操當領導了。隨後本土巨星邊讓和曹操很不對付，經常對曹操冷嘲熱諷，然後就被曹操給殺了全家。

　　他被殺的原因很值得研究一下：「恃才氣，不屈曹操，多輕侮之言。」

　　1.「恃才氣」，邊讓仗著才氣、名頭並不怕曹操。這是圈裡人，身邊的弟兄們多，而曹操上半輩子不過是為了擠進這個圈子裡。

　　2.「不屈曹操」，這裡很有意思，不屈服什麼呢？是曹操讓他去上班

他不去？還是曹操的政策他不同意所以不屈服？

3.「輕侮之言」，他能說曹操什麼呢？攻擊曹操的太監出身問題？怎麼可能，都是檯面上的成年人，又不是傻子！怎麼可能因為這個得罪人！就算是笑話他的太監祖宗，曹操也不可能因為邊讓沒事打嘴炮就一個宗族一個宗族地殺當地的世家大族。

能讓政治家大開殺戒的原因只可能是擾亂統治穩定的問題。歸根到底，是因為青州兵的收編政策嚴重地損害了當地豪族的利益。

安置青州黃巾這一百萬人的土地從哪裡來？從那些無主之地來。對啊，無主之地啊！兗州不是被這些年的黃巾起義揉碎了嗎？不是大把土地荒著嗎？這誰能管得著呢？

對，確實如此，但那堆荒著的地雖然現在無主，卻是還剩下的這堆名士豪族要分割的紅利！你怎麼自己獨吞了呢！你怎麼還分給黃巾賊了呢！這是造反的賊啊！你怎麼還當上賊頭了呢？

邊讓這幫人平時的「不屈」曹操，大概率就是不服從曹操的土地政策，「輕侮之言」說的就是曹操不走正道，跟黃巾賊穿一條褲子，不是我大漢的好官員。

曹操同樣很委屈，黃巾賊滿世界破壞的時候你們都去哪兒了？怎麼不跟黃巾賊嚷嚷這地是你們的呢？

曹操認為有人群的地方，就有左中右，在路線問題上向來就沒有調和的餘地，掃帚不到，這群灰塵照例不會自己跑掉。面對這幫剿匪無方、分錢有術的「主流藝術家們」，曹操選擇了暴力鎮壓。

但弄死邊讓後才發現事情並沒有那麼簡單，名士們都是有粉絲的，是有社會影響的，還是當地的世家大族。曹操弄死兗州名士，這有一個很不好的象徵。這意味著曹操和兗州的這幫原生力量劃清界限了，畢竟名士的地區名片都讓曹操撕了。

曹操在收編黃巾和做兗州士族的代言人之間選擇了兗州的仇人，那群青州黃巾！這讓當地的士族豪族們開始琢磨，曹操還適不適合當我們的代理人。

暗流洶湧下，並非沒有苗頭。

當時的陳留高氏中的一個小年輕叫作高柔，他對家裡人說：「陳留是四戰之地，曹將軍志在四方滿世界開打，在兗州總待不住，張邈那邊恐怕會搞事情啊！咱還是去河北避避吧。」[1]

曹操知道嗎？不可能不知道啊，第一次出征徐州的時候還跟張邈玩托妻獻子呢，這是穩住張邈的招數啊！那他為什麼還讓張邈、呂布算計了呢？兩個原因：

1. 被殺父之仇沖昏了頭腦，把部隊全帶到了徐州搞殺人派對。

2. 他算漏了關鍵的一個人。當初勸他收兗州為霸業之資的那個他極其信任的人：陳宮。

真實的陳宮不是呂伯奢慘案靈魂煎熬者那個樣子，他這輩子可從來沒把人民當回事。而是這個樣子的：跟呂布算是物以類聚，兩人腦袋後面都是頂級反骨。這次背叛並不是他最後一次弒主的陰謀。

《典略》曰：「陳宮字公臺，東郡人也。剛直烈壯，少與海內知名之士皆聯結。及天下亂，始隨太祖。後自疑，乃從呂布。」

這段話有三個重點：

1. 東郡人。

2. 是個混社會的，和海內知名的士族們總是搞大串聯。

3. 「自疑」後才跟呂布混的。

---

[1]　《三國志‧高柔傳》：今者英雄並起，陳留四戰之地也。曹將軍雖據兗州，本有四方之圖，未得安坐守也。而張府君先得志於陳留，吾恐變乘間作也，欲與諸君避之。

他自疑什麼呢？兩種可能：

1.他害怕曹操也會像對待邊讓那樣幹掉他。

2.他認為他的某些行為已經暴露了。

先來談第一個問題，曹操會像對待邊讓那樣幹掉他嗎？極大概率不會，因為他在曹操走之前是被安排和夏侯惇一塊守濮陽的，真想幹掉他是不會給他放到那個位置的。

他後來被抓，見曹操時說：「我為臣不忠，為子不孝，沒臉活著了，快殺了我吧。」

甭管曹操對別的名士怎麼樣，對他卻沒有虧待過，他生命最後一刻也承認了。曹操對他有偏愛，最終哭送他，而且對他家人厚待如初。

所以他「自疑」，應該是第二種可能。他認為自己某些對不起曹操的行為已經被暴露了。什麼行為呢：他一直在陰謀顛覆曹操。

1.曹操殺名士，很多名士是陳宮的朋友。

剛剛說過他「少與海內知名之士皆聯結」，《資治通鑒》中說曹操殺了邊讓後，兗州的士大夫都非常恐懼。

2.殺邊讓的原因我們說過，在利益分紅上這幫士族不幹。

3.曹操入主兗州後，忽視了對兗州本土士族在仕途上的提拔與重用。

曹操統治的武力基礎是他的譙縣集團，文官系統是潁川集團。兗州本土士族沒拿下什麼關鍵崗位。這就有點類似於後來劉備入川的情況了，外來集團勢力跟本土集團勢力間權力的零和博弈。

曹操原來是袁紹封的東郡太守，他最早的大本營是東郡，他入主兗州後，把東郡太守安排給了自己的族人夏侯惇。

陳宮就是東郡東武陽人。人總是對自己的貢獻擴大化來看的，在陳宮的眼中，因為他「與海內知名之士皆連結」，所以才有能力歷經萬難幫曹操從士族大咖那兒爭取來了入主兗州的機會，曹操卻連個太守都不給

他做。他認為他功大，曹操認為自己能打，一個拿自己當金牌媒人，一個說對方大閨女上趕著倒貼，雙方在利益認知上從最開始就有著巨大差別。

陳宮是兗州本土勢力的一個重要代表。他一直在陰謀顛覆曹操的統治。因為他後來迎來呂布，整個兗州幾乎全境同時響應。[2] 沒有前期周密的準備，是做不到這一點的。

陳宮「自疑」後，他對張邈進行了關鍵性的挑唆。曹操去討伐陶謙後，令夏侯惇和陳宮屯東郡，陳宮大老遠地跑到了陳留去遊說張邈。是陳宮勾搭的張邈。[3]

陳宮是這麼說的：「現在天下分裂，群雄並起，您有十萬之眾，在這個四戰之地，本來應該當大英雄的，卻被別人控制，不是太卑下了嗎？」

陳宮在挑唆張邈，在勾他的火，這種話絕不是兩人之前早有交流的。如果早已經確定好了要背叛曹操，早有預謀，陳宮應直接就說大哥準備好了咱動手吧。

現在曹軍東征，其地空虛，呂布是猛士，善於作戰，英勇無敵，將他接來一同佔據兗州，觀望天下形勢，這是可以縱橫一世的。這像不像他當初在劉岱死後過黃河勸鮑信他們迎曹操來的樣子呢？

他自始至終都是個政治投機者，如果對現有的待遇不滿意，就攪動局勢，進行下一輪的佈局。然後趁著下一次權力重組，向上繼續攀爬。這也是個做局的陰謀家。

最終，張邈被說動了，於是派張超和陳宮去潁川接了呂布。張邈為什麼從了呢？因為陳宮向他保證了早就滲透進了曹操內部。

1. 他早早地就開始佈局兗州的復仇者聯盟。

2　《後漢書‧呂布傳》：遂與弟超及宮等迎布為兗州牧，據濮陽，郡縣皆應之。
3　《後漢書‧呂布傳》：宮因說邈曰……

2.在懷疑走漏風聲後迅速地挑唆了張邈也參加,並拉來了能打的呂布。

3.兗州全境隨後就迅速地集體響應了。

呂布落腳的根據地在濮陽,也就是曹操最早的根據地東郡,曹操轄屬的剩下的幾個郡的好幾十個縣也都叛變了。

再次重申一下,主導者是陳宮,曹操再遲鈍也不會讓身邊軍閥滲透到自己官僚系統這麼深的!只有自己人才有可能幹出毀滅性這麼大的事!毀滅性的崩盤永遠是內部出了問題!百分之百!

總體來講,曹操在兗州的統治力量,尤其是本土中堅力量,對他是失望的。但是,最關鍵的爆破點,是這個陳宮。沒有他,是否有人敢當這個出頭鳥很難說;沒有他,是否有人有人脈和能力去張羅這麼大的事也很難說。而曹操唯獨就看走眼了這個人!

他在出征徐州的時候不僅沒帶著他走,還讓他守在了最重要的大本營東郡!

總之,兗州的全郡叛曹幾乎從背後一刀捅死了曹操,但他們最終給曹操留了一口氣,因為還有極其關鍵的三個縣在曹操手中。一個縣裡有家屬,一個縣裡是糧倉,一個縣是關鍵中轉站!

其實,曹操很有可能連最後三個縣都沒有了的。但王佐之才登場了!

呂布入兗州後,荀彧和程昱在守鄄城,張邈派劉翊去見荀彧:「呂布來幫助曹使君進攻陶謙,應該馬上供給他們軍糧。」眾人比較納悶,什麼情況,請呂布當外援?

這話是曹操的好兄弟張邈傳的信,當時大家覺得沒什麼,但只有荀彧看出問題來了,這是要軍變!荀彧的感覺非常精準,不僅張邈叛曹

了，此時兗州全境也都出問題了。[4] 極大概率身邊的兗州班子也全部倒戈了。[5] 於是荀彧立即命令軍隊加強佈防，並急召濮陽的東郡太守夏侯惇。

為什麼急招夏侯惇？因為夏侯惇駐防的濮陽離陳留張邈和濟陰吳資太近，呂布如果已經進了兗州，那麼此時的濮陽就變成了孤島，夏侯惇大概率會沒有防備地死在自己人手上！夏侯惇手中還有曹操此時安排駐防的留守部隊！絕對不能丟！

當時夏侯惇聽到荀彧報警後沒有任何猶豫，迅速地帶著部隊放棄濮陽輕裝前往鄄城了。因為曹操的家在那兒，同理，幾乎所有的高級軍官的家屬也在那兒，這是必保的。

半路，撞上呂布了。呂布接陣後看到夏侯惇挺猛，於是敗退，讓了過去，直接奔濮陽去了，並拿下了濮陽的曹軍輜重。

因為荀彧的及時通知，夏侯惇把濮陽中的隊伍帶了出來。鄄城已經內部叛亂了，夏侯惇帶兵連夜誅殺謀反者數十人，才安定了軍心。

鄄城內部安撫完畢後不久，豫州刺史郭貢就緊接著領數萬大軍兵臨城下了。

整個三國時代，「奸」的名號始終被曹操牢牢地佔據著。實際上吧，這個時代的做局者數不勝數。

郭貢是豫州刺史，肯定不會在兗州境內駐紮。離豫州最近的地方按理說是小沛。但那裡是陶謙的地盤，駐紮著另一個豫州刺史劉備。郭貢背後的老闆史書上沒有明確表示，不過不會是張邈任命的，因為後面荀彧說郭貢和張邈不熟。就按他駐紮在離鄄城最近的梁國，此時路程也將近三百里。所以這絕對不是聽說兗州內亂後才反應過來趁火打劫的。就算打劫也不可能直接插到兗州的心臟，因為拿下鄄城他也守不住，誰也

4　《三國志・荀彧傳》：而兗州諸城皆應布矣。

5　《資治通鑒・漢紀五十三》：督將、大吏多與邈、宮通謀……

不會做賠本的買賣。

這是陳宮、張邈佈局拉攏的一枚棋子。

暫不知這個豫州刺史是誰表奏的，但他對曹操的實力有著非常清晰的瞭解，因為他兵臨城下後點名要見荀彧。荀彧慨然要赴約，夏侯惇等人說：「您是一州的屏障，如果前往一定會有危險的，不能去！」

注意夏侯惇等人的口吻，「一州鎮也」。這可以看出來此時荀彧在曹軍是什麼地位，而且郭貢點名要見的是荀彧。曹操不在，荀老闆當家。荀彧和曹操，真的並非是「臣與君」那麼簡單。

荀彧說：「郭貢與張邈他們平素並沒有什麼往來，現在來得急，肯定是還沒下定跟咱撕破臉的決心，還能爭取！就算不能幫助我們，也可以使他保持中立，如果我不去，他就真該打咱了！」

荀彧出城，與郭貢交談後，說服了郭貢，郭貢引兵而去。

怎麼交談的，史書上沒說，不過至此可以還原一下本次兵變的最初預定計劃了：

1.陳宮發佈叛變信號，呂布前往攻濮陽，不知道內部出叛徒的夏侯惇在禦敵過程中被陳宮變臉偷襲幹掉。

2.鄄城內部叛亂，拿下了荀彧等人，與此同時送信給豫州刺史郭貢，說曹操不地道，我們已經全州叛變曹操，您來當我們的老大，請您來接收鄄城。

3.由於曹操家小都在鄄城，曹操部隊殺回來後第一時間會去找豫州刺史拚命，兩敗俱傷後張邈、陳宮帶著呂布來清盤。

但是荀彧機警地保存革命火種後，見郭貢的時候就變成了以下狀況：

1.你不是來撿軟柿子的，叛變不好使，被我識破了，此時甄城已經沒有內奸了，不會有內亂了。

2.夏侯惇帶回了濮陽的隊伍，半道還把呂布給打了，現在城中力量

很強大，想必你也聽說了。

3.咱們山不轉水轉，得不到好處了咱們可以交個朋友，聽說陶謙表劉備當豫州刺史了，我們跟陶謙是死敵，將來會幫你。

郭貢就這樣被勸走了。荀彧隨後又與程昱定計，保全了范縣和東阿。

夏侯惇和呂布的那場遭遇戰打出了非常關鍵的意外收穫，因為此戰的俘虜中有人說：「陳宮準備自己率軍攻取東阿，又派氾嶷攻取范縣。」

這兩個縣是兗州叛黨們唯二沒有事先收買、需要武力拿下的，鄄城都不算，因為當夜夏侯惇斬了數十個陰謀起事的。

這個時候，荀彧對東阿人程昱說：「如今全州都已背叛，只剩下了這三個城。陳宮派大軍攻城，如果我們不能緊密地團結民心，這三城必定會動搖。你在東阿人民中聲望很高，應該前去進行安撫。」

於是，程昱離開鄄城返回東阿，半路上他先去了范縣，此時范縣縣令靳允因為不肯投降，他的老母、妻子、兒女都被呂布抓了起來。

程昱對靳允做了很長時間的思想工作，綜合起來一句話：「跟對人興旺，跟錯人敗亡，看起來他們聲勢浩大，但呂布是匹夫，陳宮他們是在利用他，內部一盤散沙，曹操是天選之子，我們要立下田單復國的大功！」

靳允流著淚說：「我不敢有二心。」

沒多久，氾嶷率兵進入范縣，靳允假惺惺地表示別打了咱談談吧。氾嶷以為靳允看新聞了，知道現在是個什麼形勢了，結果沒有什麼疑心，然後被靳允用伏兵刺殺了。

程昱帶著一支騎兵部隊截斷了黃河的倉亭津渡口，此時陳宮率軍趕到河邊，但無法渡河。

程昱來到東阿後，發現東阿縣令、潁川人棗祇已經率領吏民在城牆上堅守了。

至此，曹操遭到兗州全郡的集體叛變後，仍然保存住了大量的有生力量，並留下了三個革命火種。

　　呂布在拿下濮陽後一度帶兵進攻鄄城，結果打不動，隨後就回濮陽了。

　　以荀彧、夏侯惇、程昱、棗祗為首的留守班子也終於等到了曹操大軍的歸來。

八、兗州絕境翻盤戰

曹操回軍兗州後發表了必勝言論：「呂布一下子得到一州的地盤，卻不能佔據東平，切斷亢父、泰山的要道，利用險要的地勢來阻攔我們回軍，反而回去守濮陽了，我就知道這小子沒多大的出息！咱贏定了！」

大家有沒有發現這一章裡之前的那種地形圖已經不怎麼用了。為什麼呢？因為兗州是大平原，沒什麼可看的。

但是，平原並不意味著沒有什麼章法，平原裡的門道是水路。沒有水路，仗根本打不起。《孫子兵法》教導我們：「百姓之費，十去其七，公家之費，破軍罷馬。」

因為糧草輜重要是指著車和牛，那就損耗太大了。糧草輜重必須上船才裝得多、損耗小，省人力、畜力。

諸葛丞相後來就是被秦嶺和隴西的山路給活活累死的！太操心了！

曹操要想從徐州回來，只可能走左邊的亢父泗水線和右邊的泰山武水線。

曹操能哈哈大笑的最關鍵原因，是他的「子房」保住了鄄城。

呂布無論是斷泰山線還是堵亢父線，糧道都需要走泗水線。

曹操的留守主力基本沒損失，荀彧隨時都能從鄄城切斷水路糧道。並非張邈無能，陳宮少智，恰恰因為是本地人，所以知道不能去堵曹操，想拿整個兗州耗死曹操。

這是荀彧第一次挽救革命級別的貢獻。後面還有很多次。

曹操一帆風順地從徐州回到了兗州，隨後開始了一年多的兗州爭奪戰。

從軍事的角度來看，其實曹操對戰呂布的劣勢根本不叫大，首先他的大量主力都在，只是失去了兗州的大量地盤和後續支持，但要知道曹操最牛的其實就是青州兵這支部隊。這些年打黑山、追袁術、屠陶謙，戰績不是一般的好。

但是，這次跟呂布會戰時，卻出問題了。一向精銳的青州兵這次掉鏈子了。

史書是這麼記載的：「布出兵戰，先以騎犯青州兵。青州兵奔，太祖陳亂，馳突火出，墜馬，燒左手掌。司馬樓異扶太祖上馬，遂引去。」

呂布上來派騎兵衝陣，然後青州兵並不是被擊敗，而是「奔」了。隨後曹操的軍陣開始大亂，自我潰散，曹操不僅在逃跑過程中墜馬，還把左手給燒了，是樓異給救起來才跑出去的。這裡面透露出來兩個信息：

1.呂布擅長的是騎兵作戰，他一路輾轉，幾年中發展出了相當可觀的騎兵。

2.兵法中寫的是對的：盡量別在自家的地盤上打仗，因為家屬都在，地盤也熟悉，很容易就都跑了。（散地則無戰，諸侯自戰其地，為散地。）

青州兵跟了曹操之後，在別人家地盤上往往能爆發強大的戰鬥力，因為可以玩命地搶而且地方不熟悉沒法跑。

百萬青州黃巾從良後基本上都安排在了曹操的地盤，青州兵一回來

後發現對面騎兵殺過來了。更可怕的是，上一次青州黃巾被狂屠就是被公孫瓚拿騎兵禿嚕得連河水都不流了。於是還沒打就奔了，把曹操給扔出去了。

這一年的兗州大戰幾乎堪稱曹操一生中最兇險的一段時間。

後來曹操收點兵馬親自帶隊去偷襲呂布在濮陽城西五十里的一支部隊，到天明時大勝，但還沒來得及撤退就遇到了呂布的支援，被三面包圍。已經打了一宿的曹軍繼續又和呂布從早晨打到了下午，雙方大戰數十回合。

我們不能不佩服曹操的治軍手段。不久前部隊被呂布的騎兵衝得四散奔逃，現在卻可以攏住隊伍在打了一夜又大半天的情況下承受住數十回合的衝陣。

當時，相持甚急，曹軍的體力漸漸地流向冰點，曹操決定募集陷陣軍，打開包圍圈！

「古之惡來」典韋前來衝陣！典韋一手持長矛一手撩戟，扔掉了盾牌，身穿兩副鎧甲作為人肉衝鋒錘，帶著數十先登陷陣勇士衝呂布而來。

箭矢如雨，穿著兩副鐵甲的典韋無視攻擊繼續衝（穿兩副鐵甲基本上弓箭就免疫了，但只有典韋能這麼幹，別人要是穿兩副甲走都走不動）。

呂布的軍陣開始向典韋陷陣軍包抄過來！典韋對身邊的將士說：「護住我左右！十步！賊到我身邊十步再告訴我！」

「十步了！」

「五步，五步再告訴我！」

隨著步數的減少，意味著典韋身邊的陷陣軍也越來越少。

「五步！五步了！」

典韋隨後開始發射帶來的十餘個撩戟（類似於小標槍），所擲應聲而

倒。典韋繼續衝，呂布軍陣崩潰了。曹操隨後率軍殺出。

這事兒還沒完！濮陽會戰仍在繼續！

之後的一次更為兇險，曹操一度差點兒光榮，濮陽縣的大姓田氏為呂布實行反間計，假意向曹操投降。結果曹操進入濮陽城後縱火焚燒了所經過的東門，表示破釜沉舟背水一戰絕不退回！

曹操這樣做是不知道韓信、項羽是軍神才能贏得嗎？並不是，曹操是給《孫子兵法》做點評、批註的人，水平相當靠譜，燒退路是在做兩個表態：

1.在做廣告，我相信濮陽官兵們不會坑我，甭管你們怎麼想的，我絕對相信。

2.「散地」作戰是吧，我把退路燒了看你們還怎麼跑！出了事都給我往死裡打！

他更多是為了防自己人。

很遺憾，呂布突然出現了，曹軍被偷襲後大敗，曹操一度被抓。結果曹操往遠方一指說：「前面騎黃馬的是曹操，趕緊追！」呂布軍一聽都瘋了，全軍開始追黃馬。

曹操回頭去找之前燒的城門，城門還很燙，大火還很旺，曹操穿越火線跑出來了。

曹操突圍回營，發現全軍都已經嚇傻了，都以為他死城裡了。曹操一如既往地發揚革命的浪漫主義精神大笑勞軍，說你們趕緊做攻城器械，這幫人伏擊都傷不到我，咱給足面子了，要來真的了！

隨後雙方繼續相持了百餘日，但194年趕上了天下大旱。久旱隨後必蝗，老百姓在大災荒下開始人吃人。

雙方不再對峙，分別撤軍。

九月，曹操回軍鄄城，呂布在濮陽的給養也吃光了，率軍到乘氏縣吃大戶，結果被乘氏豪族李進擊敗（李典族人），向東退到山陽。

這個時候一斛糧食已經達到了五十多萬錢，曹操甚至無奈地開始取消募兵並且遣散了一部分新兵。最難的時刻，袁紹派人來對曹操說：「投奔我來吧，把家小遷到我這兒來吧。」

曹操動心思了，可要是真遷過去了，曹操就徹徹底底地是小弟了。程昱對曹操說：「再堅持一下吧，會有轉機的。」

正史中的這段描寫，是「程昱止太祖，太祖從之」。曹操沒答應袁紹的要求，袁紹幫沒幫忙沒說。

但是《後漢書》做了補充：「操圍呂布於濮陽，為布所破，投紹，紹哀之，乃給兵五千人，還取兗州。」說袁紹出兵幫忙了。

可能性高嗎？非常高。但卻是以袁紹的方式。

後面在袁紹和曹操官渡開打後，陳琳寫過一篇非常牛的《討曹檄文》。

這篇文章最牛的地方就是說的基本上都是實話，但讓你聽了恨不得弄死曹操，曹操還沒法還嘴。

裡面寫過這麼一個論據：「地奪於呂布，彷徨東裔，蹈據無所。幕府唯強幹弱枝之義，且不登叛人之黨，故復援旌擐甲，席捲赴征，金鼓響震，布眾破沮，拯其死亡之患，復其方伯之任，是則幕府無德於兗土之民，而有大造於操也。」

袁紹說，曹操讓呂布打得根據地都沒了，是我實打實地出兵幫他打敗了呂布，我對不起兗州人民啊，救了這麼個混蛋玩意兒。

袁紹肯定是出兵了。出兵幹了什麼呢？奪取了曹操在黃河北邊的東郡土地。在曹操跟呂布幹仗的過程中，臧洪被袁紹遷到了曹操過去的根據地東武陽，當上了東郡太守。

後來呂布為什麼在濮陽待不下去了呢？因為袁紹是出兵東郡黃河以北的地區，打跑了呂布、陳宮在東武陽的勢力，並陳兵黃河邊，讓呂布不再敢回濮陽，然後就讓臧洪在這兒當太守了。

　　名義上是幫助曹操出戰，其實是把東郡的一半控制在了自己手裡。然後捎帶腳地減輕了曹操北面的軍事壓力。袁紹出兵，相當於曹操認栽割地當軍費了。

　　袁紹河北大成之後，開始對曹操這個能打的小老弟下手了。由於曹操沒有出家屬為人質，袁紹大概率也沒有派兵過黃河，也沒提供糧草。

　　為什麼這麼說？

　　因為當年冬十月，曹操帶兵退守東阿，退到了自己最後的諾亞方舟。當時只有東阿還有糧食！棗祗給曹操留下了末日的最後一批糧草！後來曹操揮鞭掃北最關鍵物質基礎的屯田制，就是棗祗力排眾議在制定政策之初就給出了完美方案！棗祗在許昌辯論得頭頭是道，是因為他早早地就在東阿小範圍地試驗了屯田制。

　　後來曹操回憶這位英年早逝的潁川奇才時深情地說：「呂布之亂，兗州全都叛變了，只有范縣東阿還在我身邊（鄄城是被荀彧識破鎮壓了），全是棗祗據兵守城的原因，後來軍糧艱難，是因為得到了東阿的餘糧才最終挺了過來！」[1]

　　曹操為何要把軍隊帶到大後方的東阿？因為運糧會產生巨大的消耗。目前只有東阿還有糧，在天災兵禍的前提下，再也禁不起運糧的浪費了，全軍回東阿就地吃飯！在大旱、蝗災、人相食的天災兵禍下，戰爭再一次地指向了那個永恆的勝負點：糧食，和能創造出糧食的人！

1　《曹操集·文集·卷二》：呂布之亂，兗州皆叛，唯范、東阿完在，由祗以兵據城之力也。後大軍糧乏，得東阿以繼，祗之功也。

195年春正月，歇了一個冬季的曹操襲擊定陶，濟陰太守吳資保住了定陶南城，等呂布救援來時被曹軍擊破。在大戰已經半年多後，曹軍開始適應呂布的戰法，並再也沒有輸過！

　　五月，曹操向巨野的呂布部將薛蘭、李封發動攻擊，呂布親自援救，被曹操擊敗，撤退走東緡。曹操殲滅巨野守軍，斬薛蘭、李封，隨後進駐乘氏（今山東巨野西南），拿回了兗州北部的所有權。

　　此時兗州全境已經變成修羅場，史載「大饑，人相食」。

　　這個時候，陶謙病逝，徐州被託付給了劉備，曹操突然打算趁徐州在做交接工作，先奪取徐州，再回軍消滅呂布。

　　在這個抉擇關鍵點，又是曹操背後那個王佐之才說話了。荀彧說「當年高祖保關中，光武據河內，都有根據地。兗州跨黃河、濟水，是天下要衝，現雖殘破，但還可以自保，此地就是將軍您的關中河內，必須先穩定它。

　　「如今我們已擊潰了李封、薛蘭，如果分兵東擊陳宮，陳宮必定不敢西顧，我們趁機組織隊伍收割麥子，儲備穀物，節約糧食，就可以一舉打垮呂布，然後向南聯合揚州的劉繇共討袁術，以控制淮水、泗水一帶。

　　「如果現在不管呂布，而去向東攻打徐州，多留兵則出征兵力不足，少留兵則只有讓全體百姓守城，不要說收麥，連上山砍柴都拿不出人手。

　　「呂布乘虛進攻，民心就會更加動搖，所有收復的城都會再失去，您將徹底地失去兗州。

　　「要是徐州攻不下，將軍將安身於何處？陶謙雖死，徐州也不易攻破，上次討伐徐州，咱可光屠城了，咱是失民心的，再打不見得那麼容易！

　　「何況現在東方都已收麥，必會堅壁清野以防將軍，將軍久攻不下，

搶掠又無收穫，不出十天，十萬人馬尚未開戰就已經困乏了。」

曹操因此被拽了回來，準備秋收。

誰都有犯迷糊的時候，但你身邊有沒有那個提醒你的人呢？ 就算有，說的話你聽得進去嗎？

王與王佐，相互成全，缺一不可。

曹操和兗州集團的這場鏖戰，實際上雙方都已經到強弩之末了。曹操山窮水盡，呂布更是吃光了張邈、吳資等兗州領導多年的積蓄！ 雙方都沒有糧了！

曹操組織軍隊收麥子，呂布也帶著隊伍再次從東緡出發，與陳宮率領萬餘人來進攻曹操，搶曹操的麥子了。

曹操的士兵已經出去收麥子了，此時大營中不到一千人，而且營盤工事還不完備。一千打一萬，輸了的話割麥子的兄弟回來也就拿著糧食一哄而散回高老莊了。只有贏了，曹操才能拿到下一關的入場券。

曹操又臨時客串了一把婦聯主席，動員起了所有隨軍婦女守屯。

軍中帶著家屬跟部隊遷徙，這和黃巾軍最原始的樣子有什麼區別呀！ 沒區別。

但漢末數百萬的黃巾軍，最終只有曹操一個人帶出來了一支能夠殺出地獄的鐵軍。這又是大區別。

曹操的軍屯西面有大堤，南面是森林，呂布懷疑有埋伏，於是引軍向南十里紮營。呂布的這次猶豫，讓曹操得逃生天。曹操迅速地搬回了收麥子的部隊。(見圖 2-12)

第二天呂布帶兵前來挑戰，曹操將隊伍帶到了屯西的大堤後面，把部隊分了兩半：一半堤前列陣，一半堤後埋伏，精銳和騎兵全都安排在了堤後做預備隊。

以正合，以奇勝。(首發隊伍迎戰，預備隊收割比賽。)

圖 2-12　曹操與呂布對峙圖

　　呂布和曹操殺在一塊兒後，曹操派出了奇兵。在最後的衝鋒中，呂布軍徹底地被打崩了。（見圖 2-13）

　　此戰後，由於兗州領導們的家底都打空了，呂布、張邈、陳宮向東去投奔徐州的劉備；張超帶領家屬退守雍丘死保陳留大本營。曹操乘勝攻取了濟陰太守吳資的定陶城，隨後收復兗州各縣。

　　八月，曹軍圍雍丘。張邈去袁術處求救，半路被手下殺掉。

　　十二月，雍丘城破，張超自殺，張家被夷三族，曹操蕩平了兗州。

　　至此，自194年兗州全叛到195年年底屠滅張家，歷時近兩年，曹操終於扛贏了這場極其慘烈的兗州消耗戰。

　　因為三國互有史料，可以相互印證。這也就導致了曹操這輩子的失敗幾乎全都被記錄在案了。

　　這近兩年來，曹操幾度戰敗瀕死，幾度彷徨掙扎。但曹操給出的回

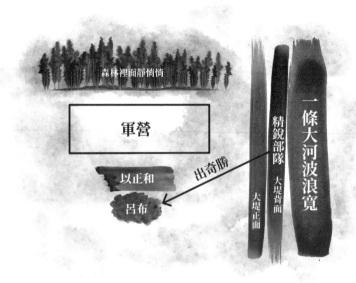

森林裡面靜悄悄

軍營

以正和

呂布

出奇勝

精銳部隊　大堤背面

大堤正面

一條大河波浪寬

圖 2-13　曹操出奇制勝圖

應則是燒手墮馬死裡逃生，東阿神奇軍糧供應，程昱勸阻不送人質，王佐指路不打徐州。

曹操一路足夠堅韌，被打成什麼樣都不放棄，無論何時都高度樂觀，跟手下們談笑風生，說呂布如何如何必敗；

曹操一路足夠會帶兵治軍，青州兵無論怎麼害怕騎兵仍然能在長時間的鏖戰中不散攤子，乃至後期的每戰必勝。

但更真實的曹魏史留給我們的最珍貴禮物是：勝和敗，其實真的都是兵家常事。曹操的兗州奮鬥史恰恰是更真實的一個軍閥奮鬥史。

我贏過很多次我也輸過很多次，但沒死就接著打！只要沒打死就永遠有希望！這其實更接近於我們真實奮鬥的人生！

成大事者，所有的高素質都是前提，所有的堅持努力都是前提，最終拚的是幸運。荀彧、程昱的扭轉乾坤以及曹操無數次親上戰陣仍能活

下來，這都是他的幸運。

你足夠幸運嗎？誰也不知道，那留給老天爺去操心。

但你足夠努力堅持，足夠聽別人勸，足夠去努力思考，卻是你能控制的。像曹操一樣奮鬥吧，別忌諱失敗，別得意勝利，在未來面前一切都不值一提。只要沒下場，就洗把臉站起來再衝上去！

沒準兒呂布明天就崩了，沒準兒許攸明天就來了，沒準兒關羽明天就被孫權偷襲了嘛！人生的考卷只要沒到終點就永不放棄！

兗州的本土勢力在這兩年中被曹操徹底地削平。總體來說，地主都打死了，兗州徹底地姓曹了。

195年，是袁紹陣營開始集中發力的一年：袁紹派兒子袁譚成功地進入青州；徐州陶謙一死，劉備易幟重新投入袁紹懷抱；曹操重奪兗州，但是，他與袁紹的感情開始出現裂痕：東郡沒了一半，你中途還要拘留我的家人；袁紹把公孫瓚打得大敗，公孫瓚龜縮在易京裡，滅亡指日可待。

特別說下公孫瓚。

已故幽州牧劉虞的從事、漁陽人鮮于輔等人集結了劉虞的舊部力量為劉虞報仇。廣陽人閻柔因平素威信較高，被推舉為烏桓司馬，招引胡、漢數萬人對付共同的敵人公孫瓚，斬殺了公孫瓚的漁陽太守鄒丹。

烏桓峭王率領烏桓鮮卑聯軍共七千餘騎兵隨鮮于輔南下迎接劉虞之子劉和，與袁紹聯合共十萬兵馬進攻公孫瓚。

公孫瓚大敗於鮑丘，被殺兩萬多人，代郡、廣陽郡、上谷郡與右北平郡紛紛起義，殺了公孫瓚的委任官員投靠劉和。

先是有童謠曰：「燕南垂，趙北際，中央不合大如礪，唯有此中可避世。」公孫瓚認為這個可避世的地方是易縣，於是在易縣建了一座五六丈

的大高樓，以鐵為門，自己在裡面當上皇帝了。

將領們都問：「領導，您這是怎麼了呢？」

公孫瓚說：「我昔日北掃烏桓，南滅黃巾，認為天下可輕鬆而定，到了今天我才發現，這個遊戲不是我能玩兒的。[2]

「不如休兵屯田，保衛這個據點，現在咱們有數十重的營樓保衛，有三百萬斛的糧食，等糧食吃完後，天下大勢也就出現眉目了。」

這就是慫了啊！徹徹底底地讓袁紹把套馬的漢子打成宅男了！

整個中原，局勢開始清晰起來。

袁紹陣營在這紛亂混雜的漢末群雄中殺了出來！河濟之間的曹操徹底地碾死了兗州的原生態領導。

但北袁紹、南曹操的漢末連體雙雄在這兩年交織著背叛與辜負，也開始出現再也回不到從前的裂痕！

他們漸漸地都看出來了對方的真正實力。一個在河北魔鬼擂臺上一挑三勝利！一個在地獄難度的頂級背叛中闖了出來！

天下英雄，唯本初與孟德矣！

195年，是三國開始確定框架的一年。

在袁紹穩定河北和曹操獲得兗州慘勝外，這一年還有兩件影響著歷史格局的大事發生。一在東南，一在西北。

這兩個方向截然相反的地方的神奇演變，奠定了整個三國的最終格局。

流浪的獻帝、江東的孫郎，上場吧！

2　《後漢書・公孫瓚傳》：我昔驅畔胡於塞表，掃黃巾於孟津，當此之時，謂天下指麾可定。至於今日，兵革方始，觀此，非我所決……

第 *3* 戰

挾天子令諸侯：曹操巔峰升級的公元 196 年

一、西去的孫郎

195 年發生了兩件大事：一件在東南，一件在西北，可以說是為三國鼎立奠定了最終的框架。這個框架，就是孫家總領江東，曹操一統北方。

沒有東南這件事的發生，三國不會出現，袁術有可能不會早早地敗亡，曹操極大可能會在有生之年最終統一天下。沒有西北這件事的發生，曹操有可能最終不會統一北方，三國的這段歷史不知最終會走成個什麼樣子。

這兩件事，就是這麼重要。東南這件事，是孫策過江。西北這件事，是李郭內亂。最開始看起來都不起眼，但誰也沒有想到最終會演變成為關鍵性的大事件。

先來看東南，「小霸王」出山。

羅貫中先生在創作《三國演義》時給孫策的外號是「小霸王」。這個外號的歷史場景還原，很顯功力。

雖說是越往後這個外號越不值錢，比如《水滸傳》裡的「小霸王周通」，排名第八十七，但在東漢末年時，這個外號還是有著強大含義和威懾力的。

哪個土匪山賊甭管多嘚瑟，也沒人敢稱自己是「霸王」的。這個詞語，有著專屬的意味，直到孫策的出現。「小霸王」的名號，表達了世人對孫策的一種高度認同。

比較巧，上一次被稱作「霸王」名號的那個人，也出自江東這片土地，也是個少年英雄。四百年前的那個千古神將：項羽。

孫策並不長的一生，也讓人們看到了這種無堅不摧的力量。

歷史中，你要是細細地發掘，會發現有很多對稱之美。孫堅和司馬懿，這兩位能耐爸爸分別生出了串聯三國頭尾的四個能耐兒子。當然，這兩個爹也很有意思。一個是明搶，一個是暗奪，著實對稱。

孫堅這隻猛虎意外殞命後，孫家按理說即將走下歷史舞臺。

沒辦法，漢末這個舞臺牛人太多了，而且孫堅死的時候很多地盤都已經被分割完畢了，大大小小的軍閥都已經圈好了自己的一畝三分地，還能有孫家什麼事兒呢？

不過有的家族是歷史中的少數。別說天下還在大亂，就是大亂都結束了又能怎樣？該竊國照樣能竊國。架不住老子能忍，兒子英雄，甚至到了孫子輩兒時，依然厲害。像司馬家，三代人最終吃掉了魏家天下。

孫家的故事，遠沒有落幕，孫堅不但自己英勇無敵，還生下了兩個特長迥異的兒子。這兩個兒子，最終從兩個角度完成了各自的歷史任務。

大兒子孫策，帶著孫家的剩餘部曲打下了江東。比他大炮轟一切卻什麼也沒落著的爹要強得多。

雖然說孫策的對手並不算多強勁，但他的功業是大部分建立在袁術為頂頭上司的時期。袁術的名聲臭，孫堅的名聲更臭，孫策就是「頭戴這兩頂美麗光環」進入江東的。這種茅坑裡扔炸彈的輿論效果帶來了巨大的征伐壓力，但最終孫策仍然靠著微薄的本錢打下了一份基業。

更重要的是，他的家族最終在漢末大洪流中鞏固住了這份家業，讓

曹操最終在有生之年飲恨長江，硬生生地降低了歷史排名。對於一個不到二十歲的年輕人來講，著實不簡單。要知道他老爹孫堅雖然杵天杵地，打北討南，可唯獨沒在江東幹過什麼。二十歲小夥子改變歷史的故事，繼霍去病後，時隔三百年，再度上演。

孫策是孫堅長子，當年孫堅打黃巾時留家人在壽春，僅僅十多歲的孫少爺就已經在壽春廣交名士了，這份少年老成就非常罕見。

小大人孫策在交朋友時吸引了另一個小大人，他聽說了孫策的名聲，專程前來拜訪，二人一見如故，互敬其才。

這個人，叫周瑜。

周瑜字公瑾，廬江舒城人，祖上世代高官，累任尚書令。從祖父周景和從叔周忠都幹到了太尉，堪稱廬江的頂級士族。

周景牛到什麼份兒上呢？他幹豫州刺史時，汝南陳蕃，潁川李膺、荀緄、杜密這幫黨錮之禍裡的主角都是他的從事。

周瑜的父親周異，官至洛陽令。周瑜出生於靈帝年間的175年。史載周瑜他爹在靈帝年間非常活躍，所以從年份來看，周瑜大概率出生在洛陽。

然後，按照漢朝，不對，按照中國的官場規則，長官生孩子，下屬們應該過去吃頓飯、送送禮。

那一年的洛陽北都尉是二十歲的曹操。

所以，當時的官場憤青曹操很可能去過領導家裡，看著襁褓中的小周瑜，然後虛偽地對這個三十三年後一把大火差點兒燒死他的小娃娃說，這孩子長得真可愛。

周瑜自幼就展現出了極強的個人天分，小小年紀被家族基本斷定為下一代的接班人。小大人周瑜遇到了小大人孫策後，兩人戰慄了。

這不就是我異父異母的親兄弟嘛！這兩個人後來關係好到了什麼程度呢？

孫策應周瑜之邀，搬家到了周瑜的老家舒縣，周瑜讓出了自己家的一座大宅給孫策，兩人還升堂拜母，正式地結為了兄弟。

英雄惜英雄，決定東南走向的江東雙璧在青春期就完成了深入的交心與溝通。這對於孫策來講屬於這輩子最偉大的投資。他兄弟周瑜不僅在他最困難的時候雪中送炭，更在他死後成為他孫家的定海神針。

但是，對於周瑜來講，這個決定難說對錯。

從成分來講，他家累世尚書令，祖、叔都當過「三公」，他跟孫堅的兒子拜什麼兄弟嘛！也許周瑜青春期過後再遇到孫策，很可能就不會再跟他搞什麼結拜了。

孫策也大概率入不了江東。沒錯，大概率。但是歷史很神奇，總會有些偶然性的因素打翻時代的調色板，讓本該無法拼湊在一起的資源，風雲際會地改變了歷史的走向。

191年，孫堅打黃祖時被流箭意外幹掉，當年孫策虛歲十七。

堂兄孫賁率領著孫堅的部曲回到了袁術那兒，繼承了孫堅的豫州刺史職位，然後護送孫堅遺體返回了老家江東，葬在了曲阿（今丹陽市），孫策開始為老爹守孝。

193年，孫策守孝完畢，舉家渡江遷居江都（長江北，屬徐州廣陵）。孫策到了江都後，引起了當地老大陶謙的深深忌憚。孫策在徐州南大門不僅讓陶謙非常不舒服，而且陶謙還有很強烈的感覺：孫策這個半大小子將來很有可能打亂他在揚州的佈局。事實也證明，陶謙的眼光是沒錯的。

年少的孫策在江都拜見了名士張紘，強烈地表達了要繼承老爹遺志

幹一番事業的想法，他對張紘說：「我雖小，但有點兒志氣，想先從袁術那裡要回我爹的餘兵，然後去丹陽投靠我舅舅吳景，收合流散兵源，東據吳郡會稽，報仇雪恨為朝廷外藩，您覺得怎麼樣？」

吳景原來跟著孫堅，孫堅死後，他隨袁術退到九江，後來奉袁術之命過長江打跑了原丹陽太守周昕（曹操金主會稽周家），佔據了丹陽郡。

張紘說我沒什麼見識，不知道。

孫策死活求半天，張紘最終為孫策說出了屬於他的「江東對」：「你如果能棲身丹陽，召集吳郡、會稽兵馬，那麼，荊揚二州自可掃平，報仇雪恨也指日可待，到時你的功業超乎你想像。」

孫策聽完興奮了，覺得張紘說得真好。張紘和孫策都看向了江東這片土地。這是他孫策的用武之地。

不過江東有六郡，為什麼張紘和孫策選擇了丹陽、吳郡、會稽這江東三郡呢？大有講究。

揚州六郡分別是九江、盧江、丹陽、吳、會稽、豫章這六郡。長江以北是九江、盧江兩郡，長江以南是剩下四郡。（見圖3-1）

為什麼張紘把江南的豫章郡給甩出來了呢？因為豫章郡又窮又跟荊州接壤，山地還多，非用武之地。江北為什麼也沒戲呢？因為此時的九江郡在袁術手中，還是孫策名義上的老大，盧江也屬四戰之地，而且主人陸康是江東眾望所歸，所以孫策的最終方向是江東三郡。有長江天險，有吳越之富，有丹陽之兵。

但是，孫策和袁紹一樣，袁紹聽了沮授的話也沒聽最關鍵的後面那句，孫策聽張紘說江東後就興奮了，最關鍵的後面那句話也沒聽進去。

人家張紘就是為了印證你的想法是對的嗎？並不是。張紘是告訴你，別去袁術那兒要你爹那兵了！迅速去丹陽投靠你舅，利用你爹的名頭招丹陽兵去統一江東！別跟袁術再有什麼瓜葛！

圖 3-1　揚州諸郡圖

　　和孫策的談話中，張紘最後又囑咐了一句：「現在世間紛亂多難，要想功成名就，就要與你的兄弟們迅速過江發展，切記切記！」[1]

　　此時聊天的地點是江都，西邊是壽春，南面是丹陽！

　　張紘最後又告訴孫策一遍：南下速去丹陽，千萬別找袁術！

　　曹操最後能混出來，很大程度上是他聽別人說話能聽全了，他有很多奇葩想法，但總能被秘書們拉回來。

　　請教別人是聽取不同格局後的思維推演為我所用，而不是通過別人

1　《吳曆》：方今世亂多難，若功成事立，當與同好俱南濟也。

的話去印證自己的想法給自己自娛自樂地加油打氣。

　　孫策從張紘那兒出來後就決定馬上開始行動，將家小託付給了張紘，扭頭趕赴壽春去見袁術，去實現自己的規劃。

　　孫策的這次棄南向西，最終決定了他的人生結局。因為他再回來的時候，時機、大勢、輿論，全都變了！

　　十九歲的孫策到了壽春開始對袁術哭訴，請老大開恩，將父親舊部撥給他去報仇。袁術沒理這碴，說：「我封你舅舅吳景為丹陽太守，丹陽出精兵，你可去丹陽招兵買馬。」

　　孫策無奈東奔到了丹陽，但在丹陽很不順利，數次遇險，被山賊祖郎偷襲差點兒死在他手裡，僅招募了數百人回到壽春。

　　袁術看到了孫策差點兒死在山賊手裡才僅僅募了幾百人，於是認為孫策沒有多大能耐，將孫堅部曲中的一小部分兵力千餘人還給了孫策。

　　為什麼說千餘人是一小部分？因為後來孫策跟太史慈這麼說的：「你老闆劉繇怪我打廬江，這麼說可不厚道，我爹有數千部曲在袁術那兒，我去袁術那裡委曲求全，求了半天才給了我千餘人，卻令我攻廬江，當時我人在屋簷下不得不低頭啊！」[2]

　　孫策最終就因為這千餘人的部曲，和袁術扯上了很難再撕開的關係。

　　但疑問又來了，孫堅的餘眾僅僅就數千人嗎？當年孫大炮滿世界打的時候是數萬人的！ 不是，而是因為孫家軍的主力此時在丹陽。吳景把周昕打出了丹陽，領孫堅餘眾的孫賁又由豫州刺史轉為了丹陽都尉，孫家的大部分勢力都已經被這兩人帶到了丹陽。

2　《三國志・太史慈傳》：劉牧往責吾為袁氏攻廬江，其意頗猥，理恕不足。何者？先君手下兵數千餘人，盡在公路許。孤志在立事，不得不屈意於公路，求索故兵，再往才得千餘人耳。仍令孤攻廬江，爾時事勢，不得不為行。

孫策雖然領回了孫家的千餘人，但是，這是找別人要回自己家東西那麼簡單的事情嗎？這些部曲吃的、用的全是袁術提供，說是孫家的舊部，但孫策真的能一走了之嗎？他舅舅和他哥哥，名義上還受袁術指揮呢！

孫策也被袁術控制了。離他去江東發展的目標有些遙遠。

194年，孫策迎來了第一次出征，打盧江。起因是袁術要打徐州，向盧江太守陸康要三萬斛軍糧，陸康不給，於是派孫策去打陸康。

孫策當年曾去拜訪過陸康，但並不被當回事兒，人家連面都不見，孫策一直懷恨在心，所以這回動力十足。

你孫策的最優解是什麼呢？是迅速找個碴回丹陽，聚集孫家的所有力量，利用孫堅的名頭開發丹陽，收兵吳、會，隨後撇清跟袁術的關係。你去打陸康幹什麼呢？張紘跟你怎麼說的呢？為什麼不讓你去江北呢？因為九江的袁術你沒法惹，盧江太守陸康不能惹！

陸康是什麼人呢？吳郡高門，年少入仕，以義烈稱，高舉茂才，歷任武陵、桂陽、樂安三郡，所在百姓心歸。

靈帝最糟蹋人、滿世界斂錢蓋銅人的時候，陸康上書靈帝，最後的結尾來了句：「豈有聚奪民物，以營無用之銅人；捐捨聖戒，自蹈亡王之法哉！」

老陸被靈帝的做法氣得已經不想活了，就上了一封這麼激烈的奏書，照慣例這就要被皇帝搞死的，最後是兗州刺史劉岱幫著救下來的！就是那個被黃巾殺的兗州刺史劉岱。記住老陸家和老劉家的關係哈。

後來天下大亂，盧江賊黃穰等與江夏蠻聯結了十餘萬人，朝廷拜陸康為盧江太守去救火。

陸康到任後賞罰分明，帶領盧江郡兵擊破了這十餘萬賊匪，餘黨投降全都回去當良民了。

後來獻帝被拐到了長安，陸康想盡辦法穿越重重火線帶著貢品支援朝廷，被加為「忠義將軍」！

這個陸康是忠君、義烈、能打、百姓擁護、奔著世人楷模去的士族精英。

孫家因為孫堅滿世界殺高官，本來名頭就臭，你怎麼能去打這個陸康！孫堅三十五歲不明白的事，別指望十九歲的兒子能琢磨明白。

名義上是袁術派的，但惜字如金的《三國志》中非常明確地寫著那句話：「策昔曾詣康，康不見，使主簿接之。策嘗銜恨。」

陸康已經是六十多的大宗師了，不見你個十多歲的孩子能有什麼錯呢？人家派主簿接待了啊！你是什麼人啊，必須老前輩親自出面呢？

但孫策卻產生了想法：好！糟老頭子你拿我不當回事兒是吧！你等著，回來我非弄死你不可！

他和他爹是真像。

袁術對孫策畫餅說：「之前我想讓你當九江太守的，但錯用了陳紀，我經常後悔，這次你要是拿下陸康，廬江就是你的了。」

孫策帶兵來到廬江後發現，他生涯第一戰的艱苦程度遠超他的想像。

陸康跟袁術鬧掰了以後開始內修戰備，他手下的所有官員兵卒在知道陸康有難後全部放棄休假，趁夜攀城牆入城幫助陸康守城。

孫策打廬江打不動，只好圍了廬江城好幾重，打算徹底地困死陸康。

然後很有意思的問題就出來了。

孫策此時不就有他家餘部那千餘兵和從丹陽帶來的那幾百人嗎？怎麼可能把廬江圍了好幾重呢？他哪兒來得這麼多人呢？

是袁術增派的兵嗎？有可能。

這仗自194年整整打到了195年，這兩年，袁紹在河北神功大成，曹操在兗州鼇死呂布，劉備從徐州代替陶謙，他孫策則在啃一個啃不動的

廬江。

　　廬江受敵兩年後城陷，一個月後，七十歲的陸康發病而死，陸氏宗族百餘人，死者近半。

　　陸康有一個倖存的從孫，叫作陸議。後來種種原因，陸議改名了。這個名字因何而改不得而知，但從改完後的名字能看出來陸議的種種心酸與忍耐。

　　這個孫家的世仇，在二十六年後名動天下。他改後的名字，叫作陸遜。

　　拿下廬江後，到了袁術兌現承諾時，袁術又玩陰的了，讓老部下劉勳去當了廬江太守。

　　孫策兩年白幹，從老流氓那兒吃了啞巴虧，不光雞飛蛋打，他這次打廬江還產生了巨大的連鎖反應：隔著大江都感到了揚州刺史劉繇巨大的恐懼和憤怒。

　　這個劉繇，是劉岱的弟弟。他哥哥，當年救的陸康！

　　他孫家在丹陽的地盤丟了！

二、周瑜的賣家背叛，孫策的無解循環

劉繇，漢宗室，東萊世家大族，伯父劉寵，漢太尉；父劉興，山陽太守；兄劉岱，兗州刺史。

圈兒裡人。

揚州刺史陳溫死的時候，袁紹、袁術都在搶揚州，朝廷方面派了避亂於淮浦（江蘇漣水）的劉繇去當揚州刺史。劉繇這個揚州刺史的治所本來應該在壽春，但當時袁術已經被曹操踢到了淮南並站住了腳，壽春他肯定是去不了了，於是在丹陽郡旁邊的曲阿找到了辦公地點。最開始落腳江東，還是吳景和孫賁迎到的曲阿。

從這個出發點來講，其實孫家也已經漸漸地看出來要多個廟去燒香。

此時孫家還是名義上受袁術領導的，揚州刺史和袁術是直接競爭關係，那為什麼孫家接劉繇沒被袁術追究呢？

1.孫家的軍事實力需要袁術去掂量。

2.袁術和李傕、郭汜是合作盟友關係，自己左將軍銜還是李傕封的呢，朝廷方面派來的官也不合適就這麼撕破臉。

所以袁術對於劉繇選擇了睜一隻眼閉一隻眼。孫家也利用和劉繇的

友好行為，在一步步地重新打造自己和世家大族間的關係。

張紘為什麼要讓孫策南下？因為劉繇這個揚州刺史是朝廷封的，還是孫家迎到曲阿的，孫策趕緊打著他的名頭收江東呀！劉繇是山東人，當地沒根基，必須得指望孫策，孫策由此還能改善在圈裡的形象，收穫更大的地方支持！

但是，隨著孫策去袁術那兒要他爹的兵，後來又報仇雪恨「很無辜」地被逼著打廬江，一切都白瞎了。首先惹怒的就是在曲阿落住腳的劉繇。因為陸康是自己人，與劉家的關係太好了。

他看到孫策對廬江動手後，發現離自己轄區不遠就是孫策的舅舅和兄弟，他擔心起了自己的安全，於是先動手將吳景和孫賁逼過了長江，佔領了丹陽全郡。

疑問隨之而來，吳景和孫賁怎麼會被劉繇趕跑了呢？從後面的表現來看，劉繇距離能打差得有點兒遠。但能征慣戰的孫家軍為什麼會被劉繇逼走呢？因為手裡沒兵了唄。

此時孫策正在鏖戰廬江，還記得「圍城數重」嗎？孫策要是不調吳景、孫賁的兵來幫他打廬江，他是搞不出這種效果的，他也很難打得下實力非常強勁的陸康。

孫家的兵要是不被孫策從丹陽調空，也絕對不可能讓劉繇給趕出來！那是南征北戰多麼能打的部隊，憑劉繇怎麼可能！（大名鼎鼎的太史慈此時還沒來。）

對於廬江，孫策付出太多的沉沒成本，他陷在裡面了。

吳景、孫賁被逼退到了長江北岸的歷陽（安徽和縣），劉繇派部下樊能、于糜駐紮在橫江，讓張英駐紮在當利口，把守長江險阻。（見圖3-2）

最大的獲利者其實是袁術。孫策不僅被當槍使去打廬江，吳景等人還再次回到他的手掌中。丹陽隔著長江，本來他已經伸不進去手了，吳

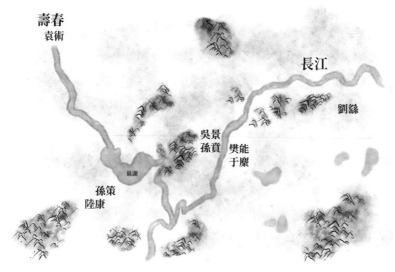

圖 3-2　孫策陷入僵局圖

景其實已經類似於半獨立了，後來沒辦法才去又找得他。[1]

　　袁術不久佈局惠衢為揚州刺史，以吳景為督軍中郎將，和孫賁一起率兵進擊張英，雙方隔江對峙了一年多互無進退。

　　盧江慘勝後，孫家軍馳援吳景、孫賁，但無奈過不去長江天險，袁術又把盧江給了自己的心腹劉勳。

　　孫策苦戰兩年，想翻臉都沒辦法，總不能和一直養精蓄銳的袁術再開戰了吧。

　　孫策就這樣在盧江耗費了近兩年的時間成本，損失了自家的部曲，名聲在江東臭了大街，最終就換回了一個不屬於自己的盧江。

　　這個時候，孫堅的老部下朱治覺得袁術這人成不了氣候，而且再跟著他就被他玩兒死了，於是勸說孫策要抓緊機會過大江，千萬不能再在江北蹚渾水了。

1　《三國志・吳書・妃嬪傳》：會為劉繇所迫，景復北依術……

孫策猛然想起了兩年前張紘對他說的那篇「江東對」。他終於想明白人家那話說的是什麼意思了。這兩年的時間成本，白扔進去了。丹陽也丟了，指望最大的兵源地丟了！

孫策去見袁術，說：「江東是我老家，我願帶兵去幫助舅舅征伐橫江，攻克之後，我還可在當地招募三萬士卒，到時我帶領他們回來助您平定天下。」

袁術知道孫策對自己是極度不滿的，但他覺得劉繇已經佔據丹陽，王朗佔據會稽，孫策這半大小子未必能打過大江，吳景他們不就一年多都沒過去嘛！

195年，袁術對孫策蓋章放人，孫策終於回到了兩年前就應該回的那個地方，但是，時局和兩年前已經大不相同了。

此時的形勢是：河北已經被袁紹整合得開始清晰，曹操也平定了兗州的魔鬼內亂，徐州的劉備被各位領導盯成娃娃抱金磚，三國幾大巨頭已經初現端倪。

別看劉備混得一直不怎麼樣，但人家也混到徐州牧了。三國三巨頭之一的孫家此時還什麼都不是呢。

這可能比較出乎大家傳統的印象，因為在著名的《隆中對》中，諸葛亮對孫家的判斷是：「孫權據有江東，已歷三世，國險而民附，賢能為之用，此可以為援而不可圖也。」

看上去「三世」好像年份很醇厚，其實還沒人家一世活得長呢。孫家的起步其實最晚！

孫策一邊走，一邊不斷招兵，到吳景的駐地歷陽時已經招了五六千人了。但是，他舅舅與哥哥打了一年過不去的長江，他照樣也過不去。

這個時候，類似於曹操和青州黃巾對打時突然接到了那封信一樣，

孫策寫了自己這輩子最重要的一封信，隨後迎來了人生中最關鍵的一次飛躍：他兄弟周瑜來了。

周瑜的從父周尚，此時為劉繇的丹陽太守。周瑜自從袁術和劉繇隔江對峙後，就去丹陽投奔了周尚。

但是，周家是漢末頂級的高門士族，在小年輕周瑜的指揮下，叛變了同樣是革命戰友的劉繇。周瑜帶領著從父周尚的部曲、糧草以及過江大船，來迎孫策了。[2] 長江防線就這樣被內部攻破了！

孫策後來謝他這位結義兄弟的時候，曾經感慨萬千：「我兄弟周瑜跟我是骨肉之情啊！之前在丹陽，他發兵發船發糧來幫我，我給他的這待遇根本無法報答我兄弟的恩德！」[3]

從孫策的角度來講，這叫兄弟齊心，其利斷金；從周瑜的角度來講，這事就得兩說了。

周家是揚州士族高門，老家舒縣離丹陽隔江而望。劉繇此時僅有丹陽一塊地盤，趕跑了孫家後任命你周家為丹陽太守，這是莫大的信任與知遇之恩。不是自己人不會把這麼重要的位置交給周家的！

周尚的態度是啥，史書無載。以一個士族高門的長輩來講，極大概率是不會幹背叛恩主這種事的。

1.周家與劉繇是一個階級。

2.周家是廬江人，陸康是同州的吳郡人，還是周家的父母官，袁術、孫策逼死了陸康，這是大仇。

但周瑜卻為了自己的兄弟選擇了背叛。一年多的江防在周瑜叛變後被突破了。吃著人家卻反人家，那叫不義！

2　《三國志‧周瑜傳》：瑜從父尚為丹陽太守，瑜往省之。會策將東渡，到歷陽，馳書報瑜，瑜將兵迎策。

3　《三國志‧周瑜傳》：策令曰：「周公瑾英俊異才，與孤有總角之好，骨肉之分。如前在丹陽，發眾及船糧以濟大事，論德酬功，此未足以報者也。」

現在我們看孫策和周瑜，通常是這麼一個角度的：英雄少年，江東雙璧。

但是，從當時整個江東的上中下階層來看：袁術當初勾結孫堅害了張咨，霸佔了南陽；現在被曹操一路打到了淮南又霸佔了江北；然後孫堅的兒子又為虎作倀地弄死了廬江大德七十歲的陸老爺子；一年多也沒打下長江，找來了周瑜當內鬼。周家怎麼出了這麼個討債孩子，周家百年的聲望都讓周瑜敗光了！

很不好聽，但事實就這樣。

周瑜要是在老家舒縣招兵買馬幫兄弟正面打過了長江，那也叫本事，頂多就是交友不慎，但那又怎樣！又沒佔便宜，憑本事打下來的！但是，周瑜卻吃著階級紅利，利用著階級信任，然後反手一刀賣掉祖宗百年聲望。

把周瑜逼到這一步的孫策，本來兩年前就可以踏踏實實地結交江東士族，收兵丹陽，發展江東。當時劉繇剛來，陶謙小弟王朗剛剛進入會稽，一切都可以摧枯拉朽。是他調不動吳景、孫賁的部隊嗎？打廬江怎麼就調動了呢？孫策的勇烈是世所公認，吳郡太守許貢後來信裡說他「與項籍相似」，怎麼可能調不動！其實就是路選錯了。

隨著他去找袁術，一切都變了。孫策開始頂著袁術和老爹孫堅的臭名頭進入江東。所有士族和當地豪族都把他看成了侵略者。

孫策相繼攻克橫江、當利，又打敗了牛渚營（今採石磯）的劉繇，奪得大量後勤給養，成功地開闢了灘頭陣地。

在陶謙死後，徐州的彭城相薛禮和下邳相笮融開始南下投奔劉繇，薛禮據秣陵城，笮融屯縣南，孫策隨後又一路將他們相繼打敗，在海陵攻破劉繇的別將，轉攻湖孰、江乘，一路打到曲阿與劉繇進行決戰。

劉繇在與孫策的決戰中慘敗，逃往丹徒（鎮江），後逃亡豫章郡，孫

策入曲阿，拿下丹陽全郡。

與此同時，孫堅的老部曲朱治也從錢塘成功登陸吳郡，將吳郡太守許貢擊敗，朱治佔領吳郡，領太守事，許貢南逃於山賊嚴白虎。

形勢貌似一片大好。

當時，孫策入丹陽後，史書中有兩種記載：

一個是《三國志》中說孫策是大帥哥，生性豁達會用人，所有人看見他都願意為了他去死。

另一種記載是《江表傳》中說孫策當時雖然是袁術的折衝校尉、行殄寇將軍，但是，丹陽士民稱呼他孫郎，聽說孫家大灰狼來了，嚇得魂都丟了，各地長官扔了城都進山當土匪了，直到看到他軍紀良好，才全都出來合作。

看上去一個說孫策是年輕版的袁紹，一個說孫策是年輕版的董卓，天差地別。但實際上並不矛盾。《江表傳》裡說得更全。孫策剛入丹陽後，所有人都是拿他當魔鬼看的，直到他展現出良好軍紀和寬宏大量之後，丹陽郡才嘗試去臣服。畢竟孫家在丹陽還有兩年老底子。

打下並不難，但想坐住太難了。

時間進入196年，孫策繼續攻伐江東，當時有兩股勢力未定，一個以嚴白虎為首的吳郡土匪團夥，一個是會稽的王朗勢力。

吳景勸孫策先打嚴白虎再打會稽，孫策則覺得嚴白虎這幫土匪是盜賊，沒有大志，早晚會被幹掉；但會稽的王朗不一樣，他是士族圈裡的，而且是陶謙的小弟，有朝廷的正式任命，於是先去打會稽的王朗了。

孫策在夜戰中大敗王朗，王朗乘船逃到東冶（今福州），隨後孫策派部將賀齊追擊，王朗投降。曹操的金主會稽周家抵抗到了最後一刻，隨後被滅門，就此會稽被平定。

孫策後來去滅嚴白虎，嚴白虎一方面高壘堅守，一方面派弟弟嚴輿請和。孫策同意了。

見面會上，孫策突然就拔出刀把桌子砍了，嚇得嚴輿一哆嗦。孫策大笑，說逗逗你。嚴輿認慫道：「我看見刀很害怕。」然後，孫策就拿手戟把他弄死了，理由很無厘頭，覺得嚴輿沒本事。

孫策身上這股子殺氣非常莫名其妙，前合浦太守王晟據兵自保，被孫策討滅，隨後全族被誅，最後是孫策母親吳夫人實在看不過眼了求情：「王晟和你爹是升堂見妻的情分，現在他諸子兄弟都已經被你殺了，就還剩一老頭兒，你還有什麼可怕的呢？」結果，就留下這一老頭。

當時的江東大族面對孫策的侵略軍，普遍是看在打不過的份上非暴力不合作。因為我不可能把祖宗基業搭進去，或者遠走世代留守的家園，但我實在是太噁心你了，我也打不過，就先這麼湊合忍著吧。

而非江東的士族高門幾乎無一例外像躲避病毒一樣地遠離這片本來並沒有什麼戰亂的土地。比如後來到了蜀國的許靖，坐船出海跑到了世界盡頭的交州，後來又輾轉去了四川。寧可死也不在這兒待著！

喜怒無常的大魔王之子對所有不服從的宗族暴力滅門，這是江東大族們的普遍看法。

孫策真的想這樣嗎？他也許並不想。他面對的更像是一個死循環，他不暴力狂屠，就壓不住局勢。他只能通過一個又一個斬草除根的血腥行動去鎮住太多方方面面的反對勢力了。

其實兩年前要是直接南下了，結局會很不一樣。這兩年中，每一次蝴蝶效應的演化，都是往不利於孫策的地方去發展。只不過誰也沒想到周瑜會背後來一刀，孫策又繼承了他爹的基因。

但這種暴虐的鎮壓統治終歸不會長久，反噬遲早會來。孫策是能感覺到的。

因此他早早地在各種大事上培養自己十幾歲的弟弟孫權，並經常對孫權說：「這幫人將來都是你的手下。」

也許他早早地就開始領悟到自己的家族使命：既然已經錯了，那就能打多遠打多遠，能鎮多久鎮多久吧，憤怒與咒罵由我來承擔，和解的好人將來留給我弟弟吧。我上了路，就再不能回頭！

話說被孫策趕跑的王朗雖然沒當成一方諸侯，但後來投奔了曹操，在曹丕時代當上了司空，曹叡時代當上了司徒，他的兒子還給他找了個棒小夥子當孫女婿，那個小夥子叫司馬昭。

他的重外孫子後來成了中國歷史上第四個一統華夏的帝王，叫司馬炎。

「塞翁失馬，焉知非福。」要是當初沒有孫策這一通折騰，哪兒來的後面這麼多榮華富貴。

不過有一個疑問，為什麼王朗要跨越山川大海去投奔曹操呢？怎麼不再走遠點兒去袁紹那兒呢？怎麼不順長江西向去找劉表呢？

而且不僅僅是失敗者王朗去投奔曹操，會稽平定後，孫策也開始巴結曹操了，孫策派奉正都尉劉由和五官掾高承去許昌送禮。

為什麼在這一年，之前一直無足輕重的兗州曹操開始得到了大量的關注呢？

不同尋常的公元196年，史稱建安元年。

此時的天子已不再遙不可及，天子到了曹操的新大本營許昌。天子如何到了許昌？不是在長安嗎？

這段故事說來話長，孫策過江之時，恰逢西北打得熱鬧非凡，並最終結出了決定曹操一生基業的漢末頂級助攻。

獻帝啊獻帝，長這麼大還沒當過叫花子吧。

萬事總有頭一回，跑跑路吧。

三、獻帝東歸：扯掉大漢皇權最後的遮羞布

孫策東南渡江之時，董卓的餘孽西北軍團發生了火併。董卓留下的這幫小子真是有能耐，192年六月反攻長安成功後在一系列西北博弈中確立起了雍涼地區的老大地位。

韓遂、馬騰等不久歸降，率眾上長安討封，韓遂當上了鎮西將軍，回了涼州；馬騰當了征西將軍，駐汧鄔城。

一年多後，第一輪陰謀詭計開始，朝廷的侍中馬宇與諫議大夫种邵、左中郎將劉範、治書侍御史劉誕等攛掇馬騰偷襲長安，他們當內應，幹掉李催等人。

這個劉範，是益州劉焉的大兒子。劉誕，是他二兒子。

劉焉是漢宗室，是當初州牧的提議者，是早早聽說蜀地有天子氣的投機家。他此時在益州已經開始造輿論，做車輦，給自己在蜀地稱帝做準備了。

這次的陰謀，很不一般。西北內戰一旦開打，獻帝很可能出現什麼「意外」，方便他這個宗室大臣的「天子氣」蓬勃而出。

194年三月，馬騰、韓遂來犯關中，李催派郭汜、樊稠以及姪子李利

與馬騰、韓遂大戰一場。

馬騰、韓遂大敗，死了一萬多人退回涼州。陰謀被粉碎。

劉焉的兩個兒子隨後被搞死，與此同時，他駐紮的綿竹城被雷劈了，那些天子車駕全都被燒了。劉焉明白老天爺的意思，自己不僅沒那命，倆兒子還賠進去了，一賭氣，沒多久發背瘡死了。

他的倉促離去，導致了益州的權力過渡發生了巨大變數。此時他還有兩個兒子，三子劉瑁、四子劉璋。

這次權力過渡的幸運者，最終在十八年後鬼使神差地批准了史上頗為神奇的引狼入室。

194年全國大饑荒，李傕等人搶了獻帝原本要拿來賑災的糧食當軍餉，但沒多久關中國庫也沒有餘糧了，李傕於是開始縱兵搶糧。上次李傕亂長安後沒跑的關中百姓在此次兵禍後對這片土地徹底地失去了信心，最後的這些關中百姓南遷到了荊州、漢中、益州。

自董卓死後就不斷南遷的關中百姓，也為後來的三足鼎立創造了更為平均的人口支撐條件，尤其是秦嶺南面的漢中，張魯用五斗米思想建設出了漢末桃源，大美漢中。

轉過年來195年，西涼軍內部開始火併。原因有兩點：

1.郭汜、樊稠對李傕的老大地位構成了威脅。

不僅郭汜開始越來越過分地跟李傕爭權嘚瑟，連樊稠也開始擺譜張狂。在馬騰、韓遂被打跑時，樊稠一度追到陳倉。韓遂對樊稠說：「天地反覆，未可知也，多個朋友多條路，犯不上這麼趕我們啊！」

樊稠覺得韓遂說得對，然後跟韓遂並肩騎馬嘮了半天，結果被同出征的李傕姪子李利知道了，回去就給告密了。這讓李傕開始思索，樊稠這回出去交了不少「好朋友」嘛！

2.關中快讓他們折騰垮了，山頭土匪太多，搶來的東西卻不夠分配。

當時長安城中李傕、郭汜、樊稠三足鼎立分割了長安城來劫掠百姓，關中已經達到了「穀一斛五十萬，豆麥二十萬，人相食啖，白骨委積，臭穢滿路」的地步。

某些特殊時間段，《三國演義》和《西遊記》的插圖是可以混著用的。八百里秦川變成了八百里獅駝嶺，有這幫妖魔霸佔關中，老百姓們根本沒法有效生產，跑還來不及呢，最後這幫土匪就只能坐吃山空隨後開始互撕。

195年開春二月，樊稠對李傕表示要帶兵出關，咱要是再待在這裡就都餓死了，趕緊給我增兵，我打出關東去。結果李傕突然發難，在一個臨時會議上讓外甥胡封刺死了樊稠，下手兼併了樊稠的部隊。

老三樊稠一死，老二郭汜的媳婦開始挑撥，說下一個就是你了，郭汜也覺得李傕很有可能會對他下手，於是雙方開始撕破臉皮對打，交戰連月，死者萬計。

獻帝派人調停，沒人搭理。195年三月底，李傕派姪子李暹率數千士兵包圍皇宮搶劫獻帝，群臣徒步跟在獻帝的車後出宮，隨後李傕的軍隊進入皇宮大搶宮女和財物，並一把大火燒了皇宮和官府。

獻帝到了李傕的軍營後，派公卿去郭汜那裡調節李、郭的矛盾，但你綁皇帝那我搶高官，郭汜隨後把太尉楊彪、司空張喜、尚書王隆、光祿勳劉淵、衛尉士孫瑞、太僕韓融等前來說和的高官一股腦地都扣留在了營中當人質，雙方捆好人質後繼續對打。

隨著李、郭的內亂升級，董卓留下的軍事實力開始出現土崩瓦解的趨勢。不僅實力在內耗中大損，而且董卓部曲中有相當比例的羌胡兵，這些少數民族雇傭軍是要收錢辦事的。

董卓有威望，有錢花。後面的李傕等人卻無法持續這個支出了。李

催搶皇宮的重要原因也是因為要給羌胡雇傭兵發工資。李催把搶來的御用物品和綢緞賞賜給了羌胡兵，並許諾將來會把宮女和民女源源不斷地送給他們，先幫他打郭汜。

關中原本這個大蛋糕在他們的禍害下變成了小布丁，然後總量就那麼點兒，錢給了少數民族雇傭兵，自己的弟兄們就不幹了。郭汜暗中策反了李催的小弟中郎將張苞等去進攻李催。

李催還沒帶領少數民族雇傭兵發起攻勢，郭汜已經率先利用張苞夜襲了，亂戰中一箭還射穿了李催的左耳，形勢危急。李催捂著一隻耳指揮平叛，張苞最終夜襲不成，率部下投奔郭汜。

不久，繼張苞投敵之後，李催麾下的楊奉也不幹了。楊奉原來是并州白波谷出來的黃巾軍，開始和西北軍並不對付，董卓當初遷都長安的重要原因就是白波軍鬧騰到了河東，女婿牛輔又平叛不了人家。後來白波軍和西北軍達成和解，楊奉在董卓死後被李催招納，但在這個節骨眼上，楊奉也密謀要幹掉他了。

楊奉和李催的軍吏宋果謀殺李催的消息走漏風聲後，楊奉帶著自己的本部兵也出逃了。

李催的兵力在自己人接連叛變後被大量地削減。

當軍閥要是解決不了可持續的分紅問題，這老大也就幹不長了。

六月，在李郭二人打了一百多天、死了數萬人後，跟李郭二人同輩分的張濟自弘農趕回，開始勸和。

這個時候，羌胡軍領導們又來找李催要軍費了：我們都幫你打了三個月的仗了，死了這麼多兄弟，趕緊給我們打錢！

李催開始避而不見，羌胡軍一商量，找到了獻帝頭上。這幫羌胡軍在獻帝的門口大鬧：「天子是在這裡住嗎！李將軍答應我們的宮女在哪呢！兄弟們熬不過今天晚上了！不給就急眼了！

獻帝很害怕，派侍中劉艾找到了賈詡：「現在沒有好人了，就你賈詡還公忠愛國，羌胡堵門口，想想辦法吧。」

賈詡怎麼辦的呢？史書上說賈詡偷偷地請這幫羌胡大帥們吃飯，許諾說以後封賞，這幫羌胡兵於是各自帶兵走了，不再幫李傕打仗了。

這句話是個什麼滋味得細品品。就是賈詡一個人一頓飯勸走了一大幫少數民族討薪包工頭，而且人家並沒有追究什麼，雖然手裡還有刀，卻直接認倒霉走了。

賈詡這輩子幹什麼事都從容不迫、毫不費力，讓人覺得可怕。在這件事上，賈詡達到了兩個效果：

1.讓雇傭兵們不再幫李傕助紂為虐。

2.讓雇傭兵們放棄了沉沒成本，沒有再擴大事態。

他的這頓飯，最終使得已經被拆走大部分零件的李傕同意與郭汜和解。

三國頭號劇情師開始推動劇情了。

經過一個月的土匪調停大會，西北軍閥各大佬達成共識，關中已經是千里無人區，都待在這兒必死，李傕引兵屯池陽（涇陽），剩下的董系大佬們帶著獻帝東歸洛陽求發展。

195年七月，挑了個干支之首的甲子日，獻帝正式開拔，張濟、郭汜、楊奉、楊定（董卓系大將）、董承（董卓女婿牛輔部曲）五大佬隨天子車駕東歸。

為了能順利出發，獻帝給這幫「東歸還鄉團」封了一堆官，算是正式開拔，但沿途中，還鄉團成員們仍然無可避免地進行沒完沒了的爭端。

長安到洛陽的區區八百里路，獻帝整整走了一年。中間細節太多、太碎了，簡要地說一下。

八月，在新豐，郭汜先反悔了，打算背著那四位把獻帝拐走，結果陰謀被曝光，楊奉偷襲了郭汜的部隊，郭汜逃到了終南山。

隊伍接著往前走，十月初一，郭汜的部將夏育、高碩等再度發難，打算劫持獻帝回長安，結果被楊奉、楊定奮力擊敗。

十月初五，獻帝抵達華陰段煨部。

董卓的舊部段煨在西北軍閥中比較特殊，當年董卓完蛋時沒表態報仇，王允完蛋後沒跟著往長安湊合，愛護百姓，不擄掠搶奪，就擱華陰過日子哪兒也不去。看到獻帝來了，規規矩矩地準備好了衣服、車馬、食物等慰問物資物品，準備迎獻帝和百官入營。

但是楊定和段煨有仇，楊定又派手下造謠說段煨謀反，獻帝無奈只能露宿街頭。段煨繼續沒什麼表示，不來就不來，省了。

沒過兩天，楊奉、董承、楊定又打算打段煨，搶華陰的物資和地盤，結果打了十多天又打不動，段煨期間一邊打還一邊給獻帝和百官送吃的，相當淡定。

就在華陰開戰的時候，李傕也後悔了，與逃回來的郭汜聯合開始追擊獻帝。

聽說追兵來了，張濟等人迅速開拔，楊定決定不趟這渾水了，打算回藍田，半路被郭汜阻攔打禿，單騎亡走荊州，從此不知所蹤。不久，張濟與楊奉、董承也產生了不和，率軍返回與李傕、郭汜聯合。

西涼三大佬開始共同追擊獻帝一行。十一月，西北軍三大佬與董承、楊奉在弘農郡東澗大戰，董承和楊奉戰敗，大量官員被劫走，獻帝露宿曹陽田野。

楊奉和董承假裝向李傕等人求和，暗地裡派遣使者前去河東找老東家白波軍求援，白波軍李樂、韓暹、胡才以及南匈奴右賢王去卑率數千騎兵過來幫架。

靠著這股外援，楊奉和董承偷襲打敗了李傕等人的追擊，斬首數千，獻帝車駕得以再次上路。太過於諷刺了，大漢皇帝落魄到了要靠黃巾軍來解圍。

獻帝再次東返，董承、李樂保護車駕，胡才、楊奉、韓暹與匈奴右賢王去卑率軍作為後衛。

十一月二十四日，獻帝一行再度被李傕等人追上，這回失去偷襲優勢後，白波軍確確實實打不過西北軍，大敗，死亡人數比在東澗一役時還多，楊奉一行人在陝縣（三門峽）艱難地築起了防禦工事。

李傕等西北狼沒給董卓丟臉，在彼此混戰大傷元氣、外援都走沒了的情況下依舊能輸出數百里保質保量的穩定追殺。

在這個上天無路、入地無門的時候，獻帝提出了設想：「各位，咱們能不能從黃河坐船走啊，我這心臟實在是受不了了。」

太尉楊彪說：「臣弘農人，從此向東有三十六險灘，您不能冒那個險啊！」

侍中劉艾說：「臣之前當過陝縣令，這段水路有水師都得翻船，更別提現在啥都沒有了。」

在軍已打殘、後有追兵、水路不通的情況下，獻帝一行決定投奔白波軍。到黃巾處逃難，大漢天子嗚呼哀哉！

白波軍給獻帝和朝廷官員提供的船隻數量非常少，最終獻帝只和幾十個高官、宮女逃過了黃河。在渡河時僅剩的御林軍搶奪船票，抓住渡船，被船上的護衛砍掉手指而掉落河中。所有未過河的朝廷官員和士兵幾乎被李傕追兵所殲滅。

楊奉等人最終帶著獻帝來到了安邑，此時的朝廷官員僅僅還剩太尉楊彪、太僕韓融等近臣十餘人。

此次逃命後，獻帝封了白波軍李樂為征北將軍、韓暹為征東將軍、

胡才為征西將軍，與楊奉和董承共同持政。然後派遣太僕韓融向李傕、郭汜等求和。李傕看到獻帝已過河，知道自己也是強弩之末，無法再過河追殺，於是放回了在曹陽劫擄的公卿百官，局勢稍微緩和。

此時蝗蟲大起，大旱無收，獻帝一行基本上和叫花子無異，威嚴盡失，上朝的時候白波軍士卒扶著籬笆看小品般談笑，白波將帥一言不合就敢打死獻帝的尚書。[1]

獻帝到河東後，河內張楊帶兵前來拜見，建議白波軍迎天子回洛陽，諸將不搭理，直到196年二月，河東的糧食也沒了，楊奉、韓暹、董承再度啟動了回歸洛陽的計劃，豫西通道是不敢走了，最終走的是豫北通道，出箕關，下軹道。

半路上，他們又內訌了，白波軍的韓暹領兵進攻了非自己派系的董承，董承逃到了河內張楊那裡，被張楊安排回洛陽修宮殿。

後來在張楊送來的給養幫助下，獻帝一行從河內郡渡孟津到黃河南岸。

七月甲子，獻帝時隔六年終於回到故都洛陽。

昔日的大漢首都殘破不堪一片荒蕪，楊奉出屯梁縣護衛洛陽，老冤家韓暹和董承則留在了京中守衛皇宮。

195年七月甲子開拔，196年七月甲子到家，獻帝流浪了整整一年。王朝末年，天子風餐露宿，被追殺、遭戲謔，劉邦、劉徹、劉秀這幫漢家天子在地下不知該做何感想。沒辦法，有句話不好聽，但講理：「奈何你氣數已盡。」

如喪家犬般地東歸，獻帝扯掉了漢家天子的所有威儀和震懾力，所

1　《三國志・董卓傳》：天子與群臣會，兵士伏籬上觀，互相鎮壓以為笑。諸將專權，或擅笞殺尚書。

謂「天命更迭」開始越來越多地被世人探討，連漢家宗正（九卿，負責皇族事務）的劉艾都在北渡黃河逃難之時都慨歎：「前太白守天關，與熒惑會；金火交會，革命之象也，漢祚終矣。」

很多私下的討論，開始漸漸變成檯面上的共識。

即便如此，這個末代皇帝還是有很多人惦記的，剩餘價值還是有很多方面可以榨取的。獻帝之所以混得這麼慘，是因為西北匪幫和白波匪幫水平實在太低。沒文化啊！

像一直追擊的李傕、郭汜，他們目前的官位級別全都是頂配，但他們也就這意思了，當年賈詡向李傕提出的利用獻帝的手段是「奉國家以征天下」，他們卻是「挾天子以瞎胡搞」。

像山賊出身的楊奉等人也很看重獻帝，要不為什麼死活保皇呢！但白波軍卻始終也琢磨不出個「獻帝使用說明書」，幫著獻帝回到了洛陽，是為了堅持正義呢？還是謀取利益呢？什麼方案也沒有。

真正對天子有想法還會使用的，是有文化的兩個頂級智商之人。他們都看到了抄底的機會。但他們在各自領導心中的地位，決定了兩個集團最終的興衰結局。

四、「令諸侯」的真正含義，荀文若的「四方生心」

獻帝東歸刺激了兩個集團的一些高級官員。

一個是袁紹的謀臣沮授，他對袁紹說：「應該西迎大駕，挾天子而令諸侯。」這是「挾天子而令諸侯」的正版出處。

四年前，沮授對袁紹說出了「迎大駕以令天下」，四年過去了，袁紹作為下一個劉秀的模樣已經基本顯現。沮授說得更加清楚了：把獻帝逮過來，拿著他號令諸侯！

另一個是曹操的金牌合夥人荀彧，他在這個節骨眼上對曹操說的是「奉主上以從民望」。

沮授是袁紹本位的，荀彧是大漢本位的。這一比，就知道獻帝在誰那裡能夠發揮出最大能量，頂級士族出身的荀彧更清楚獻帝和他身後四百年大漢的力量。

早在192年時，毛玠也提出過一個類似於沮授的版本，叫作「奉天子以令不臣」。

其實「諸侯」和「不臣」都是一個意思，令的都是除了本方以外的所有軍閥。不過「令諸侯」跟「令不臣」本質上都是廢話，哪個諸侯都

不會因為漢獻帝的指示而改變任何動作與立場。

獻帝的號令能起到真正作用的群體，是非頂級的士族集團。真正對大漢還抱有想像的，是這幫人。

黃巾起義使得大漢的統治基礎——士族社會被敲鬆動了，靈帝死前的州牧改革又把割據合法化了，袁紹又在一夜之間轟塌了大漢的頂層結構，接著又來了個董卓禍害天下，自184年張角起義開始，這十多年來，對於大漢的士族集團來講，落差不是一般的大。

大士族的家鄉地盤在縮小，小士族們則被戰亂和軍閥連根拔起，士族集團最賴以生存的人脈關係網因此開始變得支離破碎。官官相護是指不上了，城頭的大王旗在不停變換，一群大帥打來打去，越打自己的利益越危險。

總之，整個士族階層，除了頂級的袁家幾個外，除了抱緊各地軍閥主公的少部分士族外，都是王小二過年——一年不如一年。在這生死存亡關頭，時隔兩百年的階級自救程序啟動了。

還記得兩百年前，王莽禍國後，豪族社會的集體自救嗎？他們推出了天選之子劉秀，十多年間又縫合了天下的滿目瘡痍。隨後，眾多豪族，尤其是從龍的豪族，不僅沒有在天下大亂中受損，還越混越壯，成了隱形的地方諸侯。

兩百年後，豪族社會漸漸地過渡到了士族社會。

這回，流氓有文化了。但這並不意味著有文化的流氓就真的可怕了。兩個原因：

1.豪族過度為士族後，突然間的黃巾暴亂，讓士族的槍桿子還來不及裝上就被打沉了。

2.這次的戰亂層級比兩百年前高了一個段位。

這次的天下大亂和上次的王莽禍國比，可是兩個維度的高級亂世。

第一個維度，黃巾起義有著宗教背景。

歷朝歷代中，只要是造反跟宗教扯上關係的，就從來沒有被輕易地平定的。因為宗教一旦成了造反的理論思想，就從思想上極大地壯大反叛軍，而且成本極其低廉。

宗教可以極大地解決戰爭成本問題，無論是兵源、軍餉還是糧草。宗教還可以極大地擴大死灰復燃現象，無論是再次造反還是轉入地下玩持久戰。

總之，只要天下大亂中扯上了宗教，這病立馬就轉成慢性的了，比如這次的黃巾起義，十多年了，被鎮壓了很多次，教主張角起義當年就死了，但一直沒完沒了，跟韭菜似的，割一茬長一茬。

這沒完沒了地長韭菜不要緊，每長一次，當地的土地就被禍害一次，當地的人口就流失一次，地方士族的實力就弱一次。

第二個維度，諸侯合法化。

再來說一下靈帝死前蓋的這個紅頭文件有多重要，一旦州牧能夠總攬一州軍政，那麼天下從理論上就將再度回到戰國時期。堅持了四百年的郡縣制將再度回到封建制。還記得封建制的特點嗎？我小弟的小弟不是我的小弟。地方諸侯開始有能力利用和限制地方士族。

這兩個維度一綜合，就產生了以下演變流程：

1. 強悍的宗教起義和強悍的地方官互殺。

往往強悍的地方官剿滅起義，但元氣大傷；也有個別例外，比如劉岱、鮑信就死人家手上了。所謂元氣，就是指地方士族、豪族在血拚中實力大損。

2. 沒多久宗教起義死灰復燃和地方官再次互殺。

地方士族與豪族的統治基礎再次弱化。

3. 與此同時，地方官之間開始互殺。

人口大量下降，荒地大量產生，士族勢力開始大幅萎縮，亂民要麼被招安要麼轉投靠，專業軍閥開始出現。最有代表性的就是曹操的青州兵軍團。

這次的天下大亂和兩百年前比起來，最大的區別在於，地頭蛇們嗮瑟的資本沒那麼多了。

士族們在這個時代必須聚沙成塔，聚攏在一個大軍閥的麾下抱團取暖，盼望著春曉的到來。士族集團雖然自豪族在演化上更進了一步，但他們很遺憾地趕上了史上最亂的一次王朝末年。照這麼說，是不是士族就該退出歷史舞臺了？不，人家士族的道路還有很遠。因為士族階級掌握著兩個關鍵點：知識的壟斷權和國家的治理能力。

世家大族憑什麼一當官就沒完沒了？憑什麼就有官員推薦權？這純屬沒辦法。因為士族是統治者唯一能信任的階層。

紙雖然已經發明出來了，但仍然無法量化生產，紙的成本下降要從東晉才開始，雕版印刷術也仍要等上好幾百年。知識的傳播成本依然非常高。消滅士族的必備武器是廉價的知識！

隋唐之所以能夠搞出科舉，說到最根子裡，就是紙的成本大大降低，書籍製作技術遠超前人，社會上開始普及廉價書本。

目前的問題是，知識的價格降不下來，廣大老百姓讀不起書，「朝為田舍郎，暮登天子堂」的現象就不會出現。

世家大族是有春天的，而且這個春天還很長久，但這個春天是有條件的。條件是，天下必須要安定下來，士族們才能再次抬起頭來。

安定下來的天下，才能有他們治國治郡的機會，才能讓他們靠著門第階級不動聲色地去剝削底層，得到社會的分層利潤。

亂世中的士族們，需要放下身段，出謀劃策，制縣理郡，監軍上陣去幫助軍閥們開啟一個新的時代。除此之外，別無他法。因為此時和兩

百年前不同，因黃巾起義中原大地被來回蹂躪，士族的統治根基也被搓爛了。

士族沒有豪族當年的槍桿子了，也就硬不起來了！沒有數萬十數萬的人民部曲，就得乖乖地上軍閥那裡上班。士族沒辦法再決定自己的命運了！

此次的階級自救程序開啟後，士族的解題路徑驚人的一致：抱袁家大腿。基本就是袁紹那裡。

袁術那裡更多的是土匪山賊，袁紹那裡才是士族集團的大本營。大量的官員倒向了袁紹，大量的士族人才投向了袁紹。

袁紹這個四世三公的頂級士族代言人在天下大亂初期風頭無兩。

咱們上百年結交，鬥爭中成長，封官中許願，提攜中騰達，不信咱老袁家你們能信誰？忘了你們當年那推薦信都是誰寫的了？

這麼多路諸侯，還是袁紹最靠譜，最能代表士族的根本利益，袁紹也因此成了士族的眾望所歸，河北的人才富裕得都搞上派系黨爭了。

但是，隨著一個士族重量級人物並不看好袁紹，以及一個士族編外重量級大佬異軍突起。事情開始起變化。

那個重量級人物是荀彧。那個編外重量級大佬是曹操。

隨著二十九歲的荀彧投入了宦官後人曹操的帳下，隨著曹操打贏兗州內戰，隨著獻帝被曹操迎回；士族集團的陣營開始在袁紹那裡出現巨大鬆動，全國的士族們看到了另一種可能性：四百年的漢家飯碗貌似我們又能端了。

荀彧幫助曹操選對了此次天下大亂中的最關鍵一步。就是這最關鍵的一步，幫助曹操這個宦官之後從身份上開始能夠硬槓四世三公的袁家了，並最終槓死了袁紹。

曹操此後有了一個最重要的身份：漢相！

獻帝到洛陽後，荀彧馬上勸曹操把獻帝接回來。他說了三點：

1. 擺事實。「當年晉文公迎周襄王，漢高祖為楚懷王發喪，都天下歸心了。」

2. 戴高帽。「您之前沒去關中救天子是因為山東亂，但您心中一直是惦記匡扶王室的，奉天子這事是大順、大略、大德、大明的大好事。」

3. 談損失。「您要是不抓緊扶正朝廷，別的諸侯就該動手了，過這村就沒這店了。」

說了一大堆，最嚇人的其實就是這第三點的「若不時定，四方生心」。這其實更像是一種威脅。

荀彧這話說完，曹操覺得必須得接獻帝了。

之前毛玠曾經對曹操提過天子的事，但當時時機並不成熟，曹操僅僅是送了些禮物過去，和天子取得了點兒聯繫。

此時此刻，天子回洛陽了，荀彧用他的分量開始給曹操加碼了。說是提醒，也可以看作是施壓。

荀彧有什麼分量呢？所有的軍、國大事，曹操就算征戰在外的時候，仍然要跟荀彧商量合計；[1]荀彧推薦的所有人，曹操基本上全部蓋章簽字安排崗位。[2]

真的有點兒類似於當年「蕭何+張良」在劉邦前的分量。除了自己把持著軍權外，剩下的政權、財權，曹操只保留了簽字權。

沮授其實也在勸袁紹，但是，袁紹由於和獻帝有一系列過節，本來就面子上過不去，有些猶豫，又加上河北黨爭漸起，潁川派的郭圖、淳于瓊又說千萬不能接回來，那麼大的領導在身邊簡直礙手礙腳。

1　《魏志》：太祖雖征伐在外，軍國事皆與彧籌焉。

2　《三國志・荀彧傳》：太祖以彧為知人，諸所進達皆稱職……

最終，袁紹把獻帝給錯過去了。其實獻帝曾經途經河內，袁紹要想搶回來實在是太輕鬆了。但說到底，最終的成敗不過是沮授在袁紹那裡的分量並不重，而荀彧在曹操那裡的分量太重了而已。

未來怎麼發展，其實誰也不知對錯，都是未知數。只不過一個老闆是「行啦我知道啦，再說吧」，另一個老闆則是「別急眼，我這就去想辦法」。

兩種分量，最終兩種結局。

曹操想要去洛陽見獻帝，但並不是說見就能見到的，因為獻帝周圍有董奉那幾個軍閥在看著。

這個時候，一個重要的小人物出現了，他叫董昭，是曹操最終迎回獻帝的首功之人，也是曹操早早地就埋在黃河以北的一枚棋子。

董昭，濟陰定陶人，屬兗州郡，漢末舉孝廉在河北當官，後來做了袁紹的參軍。

袁紹和公孫瓚在界橋開打之前，巨鹿太守李邵和郡中大族都已經準備叛變袁紹了。

袁紹此時憋著大招正準備轟公孫瓚呢，實在騰不出手了，於是派了董昭去巨鹿（今河北省巨鹿縣北）奪李邵的控制權。

走之前袁紹問：「你打算怎麼辦？」

董昭說：「你就別管了！我說了就洩密了！等我信吧！」

董昭到巨鹿郡後，迅速地殺了領頭不安分的當地大姓士族孫伉等人，與此同時發放檄文表態只殺這幫不守規矩的，連妻子、兒女都不牽連，然後緊接著展開慰問，說前線的大好形勢，暫時性地穩住了巨鹿。

袁紹三月郊遊的時候魏郡又被黑山端了，太守被殺，袁紹又派董昭去匪區做前期工作了。董昭到了黑山後開始收買匪幫的人做間諜，後來為袁紹的黑山剿匪立下了大功。

這是一個非常有主意的人、能挑大樑的人。但是，很快地倒在了成分問題上。董昭是兗州人，他弟弟董訪當時在張邈軍中，袁紹陣營的各種派系把這個兗州的獨苗打成了右派，袁紹那裡則人才滿溢，競爭上崗從來不缺人用，於是準備解決掉董昭以平息集團的地域矛盾。

董昭看形勢不對，表示要去關中覲見獻帝，因此迅速地離開了袁紹，走到河內被張楊攔了下來，張楊又給了他一份工作。

後來曹操拿下兗州後，董昭的弟弟董訪歸了曹操，董昭這位兗州人此時知道自己的下一個老闆是誰了，而且他很快地就接到了組織的第一個任務。

曹操打算和獻帝建立聯繫，從漢朝廷那裡要來兗州牧的正式冊封。因為曹操不準備當袁紹的兗州刺史了。

豫西通道不通，曹操希望借道河內走豫北通道去關中，但讓張楊給否了。因為曹操的那堆官職都是大哥袁紹「代為上表」的。

張楊這些年和袁紹的關係一直很朦朧，名義上跟袁紹混，但是張楊的河內太守是董卓封的，又做過呂布的保護傘。

曹操現在繞開大哥袁紹，跟朝廷眉來眼去是什麼意思？張楊可不想因為曹操而得罪袁紹。張楊表示河內不借道給曹操，但這個時候，董昭說話了：「現在袁、曹雖為一家，但肯定長不了。曹操現在雖然弱，但卻是天下英雄，您雖然不想得罪袁紹，但您也應該私下跟曹操結交，現在恰巧有緣分有機會，您幫他個忙，那也是大面子啊！將來哪塊雲彩落雨還不一定呢！」

在董昭的勸說下，張楊這才向朝廷通報放行。

董昭私下又替曹操寫信給長安的李傕、郭汜等大佬進行示好獻殷勤，也因此曹操才從獻帝那裡得到了兗州牧的正式冊封。

這並不是董昭第一次代表曹操寫外交信箋。

196年，獻帝回洛陽後，曹操遣使到洛陽表達了想見見獻帝的意思。

又是董昭，此時已經作為張楊的特使隨獻帝回洛陽了，當時白波軍內部出現了各種不和，楊奉和韓暹也不對付。於是董昭瞅準時機以曹操的名義給兵馬最強的楊奉寫信：「兄弟曹操仰慕您已久，您是內主，我是外援，您有兵，我有糧，咱倆互補依賴，同生死，共患難。」

楊奉見信大悅，對各位將領說：「曹操離咱們不遠，有兵有糧，國家可以仰仗他們。」

隨後眾將一同上表薦舉曹操為鎮東將軍，繼承曹嵩的費亭侯爵位。

這是董昭為曹操冒名起草簽字的第二封信。

好員工是什麼呢？就是領會精神後，自己因地制宜、見招拆招地給老闆謀利益。

曹操離他好幾百里，請示報信不僅速度慢而且被截獲情報的可能性還高。幹了再說嘛！

被袁紹趕出來的員工中，並非許攸是最致命的。還有好多個。

董昭起草這封信的主題很有意思，為什麼董昭在信裡專門提到了「糧食」問題？為什麼楊奉又興奮地認為曹操信中說的是真的？曹操不久前不是還差點兒餓死在兗州嗎？

因為在這一年，曹操集團展開了舉世矚目轟轟烈烈的大生產運動，史稱「許下屯田」！

五、獻帝都許，潁川立業

曹操在195年年底拿回兗州後，在196年集團方向戰略討論會上迅速地做出了下一步部署：拿下豫州。

剛剛打了近兩年的兗州內戰，為什麼不休養生息呢？為什麼不去打之前一直熱衷的徐州呢？曹操有三個原因：

1.近兩年鏖戰後，兗州沒什麼餘糧了，必須上別的州去搶。

2.在徐州有屠城的黑歷史，所以再打徐州，徐州人同仇敵愾，仍然不容易拿下。

3.豫州是袁術和黃巾餘孽的主要活動區域，比較菜，屬於低垂的果實，摘下來的成本低。

曹操開始再度抽袁術。時隔兩年多，袁術一如既往地不禁抽。

196年，曹操開始在豫州四處開疆拓土。正月軍臨武平拿下了陳地，袁術的陳相袁嗣投降。二月，兵入汝南、潁川，對戰歸附袁術的劉辟、何儀、黃邵、何曼等黃巾軍。

這幫黃巾，其實實力不俗，上述每人後面都是數萬的隊伍。但是，曹操軍入豫州後如牛刀宰雞，劉辟、黃邵臨陣被斬，何儀等大敗後投降。

由此可見，接壤豫州的張邈這些年確確實實沒幹什麼正事。

戰事的演化方向也確實如曹操所料，一路摧枯拉朽順利地拿下了豫州半壁，並最終推到了曹操軍團的第二故鄉、荀彧們的老家——潁川。

回到故鄉後，曹操的謀士棗祗提出了奠定曹操揮鞭掃北的最關鍵物質基礎的偉大構想：屯田！

潁川，地處豫中平原，地勢平坦開闊，交通便利，潁水、濮水、汝水都從潁川境內流過，河床寬淺，水流緩慢，無論是種糧食還是運糧食，那都是相當的方便。

除了交通和水利，潁川地區自春秋戰國時期就是金不換的好地，當年魏國願意在這片四戰之地下血本投入力量也是因為這片土地實在收益太高。潁川郡上等肥力的土壤佔總面積的百分之四十以上；一半左右是中產田；低產土壤不足十分之一。

沒有經濟基礎，怎麼能成為士族的三巨頭呢？

當時曹操集團決定大生產有兩個重要前提：

1.潁川這些年在李傕這幫董卓系軍閥的破壞下，本土士族要麼就跑了，要麼就死了，有很多無主之地，不像兗州那樣，還有一大幫本土士族、豪族綠著眼兒盯著，標準的無主之地，之前的主人還是黃巾軍呢！

2.打劉辟這幫黃巾賊的時候得了豫州黃巾軍，有了過日子的家底，大量現成的耕牛和農具。

都是黃巾軍，山東兄弟們跟了曹操一年到頭滿世界砍人，豫州黃巾軍卻大部分時間砍地，當然不禁打。

曹操決定把這些現成的生產資料用起來，下令屯田。

但是沒多久，棗祗找來了，說：「現在這個『計牛輸穀』的政策不行，豐收的時候政府得不到額外的好處，水旱災年又把佃農們都逼死了。」

什麼叫「計牛輸穀」呢？簡單地說，就是固定稅率一刀切，農民租多少土地，租多少頭牛，政府明碼標價：交固定的糧食，到了秋收的時候政府就找農民要這麼多糧食，無論豐收還是災年，農民自負盈虧。

這是舊制，這些年政府收租就是這麼運行下來的。這有一個巨大好處，在於省行政成本。政府官員就是計算農民家的田畝和租牛的頭數，折合成一個數字，到了秋天農民自己把糧食拉來，政府派人一過秤就完事了。像潁川郡，大亂之前近二百萬人的體量，必須這麼運行，否則根本管不過來。

棗祗對曹操說：「不能這樣幹了，現在不是盛世，管理不要粗放，好年頭我們要多收，差年頭我們要防止佃農被佃租逼的逃跑，要實行我的最新研究成果『分田之術』。」

什麼是「分田之術」呢？可以歸納為以下三點：

1.對佃農實行類軍事化、標準化管理，每個佃農分得的田都是一樣的，這樣方便網格化管理，不能說佃農租多少就租多少，將來政府收糧食時不好管。

2.政府和佃農的收成按比例分成，不租牛的官私五五分成；租牛的官私六四分成，每年秋收的時候派專員去佃農家監督收成並過秤。

3.公佈屯田政策，招募佃農，承諾軍事保護，實行自願原則。

不能在屯田上浪費寶貴的軍事力量，軍隊要正常訓練，營造強大安保氛圍。

曹操聽完之後認為還是老方法好，畢竟那麼多年都過來了，但是架不住棗祗反復地勸。曹操於是又找來了荀彧聽匯報。荀彧來了也拿不準主意，但棗祗仍然自信，表示他的研究成果禁得起考驗。

忘了前年蝗災兵禍活不下去的時候吃的誰的糧食了？不是都到我東阿吃飯來了嘛！糧食就這麼來的！

最終曹操拍板，專門給棗祗設了一個崗位叫屯田都尉，負責屯田工作。

在棗祗的政策推廣下，曹操集團開始大規模地招募流民和被打散的黃巾餘孽，只要是活不下去的都來這裡！來了就有地種！

雖然說條條框框比較多，雖然說租子比當年的地主可高多了，但是，這個租子在亂世卻是人人願意爭著掏的保護費。你投奔的是這些年中原混戰到最後的鐵軍，從此你可以踏踏實實地種地，有軍隊保護你，再沒有人能隨便搶你的糧來了。

在天下大亂之時，在各位大帥打來打去之時，壯丁要去守衛塢堡城郭，幹活的都是老弱病殘，根本沒辦法安心從事生產。棗祗屯田是天下大亂的背景下，曹操的百戰鐵軍做的背書。

棗祗開始在許昌附近大規模地實行了「分田之術」，使曹操當年就得到了百萬斛的糧食。

相比之下，目前風頭正勁的袁紹和一路吃屎的袁術這哥倆，一個在河北要靠路邊的野棗糊口，一個則在淮河尋找貝殼充饑，軍糧根本談不上有制度化的強有力保障。

袁紹邊打仗邊吃棗還算好說，棗也不怕壞，頂多把沿路的樹都啃禿了，但袁術就不好弄了，因為江淮地帶水產雖然相對豐富，但是當時還沒有冷鏈技術，水產品是無法充當出征的軍糧的，所以袁術治下的橫徵暴斂也相當嚴重。

曹操從兗州這個四戰之地最終脫穎而出，有四個關鍵點：

1.大漢天子的招牌。

2.荀彧為首的潁川士族集團。

3.天縱英才的軍事能力和百戰鐵軍。

4.屯田大生產。

除了他自己的那點兒軍事優勢外，其中三項的集中爆發，都是在196年的建安元年。

這一年，是曹操繼192年入兗後的關鍵騰飛年，當年兗州修羅場的艱難勝出漸漸地讓曹操意識到了一條鐵律：戰亂時期，最擅長籌措軍糧的勢力，才有可能成為最後的贏家。

呂布當初被打出了兗州，並非是軍隊被打沒了，而是從兗州再也找不到糧食了。

棗祗的成功使得曹操隨後將「分田之術」發展到了自己的所有地盤，每打下一塊地盤就鋪開一塊地盤。到後期，屯田每年的糧食產量已經可以達到幾千萬斛了。

棗祗在確定完善屯田政策後不久就英年早逝了，後來曹操懷念他的時候給出了這樣的評語：「豐足軍用，摧滅群逆，克定天下，以隆王室，祗興其功，不幸早沒……祗子處中，宜加封爵，以祀祗為不朽之事。」

秦奮六世餘烈之基座為商鞅。高祖威加四海，還歌大風之背後是蕭何。光武中興乘時龍而御天，蓋因寇恂系兵轉食，以集鴻烈。魏武揮鞭掃北，棗祗奠基之功矣！

曹操的許昌大豐收博得了楊奉的好感，後來又收到了董承的勤王密詔。董承的目的比較不純，召曹操來是為了削比較狂還打過他的白波軍韓暹。

在多方肯定下，曹操終於順利地到洛陽朝見天子。

曹操見到董承時說：「您辛苦了，下面咱接著該怎麼整啊？」

董承說：「現在人心各異，您留這兒匡扶天子不是好選擇，得把天子弄您那裡去！」

曹操說：「我也這樣想的，但楊奉就在跟前的梁縣，我要是硬奪天

子，怕帶來的這點兒隊伍不夠打的啊！」

董承說：「楊奉現在開始約束自己的士兵，足以看出他是想當個好人的，您應該時常給他送送禮，讓他安心，然後說京城缺糧，想將聖駕暫時移至魯陽，魯陽離許縣近，物流成本低，咱就再也不怕缺糧了。魯陽離他的梁縣也近，他不會疑心的，等到了魯陽再趕緊開溜。」

九月，曹操就是用這招，將獻帝偷渡到了自己的大本營許昌，等楊奉反應過來時已經追不上了。楊奉比較憤怒，自己一路搶回來的漢獻帝讓曹操給轉包了！於是和韓暹到潁川的定陵縣劫掠騷擾，曹操沒搭理，大有理虧之意。

十月，「理虧」的曹操偷襲了「佔理」的楊奉梁縣大營，楊奉大敗，勢力大衰，投奔袁術去了。

獻帝的這部《三毛流浪記》，自189年開始到196年終於結束，歷經七年。

獻帝由一個九歲的孩子長成為一個十六歲的青年，整個青少年時期，幾乎天天生活在驚懼之中，一個個妖魔鬼怪在他身邊肆意妄為，不僅睡不好，還吃不著，獻帝這一年多「東遊記」下來，幾乎變成了叫花子。

曹操的出現，理論上講，是對亂世中他給予的最大仁慈了。他永遠也不可能得到皇帝的真正「裡子」了。

回許昌後，曹操用精兵七百圍守宮闕把獻帝軟禁了起來，壞人太多，誰也別想接近他了，隨後自己蓋章當上了大將軍。

曹操為了安撫袁紹，給了他太尉的官。袁紹很憤怒，說：「曹操要是沒有我都死八回了！是我可憐他才救的他！現在這小子敢挾天子號令起我來了！」[1]

1　《三國志·袁紹傳》：曹操當死數矣，我輒救存之，今乃背恩，挾天子以令我乎！

隨著獻帝被曹操控制，袁、曹間的裂痕越來越大。袁紹可以隨便罵曹操，曹操現在還不能得罪他，趕緊把大將軍的職位讓給了袁紹，自己做了三公中最低一級的司空，行車騎將軍。隨後曹操把持了尚書台。

獻帝從長安帶回來的尚書班子，不是自己人的，就被曹操全部被幹掉了，如羽林郎侯折、尚書馮碩、侍中台崇。

二把手荀彧變成了尚書令，主持了政府的政務運作。荀彧的姪子荀攸也入了尚書台，潁川名士鍾繇成了侍中尚書僕射。尚書台被潁川人徹底承包。

荀彧隨後也大爆發般地給曹操帶來了大量人才，潁川人才庫開始發力，荀攸、鍾繇、郭嘉等關鍵人物開始在這個時候進入曹操帳下。

很多避亂荊州的潁川兄弟們接到了荀彧熱情洋溢的來信，像荀攸、杜襲、趙儼這幫人當時都在劉表那裡當客座教授。

等到獻帝都許、荀彧擔任尚書令後，四散天涯的潁川兄弟們抬眼望見啟明星，比如趙儼就說：「曹鎮東必能匡扶天下，我知道去哪兒了！」

沒有這些關鍵人才，曹操根本贏不了三年後的那場世紀大戰。

總部設潁川、尚書台是潁川老鄉會，曹操在用豁出去的信任答謝荀彧、棗祇等潁川兄弟們在過去幾年對他的風雨相隨。咱們地獄中闖蕩、修羅場上拚搏，這天下我就是打算跟咱潁川兄弟們分的！

不對啊，荀彧不是忠臣嗎？獻帝都成政治犯待遇了，怎麼沒見荀彧有什麼表示呢？忠臣不是傻子。把獻帝軟禁起來在這個時代並非是不忠的體現。

現在天下狼煙四起大亂十多年了，獻帝在過去的一年當中又已經極大地磨損掉了大漢天子的威儀和尊重。叫花子天子的新聞成了天下的笑柄。

必須神秘，方能重塑威儀：必須隔絕中外，才能杜絕別的派系和勢

力的陰謀與觸角。

漢祚現在的最大問題，是先活下去。必須得幫曹操成為亂世中的最後勝出者，才談得上大漢的未來！

譙縣集團總攬軍權，潁川集團總攬尚書，是此時曹操集團緊緊綁定的兩大支柱。你就是我，我就是你！在這個過程中，潁川集團也一定會成為最後分蛋糕的第二大集團。

忠臣不意味著要把權力還給劉家。說到底，士族進化的終極目標，就是將所有的權力抓到自己的手上。

此時此刻的權力結構，對於荀彧來講，其實堪稱完美。

獻帝看上去是很可憐的一個皇帝，一輩子都硬不起來。但得看怎麼理解。獻帝自打洛陽那驚魂一夜之後，七年了，沒過過一天好日子。他再也沒有揚眉吐氣的那一天了，但那並不是他的錯，祖宗作的孽報在他身上了。

作為亡國之君，他的「裡子」雖然不再，但吃穿用度等「面子」卻不再是奢望。曹操，給予了獻帝最起碼的尊嚴。繼任的曹丕，給了獻帝亡國之君的最好結局。

曹操從此刻開始，也從獻帝這裡獲得了劉家的四百年積澱加成。到曹操這裡上班的人，不再僅僅是給曹操幹活，上面還有一塊金字招牌，表示在為大漢盡忠。

大量的士族，因為獻帝，開始選擇曹操，開始千里迢迢地向許昌匯聚，比如在福建被孫策打禿後投奔而來的王朗，比如在北海被袁譚趕出來的孔融。

曹操獲得了之前根本無法想像的人才優勢。不僅人力資源獲得加成，曹操此後在一系列戰爭中，都展現出了極大的政治優勢，在人心這

條看不見的陣線上佔盡上風。

這是獻帝的好處。當然，凡事皆有兩面性，該說壞處了。壞處就是，曹操將被永遠畫成一張大白臉面對後世的指摘。

因為說到底，曹操是在利用獻帝的這塊招牌來達到自己的目的。他利用了獻帝最後還把獻帝踹翻了，從道義上就永遠站不住腳！曹家的這份基業，就永遠來路不正！

不僅如此，獻帝從小就聰明，之前我們說過「獻」這個諡號是「聰明睿智」的意思，這孩子從小就是在妖怪堆兒裡長起來的，別看一輩子沒權力，但後面很多次把曹操弄得狼狽不堪，時不時地就給他捅個刀子什麼的。

別看控制的是傀儡，但曹操這輩子的漢相，其實當得並不輕鬆。祭起了這柄誅仙劍，也必然要受它的反噬，這是曹操的選擇。無論是現實，還是冥冥之中的天道，這都是必然的規律和代價。

曹操並不像劉邦、劉秀那樣，是完全靠著自己的名頭打下來的天下。背後，有大漢四百年的閃閃光芒！

曹操的這次選擇，使他終於獲得了和他的那位一生之敵掰手腕的資格。

選擇後的曹操，事業開始迅速爬坡。

爬坡之前，他也作了一回大死。這次作死，僅次於他暴打陶謙前忘了接他爹的那件事。

六、宛城喪子損將，徐州轉讓謎因

197年，曹操弄了個亂攤子，還接了個大活兒。

先來說這個差點兒他要了他命的亂攤子。

197年正月，曹操西征張繡，要一舉拿下荊州最富裕的北部重鎮——光武老家的南陽郡，使自己的中原地盤連成一片。

張繡是誰呢？是張濟的姪子，張濟護送獻帝返洛陽後反悔了，反追獻帝不成，南下入荊州界準備打劉表，結果打穰城（鄧州市）的時候中流矢而死。比較邪性，跟孫堅的死法一樣，劉表可不要輕易亂打，專門因中流矢而死大將。張繡隨後接管了他叔叔的部隊，屯住在了宛城。

劉表隨後表示這是誤會，張繡說我們也有不懂事的地方。於是雙方結了很脆弱的聯盟。

不久曹操西征南陽，過程相當順利，摘了這個脆弱聯盟的果實，曹軍到達淯水時張繡就率眾投降了。

曹操兵不血刃拿下南陽後比較開心，開心後就幹了件比較出格的事。曹操看上了張濟的遺孀，也就是張繡的大嬸。當天晚上曹操就當了回張繡的大叔。

曹操對於已婚婦女有特別愛好，而且這種愛好還會遺傳。

張繡被曹操強當了大叔，非常生氣，後又得密報，曹操在自己的驍將胡車兒身上花了大價錢。這兩件事讓張繡強烈不滿，深感自身的安全受到了巨大威脅。曹操也聽說了張繡的不滿，決定暗中搞掉張繡。

結果還是張繡速度快，在大嬸被推倒的轉天夜裡就突襲了曹營，曹軍大敗，傷亡慘重。曹操的名馬「絕影」在逃跑過程中被流矢弄殘了，曹操的右臂也被亂箭射中，曹操長子曹昂把馬讓給曹操，曹操才得以逃脫。

曹軍大亂之後，青州兵仗著自己體量大、親爹寵，開始沿途劫掠百姓和其他兄弟單位，結果被于禁帶的泰山兵部曲打跑。等于禁回來後，青州兵已經在曹操那裡告完狀了。

曹操表揚了于禁一頓，封了益壽亭侯，這事兒就過去了。青州兵再孫子，那也是親的！人在亂世，只有親疏，沒有是非對錯。

經此一戰，張繡是不降了，掉頭和劉表再次結盟了。

色字頭上一把刀啊！

此次宛城的突發性戰鬥讓曹操損失了長子曹昂、姪子曹安民，大將典韋也因為保護他而陣亡了。

曹操培養兒子很有一套，後來在接班人的挑選上琢磨了一輩子，但典韋卻是他怎麼培養也培養不出來的，可遇不可求。

典韋戰歿可以說是曹操的最大損失，他有兩項不可替代的職能：

1.典韋的日常工作是曹操的保鏢，極其謹慎、忠心。

此次出征，張繡投降後大家開酒會，曹操在前面敬酒，典韋手持大斧站後面嚇唬人，敬酒的時候張繡諸將連仰視曹操都不敢。

張繡夜襲後，曹操第一時間就帶輕騎跑了，典韋殿後。典韋站在營門口，張繡軍就進不來，隨後從其他營門包抄而入，當時典韋的侍衛

團還有十餘人，無不以一當十。典韋揮舞長戟一戟砍下，十餘長矛被打折，後來兵器砍斷，典韋手抓兩人當兵器砍人。最終典韋力戰，身中數十創後，怒目大罵而死。

2. 打仗時，典韋又成為曹操的陷陣先登軍一把手。

典韋的先登陷陣軍，在當時是特別無解的一個戰術環節。典韋作為核心箭頭帶隊往前衝，他衝鋒之前向來身穿兩副鐵甲，無視物理攻擊，你靠近他就會被弄死，他還有一手飛戟功夫。典韋的陷陣軍在戰役中往往是奇兵殺招，打一半的時候放出來，沒有衝不垮的。

但是，這麼一位鋼鐵猛將，就這麼死在曹操的不謹慎上了。典韋死，曹操大哭，後歸葬襄邑，每次路過都要以中牢之禮祭祀。

曹操進行了深刻的反省：這裡的事兒賴我，他們投降了沒立刻拿下他們的人質，以後我不會再犯類似的錯誤了。曹操的意思是，下回誰再投降，我得先把他們控制住了，把人質都抓在手上，我再放縱去。

不過，也不能完全說曹操這感悟是錯的。因為畢竟從這一天開始，曹操集團開始漸漸全方位地鋪開了高級官員人質抵押制度。

但是，宛城的這次放縱與大意，幾乎毀滅了他的一生事業。因為直到後面那場世紀之戰開場，宛城張繡依然像一根極其鋒利的尖刺頂在他的背後。他最終能夠拖到鏖戰官渡，只不過是因為三國的那位首席劇情師選擇了往更加利己的方向去推動劇情。而他，獲得了又一次的幸運。

197年正月讓張繡給打回來了，二月曹操就接了個大活兒，這活兒還沒法不接。

袁術稱帝了。削袁術的任務當仁不讓地落到了他這個「奉天子」的手上了。

曹操和袁術的鬥爭，在雙方接壤的豫州展開。

此時的豫州，在曹操這些年的不斷發力下，已拿到了一半多的份額。

193年，袁紹、曹操打擊袁術的匡亭之戰後，曹操一路追擊袁術至豫州梁國的寧陵縣，隨後曹操控制了梁國的大部地區，並在這個地方幹了缺大德的事情。

196年年初，曹操拿下陳國，擊破汝南、潁川的黃巾軍，平定潁川全郡，汝南大部，迎獻帝於潁川許縣，至此豫州半壁已經到了曹操手中。

曹操在不斷地蠶食豫州，袁術不組織像樣的反擊卻在不斷地跟徐州玩命。這裡有一個重要原因，是袁術認為此時的徐州牧劉備比較弱，打起來輕鬆。

劉備比較悲催，跟著摻和了十多年的天下大亂，一直是三流選手，後來機緣巧合終於混上塊地盤，卻被各位老虎盯成了口中食，曹操要不是呂布搗亂，早就殺過來了。袁術也沒閒著，陶謙沒死多久，就帶兵來了。

當時的徐州形勢是：去晚了就沒了。

到了這個時候，終於要好好地說說劉備了。

劉備是涿郡涿縣人，漢景帝子中山靖王劉勝的後人。

劉勝兒子劉貞在跟武帝上貢時耍心眼，侯位就此被漢武帝剝奪了。但是這並不意味著劉備家就完蛋了，他家仍是涿郡的豪族，到了他爺爺劉雄那輩兒時仍然「世仕州郡」。劉雄舉孝廉後還去東郡范縣當過縣令。

劉備家東南角籬上有棵大桑樹，高五丈多，遠望如小車蓋，南來北往的都說，這家會出貴人。結果劉備他爹早早地就死了。可能是沒那麼大的道行降得住這棵樹。

父親早死使得劉備他們家在宗族裡不受待見，小劉備跟他媽織蓆販履變成了個體工商戶。

劉備小時候跟宗族裡的小孩過家家時經常指著他家那棵樹說：「我將

來乘坐這種羽葆蓋車。」皇家的車蓋都不可能有樹大，劉備的叔叔劉子敬大罵道：「別瞎嘚瑟，想咱家滅門嗎！」

十五歲時，劉備和同宗劉德然去同郡盧植處拜師學藝，劉德然的父親經常資助劉備，衣食住行和劉德然相同。德然他媽對他爸總抱怨：「各過各的，你怎麼總贊助劉備那小子呢！」德然他爸說：「咱們宗族中有這麼個孩子不容易，此子非常人啊。」

漢末的學習質量也就那麼回事兒，每個老師都一大堆學生，讓老師有印象的好學生基本上都得是有錢、有能量或者能當槍的，像劉備這種個體工商戶家庭的，估計盧植都沒有印象。

劉備在這裡上學的一個重要收穫是認識了一個好同學，叫公孫瓚，劉備喊他大哥。

劉備在學術方面基本上辜負了他叔叔的學費，從來不愛看書，而且愛好眾多：喜歡玩狗，喜歡騎馬，喜歡搞音樂，喜歡穿漂亮衣服。反正全都是花錢的高消費。

劉備成年後身高七尺五寸，大胳膊過膝蓋，耳朵大到自己能看見，平時不愛說話，喜怒不形於色，善待下人還專門愛結交社會不安定分子。這個大福大報的長相以及深沉的個性再配上狂野的靈魂，劉備所過之處被各種好評。

他交結豪俠，小年輕們全都爭著跟他混，而且中山郡的大商人張世平、蘇雙等在涿郡販馬時看到了劉備，覺得走南闖北沒見過這麼長相的人，於是給了劉備一大筆贊助。劉備也開始用這筆錢置辦了自己的社會不安定社團。

在這個階段，劉備遇到了兩個人，一個是河東解良亡命遊俠關羽，一個是涿郡老鄉猛張飛。這哥倆遇到了劉備後，三人開始了長達二十多年同吃、同睡、同勞動的顛沛流離生活。

黃巾起義後，州郡各舉義兵，劉備帶著自己的民辦社團開始跟隨校尉鄒靖討黃巾賊。在此次平叛中，劉備一度受傷裝死艱難活命，後以軍功走進官員隊伍，當上了中山安喜尉。

黃巾軍被剿滅後，中央開始耍雞賊，通知各州郡，這幫因軍功當上官的泥腿子們要漸漸地把他們淘汰了。

劉備知道這說的就是自己，當負責該工作的督郵到安喜縣後，劉備請求見面，人家根本就不見。於是劉備大怒，武力闖入，綁了督郵，杖其二百，隨後不幹了。

劉備後來去了哪裡呢？他帶著自己的業務骨幹們去了洛陽。

在洛陽那個名氣和家族為先的高端地區，劉備沒有放過任何一個向上摻和的機會，何進在那場驚天政變前夕派小弟去各地募兵，嚷嚷要打涼州。

劉備跟著都尉毋丘毅去了丹陽募兵，在下邳遇到黃巾賊，劉備帶隊力戰有功，又得了下密丞的編制。但是這一次，劉備沒再去幹這個官。因為189年皇權的超級大崩塌後，劉備相中了一個人。這個人是曹操。

曹操反出洛陽回沛國招兵時，身邊有劉備，劉備也起軍跟著曹操討伐董卓。劉備在和曹操幹的過程中，又認識了曹操的大哥袁紹，袁紹巧取豪奪冀州後安排劉備去高唐做縣令。但是，年景不太好，那一年是191年。青州百萬黃巾過了黃河，把劉備給打了。

與此同時，整個河北的輿論全都倒向公孫瓚，所謂「冀州長吏無不望風響應」。這堆長吏中，就有劉備。

劉備被黃巾打了之後，就扭頭投奔老學長公孫瓚去了。公孫瓚隨後狂屠青州黃巾軍，將戰線推到了青州，又安排劉備為別部司馬，跟著他任命的青州刺史田楷去搶青州了。在跟田楷對抗前老闆袁紹的過程中，劉備數有戰功，幹到了平原相，終於成了郡級官員。

但是，就這麼一個官，當地的大姓劉平根本看不起劉備，覺得在他下面實在是沒面子，於是派人刺殺劉備。

劉備身邊是配不起典章的，關、張是兄弟，不是他保鏢，刺客見到劉備後覺得這麼好的人下不去手，告訴劉備自己的來歷後就走了。

劉備這輩子拿不下的人基本上都是高門大姓那幫看不起他的，只要沒有階級眼光，或者哪怕你就跟他坐一會兒，你都會被他所俘虜。[1]

劉家祖傳的魅力啊！

兩年的青州對戰，劉備基本上被袁紹打禿了，在曹操給他爹報仇、陶謙求救的時候就還有千把來人和一點兒幽州烏丸雜胡騎。

到了徐州後，陶謙撥給了劉備四千丹陽兵，說擱我這兒幹吧！然後劉備離開了田楷跟了陶謙，因為陶謙表劉備為豫州刺史，屯小沛。

這幾年，公孫瓚並沒有重視這個學弟，還在大好的形勢下打爛了自己的這手好牌。

1. 公孫瓚在河北一敗再敗，也沒什麼精力支援青州戰區，劉備和田楷已經越來越害怕，袁紹開始安排兒子袁譚入青州了。

2. 劉備是公孫瓚小弟田楷的平原相，但陶謙卻大筆一揮讓他做了郡級官員。

3. 公孫瓚殺了劉虞，已經肉眼可見地即將走向滅亡。

劉備此時跳船，時機簡直不要太好。

陶謙這麼抬舉劉備是什麼目的呢？看一下小沛的位置，再體會下陶謙的手腕。（見圖3-3）

小沛卡在泗水交通線上，曹操只要南下，出了兗州第一站就是小

1　《三國志・先主傳》：備外禦寇難，內豐財施，士之下者，必與同席而坐，同簋而食，無所簡擇。眾多歸焉。

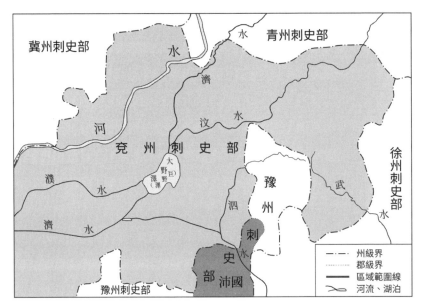

圖 3-3　小沛位置圖

沛。陶謙希望拿劉備當曹操再殺過來時的炮灰。但是，他沒有想到的三件事發生了：

1.自己的生命即將走向盡頭。

2.曹操二伐徐州時被呂布偷襲了，徐州的軍事壓力解除了。

3.劉備在小沛沒什麼活幹，於是把春天般的溫暖迅速地灑向了徐州。

歷史上非常有意思的一幕出現了：陶謙病逝的時候，將徐州託付給了劉備。

這是個什麼概念呢？類似於大股東病逝了，把公司過戶給新招的保安隊長了。這是一個非常不符合邏輯的行為，我們來還原一下當時的徐州局勢。

陶謙這些年在東南的統治依賴的是丹陽兵，當年抵禦曹操時就曾經增援劉備四千丹陽兵。

他對丹陽派的放縱不是一般的過分，比如他的丹陽老鄉笮融，陶謙派他總督廣陵、彭城漕運，笮融在漕運總督任上吃拿卡要、暴力執法、中飽私囊。

丹陽系的陶謙基本上不怎麼管，這也就導致了他和徐州相當一部分的本土士族關係並不好。比如陶謙本傳中說他不是什麼好領導的著名黑材料中寫道：「曹宏等，讒慝小人也，謙親任之。刑政失和，良善多被其害，由是漸亂。」

小人是誰呢？良善又是誰呢？史書中的這種階級話語往往都需要說道說道。

我們再來看看陶謙死時的史料：

《先主傳》中說：「謙病篤，謂別駕麋竺曰：「非劉備不能安此州也。」謙死，竺率州人迎先主，先主未敢當。」

《麋竺傳》裡面說：「謙卒，竺奉謙遺命，迎先主於小沛。」

這裡面非常關鍵的人物是麋竺。麋竺是東海超級豪族（祖世貨殖，僮客萬人，資產巨億）麋氏族人，並非陶謙丹陽系的心腹。

陶謙的這個遺命其實有兩個可能：

1.陶謙的兒子不成器，陶謙病了的這段時間他很有可能從多方渠道知道了劉備在施展各種魅力，已經拿下了徐州當地，於是去世之前送個順水人情。

2.所謂的「遺命」是胡說八道，是麋竺偽傳的遺命。

究竟怎樣不得而知，但無論是哪一種可能，最後的結局都說明，劉備在幫陶謙守小沛的這段時間，將徐州很大一部分的重要勢力都給拐到自己這邊來了。這些勢力就是史書中說「多被其害」的那幫「良善」。

比如徐州勸進大會上，下邳陳登的發言：「今漢室陵遲，海內傾覆，立功立事，在於今日。彼州殷富，戶口百萬，欲屈使君撫臨州事。」

翻譯一下：漢室完蛋了，天下全亂了，成大事就在近日，他陶謙的徐州富裕，戶口百萬，委屈劉領導來上班吧。

陳登是正經徐州人，為什麼要說「彼州」呢？這是和陶謙劃清界限呢！我和他不是一路人！我們徐州在他手上一點兒前途都沒有！

更為神奇的事出現了，劉備推脫道：「袁術離徐州不遠，是頂級高門，海內所歸，可以把徐州送給他嘛。」

這個時候，和劉備共過事，被劉備救過的青州領導北海相孔融說話了：「袁術是塚中枯骨！何足介意！你趕緊收下，天與不取，悔不可追！」

怎麼陶謙剛死，連數百里之外的山東領導都趕過來勸劉備了呢？這基本說明這事兒早有預謀。

徐州大量懷有不滿的本地士族發現劉備既厚道還能打，未來絕對能為他們代言，手裡的關、張還能壓平這夥丹陽兵，於是開始勾引劉備。

劉備則利用了徐州本土士族和陶謙丹陽鐵桿之間的矛盾，在陶謙死的關頭導演了一齣勸進大戲，還把能喊來的幫手都叫過來給自己加碼了。

頗有點兒袁紹奪冀州的番外篇意思。

但是，袁紹奪冀州之前，拿下了韓馥手中最精銳的麴義部，劉備此時乘虛而入利用的卻是徐州士族和丹陽軍閥之間的矛盾。

丹陽系當爺這麼多年了，肯定會不滿！所以丹陽兵是劉備必須要迅速解決的問題。

但是，在風雲激盪的東漢末年，從來不給一個人好整以暇的結題時間。

考袁紹的界橋之戰如此，考曹操的入兗剿匪亦如此。

劉備佔大便宜的同時，老天也扔過來了對劉備的考卷。

淮河南岸，一位幽默先生大怒道：「我打生下來就沒聽說過劉備是個

什麼東西！」

　　泗水上游，一個三姓家奴正覷著大臉馬不停蹄地南下而來。

七、過路財神劉玄德，作死稱帝袁公路

劉備在得到徐州後，第一時間去與兩個過去的大哥溝通。

第一個，是袁紹。劉備派陳登去見袁紹，表達了如下觀點：

1.陶謙死了，徐州現在很亂。

2.袁術狼子野心，是您的大麻煩。

3.徐州方面迎劉備當宗主來抵禦袁術。

4.您是我們指路的明燈、前進的方向，玄德公剛上任有很多方面要準備，特遣下吏問您匯報情況。

袁紹很高興：「劉備我是瞭解的，此君跟我幹過，弘雅有信義，徐州推舉他實在是眼光太好了！就囑咐一件事，你們一定要把袁術打死呀！」

第二個，是曹操。

曹操此時在和呂布的互撕中收尾，本來想打徐州但被荀彧拽回來了，於是第一時間示好了曾經的小老弟，表劉備為鎮東將軍，封宜城亭侯。

劉備上位徐州後，徐州的敵人已經不再是曹操，而是袁術。袁術聽說徐州士族們這麼不上道，居然推舉一位個體工商戶當老大卻不來找他

這個四世三公的鄰居，大罵道：「我這輩子就沒聽說過有什麼劉備！」

袁術來打劉備，劉備帶兵拒之於盱眙、淮陰。（見圖3-4）

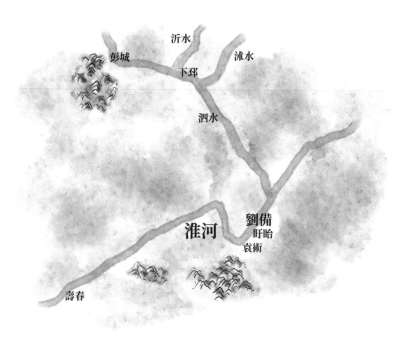

圖 3-4　劉備與袁術對峙圖

劉備和袁術打了一個多月，互有勝負，這個時候，劉備老家傳來了噩耗：呂布把下邳襲取了，他的後路被斷了。

呂布在被曹操打出兗州後，來投奔了劉備。劉備也沒說什麼，畢竟此時袁術虎視眈眈，暫時不好跟呂布開戰，而且他對自己的魅力過分自信。

但是劉備又沒有辦法帶著呂布一塊去打袁術。畢竟剛認識不久，呂布要是被袁術策反了一塊打劉備，劉備就臨陣尷尬了，畢竟劉備現在堵袁術可以仰仗淮河之險，守住泗水淮河線袁術就繞不過去。原因在於打

仗就是打後勤，就是打糧道。

劉備和袁術交戰後，雙方互有勝負誰都沒有什麼突破性的勝利，就在這個時候，做客的呂布突然接見了一個求救的人。

陶謙的心腹曹豹掌管丹陽兵，劉備上位後為了安撫他，封他為下邳相，和張飛同守下邳。但是，雙方鬧矛盾了，有說法是丹陽兵造，也有說法是張三爺被惹怒了，反正三爺打算殺曹豹，曹豹率部眾回到營寨固守，然後遣使問呂布求救。

呂布瞬間決定背叛收留他的劉備，揮軍順泗水東下，大軍開到離下邳還有四十里的時候，又接到了第二個消息。陶謙的另一個丹陽系將領許耽也連夜派下屬來向呂布求救：「張飛已經攻入了曹豹軍營並殺了曹豹，現在城中大亂，我部丹陽兵還有千餘人屯兵西白門城內，您趕緊帶兵來城西門，我丹陽兵必開城門迎將軍啊！」[1]

呂布於是快馬加鞭連夜進兵，清晨來到城下，丹陽兵開門迎了呂布進城。

呂布的突然出現把張飛打了個措手不及，張飛逃出城，呂布控制住了劉備軍的部曲、家眷以及軍糧、輜重。

三爺其實已經很威猛了，一夜間把丹陽軍殺得就還剩千餘人。丹陽兵的隱患本來很有可能被三爺暴力消除。但錯在了劉備的安排上。

丹陽兵明明白白是隱患，因為劉備入主徐州剝奪的是丹陽兵的當爺資格。他們作亂的話只可能找呂布當外援，而呂布是什麼人劉備又不是不知道！劉備怎麼能讓丹陽兵與張飛同守下邳呢！

如果劉備安排丹陽兵駐防別處，就算是最壞的情況出現，丹陽兵投奔呂布一塊來打下邳，那也是明面上硬碰硬的攻城。雖然劉備帶走了主

1　《英雄記》：丹陽兵有千人屯西白門城內，聞將軍來東，大小踴躍，如復更生。將軍兵向城西門，丹陽軍便開門內將軍矣。

力，但是守城最重要的就是守城門，只要城門沒被攻破，張飛就能站在城頭上放箭扔石頭，以少打多。總比有這麼一大夥人可以從內部打開城門要強！

劉備聽說下邳失手，迅速地撇了袁術回軍，但是到了下邳部隊就崩潰了。因為家屬都在人家呂布手上！

退路被呂布堵死，劉備無奈只能南下取廣陵，又被追來的袁術給打了，此時已經失去了所有物資給養的劉備軍開始人吃人。劉備於是向呂布請降，表示自己還是適合看門，希望呂布能放他回小沛。

這個時候，非常搞笑的情景出現了。諸將謂布曰：「備數反覆難養，宜早圖之。」居然有人對漢末第一厚顏無恥之人說另一個人「反覆難養」，不怕呂布認為你諷刺他嗎？這裡的「諸將」大概率是徐州的丹陽系將領。

他們估計會說：「千萬別放他回小沛，當初他就是在小沛把徐州拐走的！現在趁他病要他命趕緊弄死他！」

呂布認為，眼下的形勢變了，最可怕的人是總惦記徐州的袁術，劉備還用得著，先讓他回小沛吧，於是歸還了劉備的妻子、部曲家屬。

沒過多久，劉備在小沛又收兵萬餘人，呂布又嘀咕了：這大哥怎麼給點陽光就燦爛呢！於是出兵再來打劉備。劉備再次被打敗，無可奈何下，投奔了當年的老領導曹操。

別看當初在袁紹公孫瓚的青州爭奪戰時曹操和劉備還交過戰，但兩人的關係仍然不錯，畢竟是革命之初一塊招兵買馬起家的患難之交。

曹操對劉備給予了豫州牧的超高級編制，說：「玄德啊，我供你軍糧，再給你撥點兒人，你接著回小沛打呂布去。」

劉備走後，程昱說：「這個劉備啊，有雄才，還會收買人心，終不為人下，不如早早地做掉他。」

曹操說：「現在正是收英雄之時，殺一人而失天下之心，不可。」

劉備就這樣又回了小沛，這位豫州牧開始了給曹操看東南大門的兩年保安生涯。幹革命十多年了，級別是越來越高，但地盤永遠就是那麼點兒大。劉備進入了又一次的蟄伏。

在劉備進行又一輪冬眠的同時，佔據淮河南岸以及孫策爆發後幾乎全部拿下來的揚州全境，讓袁術醞釀在心中很久的一件事摁不住了。

他想稱帝了。袁術想稱帝很久了，因為他總覺得有一句著名讖語「代漢者，當塗高也」，說的就是他。

為啥呢？袁術，字公路。塗高，就是途高，就是一條高高的路。

反正他要是覺得是他，那怎樣都能發生關係，況且還有一件事給他撐腰，他手中有傳國玉璽。當年孫堅死後，他從寡婦吳氏那裡搶來了傳國玉璽，這個璽可沒有像《三國演義》裡面說得那樣被孫策拿出來換兵，而是早早地就被袁術從孫寡婦那兒給搶過來了。

最終促使袁術稱帝的是兩件事：一個是孫策在江東一路開花推進後很懂事地把舅舅吳景和兄弟孫賁送過來當人質，表示服從他的領導。一個是獻帝的一路東歸被追得雞飛狗跳、露宿山野，不成人樣，失去了天子體面。

獻帝都成叫花子了！像什麼樣子！袁術覺得該稱帝了，招齊文武官員開試探會，說：「如今劉氏天下已經衰微，海內鼎沸，我們袁家四世三公，百姓們都願歸附於我。我想秉承天意，順應民心，現在登基稱帝，不知諸君意下如何？」

除了主簿閻象表示反對，沒人敢說話。什麼反應都沒有其實就是沒人同意，袁術比較鬱悶。

沒多久，河內人張鮍為袁術卜卦，說他是皇帝命，被露骨挑逗後的袁術再也難以忍耐，都愛同意不同意吧，便於197年在壽春稱帝，建號

「仲氏」。

袁術走了人生中的最大昏招。

他的這個昏招，使得兩個人成了最大受益者：孫策和曹操。

孫策在打跑劉繇、趕走王朗後，派舅舅吳景和兄弟孫賁回袁術那裡報到，安撫袁術，然後袁術就帶著吳景、孫賁來打劉備了，打了個互有勝負的戰績。

劉備還是很能打的，因為袁術有孫家幫忙才沒佔到便宜，還是那句話，袁術沒孫家幫忙的時候戰無不敗。

197年袁術剛稱帝後，孫策迅速地宣佈江東獨立，跟袁術反革命集團劃清界限，緊接著徵召之前派回袁術的吳景和孫賁過江。

吳景已經被封為廣陵太守，馬上扔了廣陵迅速歸隊；孫賁被袁術封為九江太守，行蹤已經被嚴密控制，於是扔下了老婆孩子回到了孫策身邊。

曹操也迅速地派議郎王浦攜帶獻帝的正式詔書給孫策，任命他為騎都尉，襲父爵烏程侯，兼任會稽太守，命他起兵討伐袁術。

孫策說騎都尉的職務是不是有點兒低了，怎麼也得來個將軍啊！王浦表示沒問題，當場就以皇帝的名義宣佈孫策為明漢將軍。

孫策的突然反水使得吳郡、會稽郡脫離了袁術勢力。沒過多久，孫策又趕走袁術所派的丹陽太守袁胤，平定丹陽郡勢力，還拿下了劉繇悍將太史慈，囊括江東三郡。不久，他異父異母的「親兄弟」周瑜也冷不防逃了過來，而且還帶過來了自己未來的接班人：魯肅。真不知周瑜上輩子欠了孫家什麼，這輩子要這麼還。

《三國演義》中繼陳宮後第二位人物形象強烈翻轉的人物也出場了。

魯肅，屬於臨淮東城豪族，家裡特別有錢，長得魁梧雄健，早在剛

鬧黃巾的時候，魯肅就已經看出世道要完蛋了，於是進行特種兵訓練，還招攬社會不安定分子開始培養自己的部曲。[2]

等到天下徹底大亂後，魯肅開始大量拋售自己的田宅不動產，籌措財資招兵買馬。[3]

同鄉人們都在說：「老魯家算是一輩兒不如一輩兒，生了這麼個敗家子！」[4]

這都天下大亂了還守著錢和地有什麼用！有了兵什麼樣的地搶不過來！就這樣，魯肅有一天迎來了一個人，帶著幾百人到他家門口表示要借點兒糧食吃吃。這個來打秋風的人是周瑜。

魯肅看到周瑜後，表示我家有兩囷米，每囷三千斛，給你一囷先吃，不夠再來。魯肅用三千斛糧食結交到了此時已經在士族圈名聲臭了大街的周瑜。魯肅之所以敢結交周瑜，是因為周瑜的身後，有一個小霸王。

後來袁術聽說了魯肅的名聲，任命他為東城長，結果魯肅和自己的隊伍開了個會：「現在天下大亂，袁術橫徵暴斂，淮泗間已經不能再待了，我聽說江東沃野千里可避害，兄弟們願意跟我走嗎？」兄弟們一片歡呼。[5]

魯肅隨後帶著自己的隊伍投奔了周瑜，然後跟著周瑜逃到了孫策這裡。

2　《三國志·魯肅傳》：天下將亂，乃學擊劍騎射，招聚少年，給其衣食，往來南山中射獵，陰相部勒，講武習兵。

3　《三國志·魯肅傳》：爾時天下已亂，肅不治家事，大散財貨，摽賣田地，以賑窮弊結士為務……

4　《吳書》：魯氏世衰，乃生此狂兒！

5　《三國志·魯肅傳》：中國失綱，寇賊橫暴，淮、泗間非遺種之地，吾聞江東沃野萬里，民富兵強，可以避害，寧肯相隨俱至樂土，以觀時變乎？

曹操乘漢相之資，挾天子掃群雄，蕩荊州掃劉備黑雲壓城虎橫長江之時，建獨斷之明、出眾人之表的兩位砥柱奇才至此同時到了江東。

江東最強天團就此聚齊。

同年，孫策再次給獻帝上貢，也就是給曹操上貢，曹操任命他為討逆將軍，封為吳侯。

袁術的稱帝使得孫策成功地甩開了臭名聲，還得到了曹操的官方授權，得以名正言順地專心經營江東。

話說袁術為誰辛苦為誰忙呢？

孫策反水後，北邊的曹操也在一個勁兒地抽袁術。他讓老仇人呂布先打頭陣。很神奇，是不是？尤其在袁術的熱臉屢次貼呂布冷屁股的前提下。

早在呂布襲取下邳後，袁術已經無下限到給呂布送禮的份上了。他給呂布寫了封信。

袁術說：「呂將軍你對我有三大功勞。當年你殺了董卓幫我家報仇，這是第一大功；當年我送朝廷派的兗州刺史金尚去兗州接手地盤，結果在封丘差點兒讓曹操打死，是將軍破兗州給我報了仇，這是第二大功；我混社會這麼多年，沒聽說過有劉備這號人物，我憑藉您的幫助才打跑了這廝，這是第三大功。將軍有三大功，我袁術願意和將軍同生共死，送米二十萬斛犒勞一下將軍。」

沒羞沒臊啊！你是誰啊！四世三公啊！汝南袁氏啊！還「術雖不敏，奉以死生」！

在稱帝前不久，袁術又給呂布寫信，表示我要當皇帝了，希望給我兒子找太子妃，我想跟你結為親家，你看怎麼樣？

呂布同意了。但這個時候，老仇人曹操派了奉車都尉王則為使者給

呂布帶來了詔書。

　　曹操手書親自跟呂布講：「我要拜將軍為左將軍，現在國庫裡沒有好金子，我取自己的好金子給將軍做的印，國家沒有紫綬，我把自己用的紫綬送給將軍。過去的事都過去了，袁術現在不往人上走，他要遺臭萬年，你可不能和他同流合污啊！」

　　老仇人給他送禮後，呂布又想起來了去年六月的一件事：一天夜裡，呂布奪徐州後不久，他的部將河內郝萌軍變造反，帶兵包圍了呂布的下邳官府。呂布不知是誰造反，連衣服都來不及穿就倉促地逃到了高順的軍營。最終是高順帶兵斬殺了郝萌，並帶回了郝萌的部將曹性。

　　呂布在審問後，得知了兩個關鍵點：

　　1.郝萌兵變是受袁術的指使。[6]

　　2.同謀者除了郝萌外，還有陳宮。[7]

　　當時陳宮就在旁邊，整了個大臉通紅，身邊人都看出來陳宮又習慣性地出軌了。[8]呂布因為陳宮手下有兵，是重要合夥人，最終既往不咎，掀篇過去了。[9]

　　陳宮眼看呂布勢衰，而且多次不聽他的意見，再次決定自己動手換老闆。但是，他這輩子作為陰謀家比較失敗，每次的陰謀弒主都沒成功。這不是他最後一次算計呂布。

　　呂布跟袁術是有過節的，曹操這封信送來以後，呂布派兵追回了已經送半路上的閨女，還把袁術的使者韓胤用囚車送到了許昌。

　　與此同時，呂布派陳登去許昌謝曹操恩典並為自己討徐州牧的正式冊封，陳登作為本土士族繼擁立劉備後再次尋找出路，見到曹操後表示：「呂布雖勇但腦子不好使，您得早做打算啊！」

6、7、8、9　《英雄記》：言「萌受袁術謀」。「謀者悉誰？」性言：「陳宮同謀。」時宮在坐上，面赤，傍人悉覺之。布以宮大將，不問也。

曹操拜陳登為廣陵太守，臨別之時曹操握住了陳登的手說：「東方的事就託付給你了，你回去後要努力發展，將來為我內應。」

陳登回來後，呂布怒了：「你當上了廣陵太守，我的徐州牧呢！我讓你賣了！」

陳登說：「我見到曹公，說呂將軍是大老虎，您得讓他吃飽了，餓著他就該吃人了。」

曹公說：「這個比喻不恰當，對於呂將軍要像養鷹一樣，餓著點兒就能用，吃飽了就飛了。」

聽到陳登拿他當畜生的比喻後，呂布覺得說得特別好。他決定做曹操的大老鷹。

這讓袁術很沒面子。袁術這輩子就像是一個不斷下墜的拋物線，本來是漢末前兩名的頭馬，但跑了十年後，先是沒競爭過這輩子都沒聽說過的劉備，隨後又被三姓家奴把求親的大使都給送到許昌了。

惱羞成怒的袁術派大將張勳、橋蕤等，以及被曹操打過來的韓暹、楊奉合兵七路，步騎數萬奔下邳而來。

八、荊北南陽賈詡佈局，關中徐州荀彧定調

袁術七路大軍撲來，呂布用陳宮計策，給白波軍的韓暹、楊奉寫信：「兩位將軍前面千里護駕，我親手殺的董卓，咱都是根正苗紅的漢家忠臣，怎麼能和袁術混一塊兒去當賊呢！不如一塊兒打袁術為國除害，袁術的那些軍資我全都留給二位將軍。」

韓暹、楊奉覺得也對，他們現在編制還是漢廷的呢，呂布又放棄了分紅，於是同意了。

呂布隨後出兵迎戰，會戰開始後，韓暹、楊奉突然反水，袁軍大敗，呂布一路追擊連殺大將十餘人，袁軍幾乎全軍覆沒。

呂布和韓暹、楊奉繼續向壽春進軍，一路搶到了淮河邊，還給袁術留了一封侮辱信。

袁術大怒，帶著五千步騎到了淮河邊示威，結果呂布不僅傷害了他，還一笑而過，說他稱帝很貪婪，軍力很弱小。

九月，被呂布傷害的袁術進攻陳國，結果被曹操親自帶隊反攻。袁術聽說曹操來了，直接扔了部隊就跑了。

袁術安排橋蕤等在蘄陽阻擊，結果曹操到了以後又是一場大勝，橋

蕤等被殺，曹操隨後帶隊回到了老家譙縣，遇到了自他鬧革命走後接管當地黑社會的老大許褚。

許褚勇力絕人，手上有上萬人的隊伍，結塢堡，在豫州頗有勢力，遠近各路黑幫忌憚他，都繞著走。

許褚帶著他的上萬人部曲立刻歸附了曹操，隨後成了曹操一直到死的核心保安衛隊長。典韋讓自己作沒了，老天又送來了老鄉許褚。

袁術的北伐兩戰輸得一塌糊塗，逃到大本營淮南。

197年冬，稱帝剛半年的袁術就遭到天譴，整個淮南出現大饑荒，江淮處處可見人吃人的慘像。緊接著，禍不單行，手下陳蘭、雷薄叛變，掠糧草後落草灊山為寇。

命裡沒有，你就擔不起這個聖號。袁術的敗亡，進入了倒計時。

曹操在打袁術的同時，張繡也在不斷地噁心曹操，南陽北部章陵等縣被張繡勾引投降，曹操命曹洪討伐張繡，又讓張繡給打回來了。曹洪退守葉縣，張繡乘勝不斷進攻，直接威脅到了許昌。

197年十一月，曹操收拾完袁術，馬上調轉來打張繡，攻佔宛城，攻克劉表部將鄧濟把守的湖陽、舞陰，又拿回了南陽北部。

198年正月，曹操回軍許昌過個年，三月，再伐張繡。

曹操如此頻繁地打張繡，面子問題已經佔上風了，畢竟自己吃的這瘤太不光彩，而且損失太過慘重。

荀攸對他說：「張繡現在的軍糧全靠劉表，劉表一斷糧，張繡馬上就瞪眼，咱們應該暫緩進攻，等著他們分手，現在咱打他們，是幫著他倆抱成刺蝟抵抗咱。」

荀攸明顯沒有他叔荀彧說話好使，曹操不聽，再伐張繡，在穰城圍城無功。

五月，劉表救兵來了，與此同時，曹操收到消息，袁紹那邊要去許

昌劫獻帝。

曹操撤軍，張繡展開追擊。張繡身邊的賈詡說：「不能追，追必敗。」張繡不聽，曹操反擊得手，張繡大敗而回。

張繡追擊失敗後跟賈詡道歉，賈詡說：「甭道歉了，趕緊接著追！」

這位天下第一毒士歷經輾轉來到了張繡這裡。

賈詡在跟著李傕追擊獻帝後，回關中時投奔了華陰的段煨，不久，張濟戰死，賈詡又給在宛城的張繡示好。張繡派隊伍來接這個西北最強大腦。

賈詡要走的時候，身邊人問他：「段煨對您不可謂不厚啊！您為什麼要離開他啊！」

賈詡說：「段煨天性多疑，我察覺他有猜忌我的意思，現在雖然禮遇甚厚，但他不會允許一個拿不準的人在身邊，我走他必定很高興，他也盼著我在外能給他拉來結盟幫手，所以必厚待我妻子兒女。張繡無謀主，我這一走可謂自身與家庭都能得到保全啊！」

結果如他所料，賈詡投張繡後，張繡以晚輩之禮尊崇賈詡，段煨也善待賈詡家人。賈詡到張繡那裡後勸說他放棄仇恨和劉表結盟，使得他在南陽站住了腳，等曹操來後又賣出了一個好價錢。

本來張繡全軍已經得到一個非常好的結局了。但隨著曹操忙活張繡他嬸，隨手給了大將胡車兒一塊金子，張繡和賈詡感覺到了兩種非常不好的可能：

1.要麼曹操不檢點，這說明他拿我們不當回事兒。

2.要麼曹操不上道，這說明他想吞併我們的部眾。

無論曹操是不檢點還是不上道，這都預言著我們的未來不會美好。

兵無常勢，水無常形，在賈詡這裡，局勢在變，出招自然也要變。張繡夜襲曹營的戰術佈置，就是在賈詡的操刀下完成的。

這次張繡在大敗後聽賈詡的話點起敗兵再追，大勝而歸。張繡回來討教為什麼，賈詡說：「你雖然能打，但你打不過曹操，曹操撤退必定親自斷後，所以你肯定吃虧。曹操之所以圍城卻沒幹什麼就走，必定是後方出事了，他打完你必定全力趕回，所以你再追必勝。」

賈詡能通過不多的信息，就知道曹操比張繡高一段位，還能看出曹操家裡出事，這都是一葉知秋的本事。

三國第一劇情推動師賈詡操縱著張繡來來回回的這是幹什麼呢？

打出讓人對你的忌憚！打出讓人對你的尊重！打出雪中送炭而不是錦上添花的最終效果！

這一次，這位在三國中話最少的重要人物又張嘴了。不遠的未來，他就要帶著自己這幾年的佈局決定歷史大勢的走向了。

話說在曹操跟張繡這一年多的死磕中，實際上曹操屬於沒幹什麼正事，兵士疲憊、糧草空耗，張繡還打不下來，自己當初沒管好褲腰帶的善後成本實在是太高了。

所幸的是，時局中，各有各的亂。

袁術被打趴下後又趕上饑荒，孫策忙著跟袁術鬧分手跟他關係也不錯，呂布總也弄不明白自己的戰略到底是個什麼，跟袁術、劉備時掐時好，所以這才沒顯出曹操的不務正業。

但曹操不務正業的資本越來越少了，因為北面的袁紹已經快進化成完全體了：幽州方面，公孫瓚和黑山張燕快扛不住了；并州方面，袁紹的外甥高幹成功進入上黨，已經拿下太行山脈大半；青州方面，長子袁譚北排田楷，東擊孔融，已經把勢力拓展到了東海之濱。

袁紹嚷嚷要南下把曹操嚇得夠嗆，尤其是曹操迎回獻帝後，袁紹的氣一直不順。對於獻帝，袁紹是又想要，又不想要，拿手裡膈應，別人

拿著又眼紅。

獻帝到許昌後，下詔書批評袁紹（其實是曹操嘚瑟）：「你實力這麼強，我讓人抽得滿世界找牙時你幹什麼了？你不給力啊！要反省！」

袁紹多精的人啊！不僅舉了一堆例子給書面懟回來了，還高調罵曹操不是東西，我當年包裝劉虞時你還在我這裡打雜呢！

怕把袁紹惹急了，197年三月，曹操派孔融持節拜袁紹為大將軍，督冀、青、幽、並四州。但是，兩人的關係是永遠也回不到從前了。

曹操在張繡這裡來回吃癟，袁紹很開心，給曹操寫信，大體意思是：「現眼了吧，該！」

曹操把袁紹埋汰他的這封信給荀彧看，說：「我現在就想抽他，但我覺得咱還差點兒意思，你說怎麼辦！」

荀彧說：「自古決定成敗的是能力，項羽和劉邦一開始也是強弱懸殊。現今跟您爭天下的人，就是這袁紹了，您聽我跟您分析啊。

「袁紹這人貌似寬宏大量，實則內心狹窄，用人疑心太重，您明正通達、不拘小節、唯才是舉，度量上您大勝袁紹。

「袁紹遇事遲疑猶豫，您瞅他當年在洛陽被董卓搶票房讓人家給埋汰的，而您能決斷大事，隨機應變，把獻帝都包過來了，謀略上您大勝袁紹。

「袁紹軍紀不嚴，法令不能確立，士兵雖多卻使不上勁兒，您法令嚴明，賞罰必行，士兵雖少卻都奮戰效死，用兵上您大勝袁紹。

「袁紹憑其名門貴族，裝模作樣，士人中缺乏才能而喜好虛名者大多歸附於他，您以仁愛之心待人，推誠相見，不求虛榮，行己謹儉，在獎勵有功之人時無所吝惜，因此天下忠誠正直、務實肯幹的士人都願為您效勞，在德行上您大勝袁紹。

「有這四大勝，袁紹強大又有何用？」

荀彧說的這四點，細琢磨都是胡扯。袁紹跟曹操絕對是平級的人物，他這輩子實際上就打輸了一戰，戰績比曹操可強多了。

袁紹的最終敗亡另有原因，絕不是什麼個人素質問題。荀彧真正值錢的建議，是後面這段。荀彧說：「打袁紹前，得先滅呂布。」

為什麼呢？因為「建安三年，布復叛為術」。

仔細觀察就會發現，荀彧的很多建議，其實都和大漢的最終利益高度重合。呂布又叛漢了，這是荀彧很在意的！

曹操說：「呂布不算個東西，我真正憂慮的，是怕袁紹侵擾關中，引發羌、胡叛亂，再向南引誘劉璋，那樣的話我就要用兗、豫二州來對抗天下的六分之五了。那該怎麼辦呢？」

荀彧說：「關中不用擔心，現在關中土匪大帥數以千計，大大小小都是山頭，沒人能統一起來，目前只有韓遂、馬超最強，他們只會擁兵自保。如果以恩德招撫他們，派人與他們通好，即使不能長久安定，但至少在您平定山東之前，足以不生變動。這個人，非鍾繇不能勝任，關中給他您就放心吧！」

這就是荀彧的合夥人作用，他的話全都是在曹操事業關鍵點上說出來就能起作用的，而且他永遠有辦法，還永遠能叫人出來幫曹操平事。

這次他召喚出來的大神，是潁川四大家族之一的鍾家掌門人，鍾繇。

鍾繇之前一直在東漢政府中任職，經歷了獻帝在洛陽、長安的受難，李傕、郭汜專權的全部過程。荀彧推薦鍾繇回到關中的一大原因是：門子熟。

曹操首次聯繫獻帝時，李傕、郭汜並不拿曹操當回事，認為關東人不是要另立皇帝嗎？跟我們套近乎幹什麼？是鍾繇在其中起到了重要的斡旋作用，才使得曹操和關中第一次搭上了線。

鍾繇為什麼無緣無故地幫曹操呢？因為老鄉世交的荀彧唄。

195年，李傕抓走獻帝跟郭汜對打，鍾繇與尚書郎韓斌共同謀劃了獻帝出逃，最終在西北軍各大佬複雜的談判與協商下，獻帝得以東歸。獻帝入許昌後沒多久，鍾繇成了繼荀彧後的政務二把手，同時間，董卓系破壞力最強的兩個亂賊李傕、郭汜被關中勢力團滅了。

之前李傕、郭汜的半年對打使得雙方實力大損，外族雇傭兵又在賈詡的一頓飯後紛紛離去，楊奉對李傕的叛變又使得李傕實力大減，獻帝東歸又使得郭汜、張濟等原西涼大佬將部隊帶出了關中，董卓的老班底已經對關中形不成統治優勢了。

沒多久郭汜被部下伍習殺死，曹操又以天子詔命令關西諸將討滅李傕。

198年四月，就在收到袁紹這封埋汰信的時候，李傕被擊敗斬首，關中至此進入山頭林立的亂燉階段，比較大的兩股勢力又變回了最早引發西涼叛亂的韓遂、馬騰。

就在這個時候，荀彧推薦並主導了鍾繇的入主關中，這成了後面那場世紀大戰的重要勝負手之一。

鍾繇以侍中的身份領司隸校尉，持節督察關中各路人馬。鍾繇到達長安後，致信馬騰、韓遂等各路勢力，穩住了韓遂、馬騰，還讓他們向許昌送出了人質。

鍾繇入長安總督關中，絕對不可能起到軍事壓制的作用，但他的魅力與能力，讓整個關中產生了這樣一種感覺：朝廷已經開始恢復正常了！遠東的曹操非常強大！咱們不能再胡作非為了，現在朝廷認可我們做關中的土財主，我們要給朝廷面子！

鍾繇到任後不僅穩住了關中，還為曹操盯住了袁紹的并州，後面那場大戰不僅沒給領導添任何負擔，還在官渡大戰的關鍵時刻輸送給曹操

重要戰略物資：戰馬兩千匹。

後來曹操孤注一擲火燒烏巢時，率領的是「精銳步騎五千」，要是沒有這兩千匹戰馬，最後的戰果難料，因為那一夜，時間就是國運，即便是夜襲，曹操也是最後一哆嗦時才拿下來的！

後來曹丕稱帝回顧先輩創業時動情地對潁川集團說道：「昔漢祖以秦中為國本，光武恃河內為王基，今朕復於此登壇受禪，天以此郡翼成大魏！」

像荀彧、鍾繇這種源源不斷的頂級人才輸出，潁川何其多才！

曹操回援許昌後，袁紹沒有南下，過了幾個月，到了198年冬，如荀彧所說，曹操必須要解決呂布了。因為守小沛的劉備又被呂布趕出來了。

劉備到此時，除了陶謙死時撿到過一次餡餅外，每次一出現基本上都是拿了點兒好處馬上加倍吐出去的倒霉蛋兒節奏，他就像小說中的收垃圾角色，每到要出現轉折了，要犧牲一個人來過渡劇情了，他就出來了。

劉備自196年投奔曹操被重新安排回小沛前線，已經當了兩年的釘子戶了。

在這個過程中，呂布曾經令白波軍的韓暹、楊奉收割劉備的麥子去，結果他倆讓劉備給做了。

劉備在他老祖龍興之地作風相當彪悍，呂布也沒再去惹劉備，這次呂布打劉備的原因是198年春天，呂布派人攜重金去河內買馬，他的戰馬在多年征戰後已經消耗得差不多了，結果半路被劉備打劫了。

這就要了呂布的命了，馬買不來，他的最強戰術就使不出來。呂布大怒，派高順和張遼等發軍攻打小沛的劉備。

曹操也派出了夏侯惇支援劉備，但夏侯惇沒怎麼發揮就被打回來了。

一直打了半年多，直到秋天，高順、張遼終於成功地拆遷了小沛劉備這個釘子戶。劉備跑了，媳婦又讓人家逮走了。呂布也最終逼來了大魔王曹操。

　　其實此時的呂布已經是強弩之末了，他威猛的重要原因是會打騎兵戰，但在多年的消耗下馬匹已經嚴重不足，劉備這些年在一連串的戰鬥中也算是極大地消耗了呂布的軍力，最終讓曹操成功地摘了桃子。

　　不過最終讓曹操下定親征決心的，是曹操的二當家荀彧發話了。

　　其實眾將對此不認可，普遍反映：「劉表、張繡在我們身後，現在去遠襲呂布，會很危險。」

　　但荀彧自有道理：「劉表、張繡剛跟我們打完，不會再動，呂布驍勇，現在又和袁術聯合起來了，如果讓他縱橫江淮之間，禍害必大，各路土匪也都會去依附他，應趁著他現在再次反叛大漢馬上打他！必定拿下！」

　　荀彧這次點名指出：「必須要剿滅袁術、呂布反大漢的土匪集團！」所以諸將的建議就都不好使了。

　　呂布這些年非常有意思，偷襲了劉備要收人家當小弟，人家有一萬兵他又把人家打跑了；袁術要娶他閨女當兒媳婦他答應了又反悔；劉備在曹操的支持下回來添亂又沒反應，完事曹操一通忽悠又跟袁術打了起來；這忠臣本來當得好好的，現在又跟袁術搞到了一塊。

　　呂布的所有外交政策都讓人看不懂，他像是個隨處撞牆的大綠豆蠅，噁心人地撞到哪兒算哪兒。

　　他即將撞來自己人生的終點。

九、漢末十年大亂塵埃漸定

198年九月，曹操和被趕出來的劉備在梁地相遇，隨後進兵彭城，十月，曹操屠彭城。與此同時，廣陵太守陳登率郡兵截斷了呂布南下的退路。

呂布帶兵多次出城和曹操對戰，全都大敗，一直打到不敢出城。曹操寫信給呂布，說，投降吧，別費勁兒了，你打不過我。

呂布慫了，準備投降了。但是陳宮因為害怕曹操恨自己，死活勸呂布不能投降。

呂布於是派人向袁術求救，袁術說：「呂布不是不跟我結親家嗎？找我來幹什麼？」

呂布的說客說：「呂布被打死，明天就是你了！」

袁術也是秋後的螞蚱了，根本組織不出救兵，只是搞了搞閱兵，聲援了一下。

呂布認為袁術還在生他的氣，於是把閨女捆在馬上，夜裡親自組織突擊隊準備給袁術送過去，結果被曹操的弓兵隊一頓爆射給轟了回來。

陳宮對呂布說：「曹軍遠來，勢不能久，若將軍率步騎出屯城外，我

率領餘眾守衛城內，曹軍要是打將軍，我就出去揍他，若來攻城，將軍就來救我，用不了十天曹操的軍糧就沒了，到時候咱再打他必可一鼓而定。」

呂布又同意了。

要走之前跟他媳婦一念叨，他媳婦說：「過去曹操待陳宮如兒子一樣陳宮他都能背叛他，現在你待他沒有曹操好，卻要把城交給他，你一走你的老婆孩子就都是別人的了。」[1]

連個沒出過門的女同志都能看出來這又是陳宮在算計你了，所有人抱一塊兒守城都快守不住了，你還分兵出去？你組織突擊隊送閨女都衝不出去，現在就能衝出去還有空把防禦工事建起來？就算建好防禦工事，那城外的軍營能比城牆瓷實？你野戰又打不過曹操，出去又能有什麼用？陳宮這是在拿下邳城和你的人頭當自己的道歉禮物啊！

就你這腦瓜子還混漢末！唉！就是這些年運氣好啊！

沒有開玩笑，呂布的運氣在漢末是排前幾的，遠比劉備、孫策等要強。

1. 跟著丁原幹的時候碰上了皇權大崩塌，多方都在爭取他，董卓給他開了高價。

2. 刺殺董卓的時候趕上太師不聽他媳婦的話，而且嫡系的西北軍都在外面。

3. 入兗州的時候趕上曹操和兗州士族內部開撕，他又恰巧到了潁川，背靠老鄉河內張楊，於是被張邈、陳宮拉著做了股東級打手。

4. 被曹操踢到徐州的時候又偏偏趕上三爺和丹陽兵內部開戰找他求援，讓他這個一無糧、二疲憊的落魄軍閥襲取了下邳，還控制住了劉備

1　《三國志·張邈傳》：昔曹氏待公台如赤子，猶舍此而來。今將軍厚公台不過於曹公，而欲委全城，捐妻子，孤軍遠出，若一旦有變，妾豈得為將軍妻哉！

集團的家眷。

5.馬上要當袁術親家的時候又趕上曹操跟張繡對打，給他開出了左將軍的大漢官方支票。

這運氣要是不叫好，就沒有叫好的了。

為什麼呂布會被《三國演義》硬生生地拔高成三國武力第一人呢？因為要是不如此虛構拔高，根本解釋不了這十年的爆棚好運氣。

老百姓是不愛看邏輯性強的前因後果的，只能在每一次因緣際會的好運關頭，來一句「人中呂布，馬中赤兔」，然後順理成章地給遮過去了。

但是即便如此，呂布依然憑藉他驚人的腦力和天賦，將老天不斷恩典的各種各樣好運氣運作成了罐裡越養越小的王八。

曹軍圍呂布兩月，士卒疲敝，打算撤軍了。眼看好運氣又要降臨到呂布身上了。但潁川雙謀主荀攸和郭嘉同時勸阻：「呂布勇而無謀，現在已經被咱們打得沒有任何銳氣了，就差最後的一輪急攻了！」

還是那句話，人這輩子的好運是有概率的，你總不能指望以百分之十的奇蹟贏一輩子。

曹操堅韌不拔加擁有百戰精兵，將勝率提高百分之三十；自己和荀彧定戰略方向提高百分之二十；潁川屯田物質基礎提高百分之二十；漢獻帝家的四百年老區提高百分之十；潁川郭嘉們計謀擔當再提高百分之十。

有這百分之九十的穩定輸出，就算每次都碰上百分之十的壞運氣，那又怎樣！我的操作系統比你強太多了！從概率來看，我滅你就是必然！

曹操於是引沂、泗二水灌城，又一月，呂布軍中上下離心。

十二月，呂布部下侯成、宋憲、魏續反叛，抓住了頭號抵抗派陳宮

投降，呂布退保白門樓。曹軍急攻，呂布見大勢已去，令左右將他的首級交給曹操領賞，左右不忍，呂布下城投降，還讓旁邊被他欺負慘了的劉備幫著在曹操面前說好話。劉備答應了。

等曹操開會徵求意見的時候劉備來了句：「明公還記得丁建陽和董太師嗎？」

呂布很憤怒，死前大罵：「劉大耳朵最沒有信義！」殺了一輩子爹變了一輩子臉的人說別人沒有信義。呂布用這句話給自己的醜陋一生畫上了幽默的句號。

呂布被勒死梟首後，二號匪首陳宮被拽過來了。這個人一輩子總算計人，是個地地道道的聰明人啊，死前仍然用智商保住了家小。

曹操問陳宮：「你不是挺能的嗎？不總說自己智商過剩嗎？怎麼被我逮起來了呢？」

陳宮說：「我說的所有計謀呂布都不聽，他要聽了就不至於到今天了。」

曹操大笑：「那今天這事兒你打算怎麼辦呢？」

陳宮說：「為臣不忠，為子不孝，快弄死我吧。我聽說以孝治天下的人不害人之親，施仁政於天下者不絕人之祀，我老母妻子都在您一念之間。」

「孝」和「仁」兩頂大帽子突然扣下來，一句話把曹操給架那兒了。

陳宮又說：「趕緊殺了我吧，用我這惡劣典型以儆效尤！」

然後趁著曹操沒反應過來自己趕緊往刑場走，誰攔都攔不住！

真聰明啊！拿大帽子把曹操架那兒，自己迅速一死了之，曹操多恨他也沒辦法滅他的族了，否則那就太沒風度了。

此君堪稱《三國演義》最離譜的造神者，明明機關算盡太聰明反誤了卿卿性命，卻被包裝成了仁義大氣、反奸雄愛民如子、恨呂布不成鋼

的謀士。

即便如此，羅貫中改編得依然有理。因為此君銜接了太多陰謀板塊，都照實寫小說就沒法看了。數百年前的老百姓是看不懂太複雜的陰謀的，所以一句曹操奸賊必須反，就把兗州的關鍵疑問給遮過去了。正史有正史的脈絡，小說有小說的筆法，我們要抱著寬容大氣和文學創作的態度看待《三國演義》。千萬不要因為瞭解了正史就去貶低這部文化寶庫中的皇皇巨著，其書的普世弘法價值是永不可磨滅的。

從容、自信、淡定地看待這段歷史與文化，不虛美、不隱惡、不卑不亢。永遠相信，也永遠對得起祖宗留下來的瑰寶。

在徐州問題的後續處理中，曹操對一個關鍵人物做出了關鍵安撫，和鍾繇一樣，這同樣也成了後面的那場大戰的關鍵勝負手之一：青徐黑老大臧霸。

臧霸是三國中極少數的，以土匪起家，最終能夠得到善終的人。而且重點是，他始終是以一股獨立的勢力存在的。

其他的各路土匪山賊，最終下場都不好，而且都沒能混太長時間。唯有臧霸，不僅在三國初年的亂世中成功存活，還越混越壯，最終成為青徐誰都不敢惹的存在。直到曹操離世，他都有單獨的地盤和編制。

這要得益於他的會做人、他的特殊兵種，關鍵的地理位置以及雪中送炭的關鍵貢獻。

臧霸最早出道是為了救他爹，他爹是監獄看守，因為私殺囚犯被太守拿下治罪，十八歲的臧霸帶著十幾個兄弟前往費縣西山將父親救出，還捎帶腳殺了太守。

十多人組成的劫獄小隊嚇跑了一百多個獄卒，臧霸的孝烈之名開始在山東傳開。在孔老夫子的土地上，如此大孝之子得到了山東猛人們的

強烈推崇。

黃巾起義後，臧霸帶領著他的泰山兵兄弟們投靠了陶謙，立了戰功得了正式編制騎都尉，後來又在徐州招收了一部分兵源，和孫觀、吳敦、尹禮、孫康等勢力抱團，聚合軍眾自當統帥，屯於開陽一帶，變成了徐州的一夥編外勢力。

上面提到的這幾個人，都是泰山人，手下都有一夥泰山兵部曲。

不久，臧霸迎來了他的命中貴人。

曹操為了報父仇，將徐州北部東海琅邪的陶謙勢力徹底連根拔起，197年，臧霸泰山匪幫佔領了琅邪國，並和呂布達成了合作關係。

曹操討伐呂布時，臧霸曾帶兵助呂布，後來呂布戰敗，臧霸又迅速改換門庭，和曹操建立了屬友好關係。

曹操給臧霸開出了天價支票，分琅邪、東海為城陽、利城、昌慮三郡，任命臧霸為琅邪相，吳敦利城相、尹禮東莞太守、孫觀北海太守、孫康城陽太守，割青、徐二州，全部託付給了臧霸。（見圖 3-5）

對於泰山兵的實力，曹操是很瞭解的。

青州兵是他的百戰鐵軍，但在宛城全都潰散的時候，于禁的泰山兵不僅軍制完整絲毫不亂，而且還把彪悍的青州軍給打了。

于禁在曹魏外姓諸將中，其實是五子良將之首，所憑藉最關鍵的底牌就是部曲泰山兵，近三十年的戰績和立功其實比張遼含金量要大。

比如于禁後來敢帶著兩千兵就在黃河前線站台跟袁紹對打，袁紹不僅打不動還被于禁弄死幾千人。

曹操給臧霸開出天價支票，除了知道他的那幾支泰山兵部曲聯盟實力超群不好惹之外，還有另一個原因：他和袁紹決戰的時間越來越近了，此時已經明顯地感覺到了袁紹的壓力，他無法再騰出手得罪一個不好惹的地方勢力了。

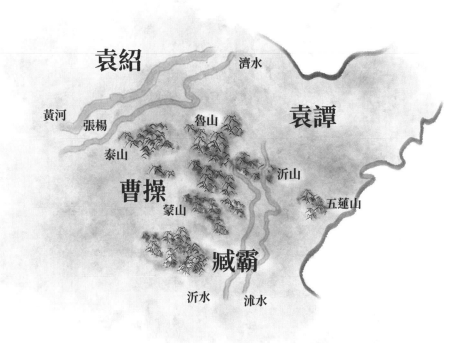

圖 3-5　山東半島及周邊勢力圖

更重要的是，臧霸的泰山兵可得到持續補充，比張繡可要厲害得多。張繡的兵源都是西北兵，在荊州打死一個就少一個，很難得到補充。臧霸的地盤就守著泰山，家鄉的子弟兵能源源不斷地補充進來。

張繡的教訓歷歷在目，曹操需要的是團結一切可以團結的力量，臧霸等泰山五將的地盤正對面就是袁譚的青州，他必須利用臧霸的泰山兵堵住袁紹從青州方面包抄他後方的可能。

曹操的這張支票並沒有白開，在與袁紹正面對決時，臧霸數次帶精兵入青州，牽制住了袁紹的青州勢力。

一個小疑問來了，為什麼開始是明顯的袁強曹弱，臧霸仍然義無反顧地幫助曹操呢？包括黑山賊的張燕等一眾土匪也都接受曹操的收編了呢？還有關中的那群土匪怎麼也都消停了呢？

舉個例子我們就通透了。

大家知道梁山泊的宋公明宋大哥嗎？當了土匪後，最迫切的願望是什麼呢？是招安。

說到底，臧霸等一干土匪被曹操收編，跟曹操的關係並不大！所有匪幫的最終服軟，是在於四百年大漢招牌給出的政策讓他們放心了：這輩子的殺人放火，終於等來招安了，一將功成萬骨枯，終於可以洗白上岸了。

鍾繇和臧霸，成為曹操一西一東牽制袁紹并州和青州力量的兩個關鍵點。

曹操剿滅呂布安撫完臧霸的同時，他得到了消息：公孫瓚完蛋了。

自191年雙方撕破臉，到199年春天，袁紹和公孫瓚的河北之爭終於以袁紹取得全面勝利而告終。這段橫跨八年的互撕終於落幕。

191年到193年，公孫瓚佔據上風，但公孫瓚殺掉民望甚佳的劉虞成

為其敗亡的第一個轉折點。

195 年，袁紹會合劉虞的殘餘勢力和烏桓勢力對公孫瓚形成重大打擊，公孫瓚開始一蹶不振，進入敗亡倒計時。

袁紹連年進攻公孫瓚，不能攻克，就寫信給公孫瓚，想與他解開過去的仇怨，互相聯合。

公孫瓚不予理睬，增強防備：就算被你打成了宅男我到底還有東北漢子的氣節！

袁紹於是大舉增兵，向公孫瓚全方位進攻。公孫瓚據守各地的將領中，有人被袁軍圍困，公孫瓚不肯救援，理由是：「如果救了這一個人，會使其他將領以後依賴救援，不肯努力奮戰。」結果他的政策被自己人看明白後就投降的投降，潰散的潰散了。袁紹大軍長驅直入，直到易京城門。

公孫瓚派兒子公孫續向黑山軍的將領們求援，並準備親率精銳騎兵出城奔往西山，帶領黑山軍反攻冀州，切斷袁紹的退路。

關靖勸阻公孫瓚說：「如今將軍部下將士無不懷著離散之心，之所以還能堅守，只是因為顧念全家老少都在這裡，而且依賴將軍在此主持大局，繼續堅守，拖延時日，或許能使袁紹知難自退。如果將軍捨棄他們，率兵出城，後方無人做主，易京的陷落就是眼前的事了！」

公孫瓚放棄了最後一次逃出去的機會。

公孫瓚這些年一直在修建易京工地，工程質量相當高，袁紹正面打不動，只能派圍城部隊以挖掘地道的土工作業方式往前推進。

199 年初，黑山軍首領張燕與公孫續率兵號稱十萬，分三路援救公孫瓚，張燕的援軍還未到，公孫瓚秘密派使者送信給公孫續，讓他率五千鐵騎到北方低窪地區埋伏，點火作為信號，公孫瓚打算自己出城夾擊袁紹圍城部隊。

就是在這封信中，公孫瓚說出了一句話：「袁氏之攻，似若神鬼，鼓角鳴於地中，梯衝舞吾樓上。日窮月蹙，無所聊賴。」與其說是求援，不如說是謝幕前的推卸責任：不是我不行，怎奈對面是妖魔啊！我已經扛了八年了，不簡單了。

袁紹的巡邏兵得到這封書信，袁紹就按期舉火，公孫瓚以為援軍已到，於是率軍出戰，被袁紹的伏兵打得大敗，退回易京。袁紹不久將戰壕推進到了公孫瓚所住的中京。

公孫瓚知道最後的時刻到了，於是絞死自己的妻子兒女，放火自焚。不久，公孫續也被匈奴屠各部殺死。

199年三月，糾纏了八年的幽州公孫瓚勢力終於被袁紹徹底剿滅。

自190年正月鬧革命，到199年春，九年多的時間，袁紹集齊了北方的青、幽、并、冀四大州，完成了帝國北方的統一。

公孫瓚對袁紹的八年抗戰，更像是在給曹操爭取時間。他早一年完蛋，曹操都很費勁。

就在關鍵的198年，曹操派出鍾繇穩定了關中，拿下了徐州，掃平了呂布，還在青州佈置了臧霸。由之前的漏洞百出，變成了可以一戰。

三月，公孫瓚死。四月，河內張楊的部將楊醜殺了張楊準備投降曹操。結果張楊的另一個部將眭固殺了楊醜，打算北投袁紹。曹操迅速遣史渙渡河攻擊，在射犬（今河南武陟西北）斬眭固，盡收張楊部眾控制了河內郡，勢力進入黃河以北。

至此，曹操、袁紹勢力開始全面接壤。

199年，各條劇情線開始紛紛收尾，袁術繼公孫瓚完蛋後也不行了。

袁術稱帝後，奢靡貪淫的程度比以前更高，後宮妃嬪有數百人。外面又根本打不贏仗，越來越多的人離他而去，袁術終於混不下去了。

他決定把皇帝的尊號送給他心裡不平衡了一輩子的親哥哥，他寫了

封信給袁紹：「漢室氣數已盡，袁氏應當接天命為君王，符命與祥瑞很明白，大哥您有四州，戶口百萬，這個天命應該歸您，弟弟我認輸了。」

袁術打算投奔袁紹的長子、青州的袁譚。結果路上被曹操派來的劉備、朱靈軍截住去路，袁術只好退往壽春；中途想要投奔他以前的部曲雷薄、陳蘭，人家也不要他，士眾絕糧，又退軍至江亭。

六月盛暑，袁術想喝口蜜水而不得，歎息良久，納悶道：「我袁術怎麼會落到這個地步！」說完，吐血而死。

袁術的堂弟袁胤不敢留在壽春，率領部曲帶著袁術的靈柩與家眷，投奔駐在皖城的廬江太守劉勳。劉勳不久投降曹操，傳國御璽被送往許昌。

袁術的死亡，標誌著袁術在揚州的九江、廬江兩郡的最後殘餘勢力也落到了曹操手中。

至此，**轟轟**烈烈的漢末群雄爭霸，董卓、孫堅、公孫瓚、劉虞、袁術、呂布、李傕、郭汜、張邈、張楊、劉岱、田楷、孔融、青州黃巾、山西白波、太行黑山、豫州黃巾，以及風騷走位、老兵不死的劉備，全都被袁紹和曹操這兩個大神或消滅，或收入了囊中。

自189年董卓入京天下開始大亂，到199年關東只剩下兩位大神，經過了十年，東漢末年的超級天下大亂終於開始沙石澄清，紛雜的漫天煙塵開始漸漸塵埃落定。

中原大地最終剩下兩股最強的勢力。四世三公的袁紹佔據了青、幽、并、冀四州，實力最強；曹操有大漢招牌漢獻帝和兗、豫、徐三州，外加關中總督鍾繇和青徐黑老大臧霸。

中國的大勢將從這兩股大勢力中最終決出！

199年六月，袁紹統精兵十萬，戰馬萬匹，浩浩蕩蕩地準備南渡黃河進攻許昌。

決定漢末歷史走向的世紀大戰即將打響！

第 **4** 戰

官渡之戰：漢末雙神最後一秒的巔峰對決

一、大戰前雙方實力分析

歷史是很神奇的，它有真，有假，有誇張，有貶損，有栽贓陷害，有醜陋拔高；總體來說，很多歷史是後來者演繹出來的。

演繹後的歷史，往往有一個通性：它有著強大的歸因效應。

什麼叫歸因呢？ 就是用結果來推演過程。邏輯鏈條往往是這樣的：因為最後的失敗，所以之前的所有高明動作都是不對的；因為最後的勝利，前面多麼愚蠢的行徑也都是有理的。

這也就導致了歷史中的那些重要歷史轉折，最終都歸因到了某些名氣非常大的事件上。

像之前我們說的很多事件，比如趙滅亡是因為長平之戰打輸了，打輸了是因為趙王中了秦國間諜的計，用了趙括。比如韓信的背水一戰這招太妙了。比如漢武能夠擊退匈奴，是因為碰上了衛青與霍去病這千年不遇的帝國雙璧。比如劉秀是因為厚道，所以功臣得以善終，也埋下了豪族政治的禍根，等等。

這都是比較流行的觀點，但實際上，長平之戰是輸在了趙國的綜合國力以及太行山脈的運糧困難導致不得不用趙括，而且趙括也絕非馬謖

那種只會說大話的參謀。

韓信能耍出背水一戰是一系列連環計輪番施展的疊加效果，兵仙並非玩的是勇敢者遊戲。

漢武帝能這麼牛給匈奴打得娘都不認識了，最根本的原因是武帝是頂級通貨膨脹專家和國企締造者。

劉秀不單單是厚道那麼簡單，他能坐上皇位是豪族的投票選舉，他很難不讓豪族善終。

真正的原因往往很複雜，人性中，人們往往喜歡的是用簡短的幾句話來概括出本應幾百頁的大部頭著作所寫的內容。

不是說這樣不好，這樣的壓縮是文明傳播必需的。它能極大地形塑你要描述的事情，也能極大地降低你所描述這件事情的成本。

比如我們偉大的成語。當說到大軍規模夠大的時候，你只需要說「投鞭斷流」就可以了；當你鼓勵下屬好好幹時，著名成語創造者劉秀能甩出好幾個硬詞：「推心置腹」、「披荊斬棘」、「疾風知勁草」、「有志者事竟成」……

每一個成語，都是一段經典時間的濃縮。當人、事、物全部足夠經典，它所應運而生的那個成語就會起到只要一提這個詞，大家都會有恍然大悟的止語效果。

但是，這些濃縮全都是正確的嗎？或者說即便是正確的，很多詞往往還架不住人們的斷章取義和以偏概全。

比如濟公說的「酒肉穿腸過，佛祖心中留」，這成了廣大破戒者和放縱人的說辭，實際上後面還有一句話，「世人若學我，如同墮魔道」。

比如「三思而後行」，後面還有一句話：子聞之，曰：「再，斯可矣。」孔夫子的意思是別來回琢磨那麼多遍，想兩遍就可以開幹啦！

比如「閉門造車」，還有後半句「出門合轍」。

諸如此類，還有很多。

對於著名歷史人物，也是如此。太多的歷史人物，往往會被濃縮在一個事件上展示給後世。

比如「空城計」、「借東風」於諸葛亮（雖然都是編的），「破釜沉舟」於項羽，「背水一戰」於韓信，「匈奴未滅何以家為」於霍去病，「廢帝」於霍光，「昆陽大戰」於劉秀。

這些著名事件，在刪除大量的劇情後，成為這些極度複雜人士的最終背景。他們，是這個背景的完美詮釋與高光主角。他們，獨佔這個IP。

今天的這一戰，也成為一個人的最終人生背景。不是曹操，雖然說他是此戰的勝利者，而且此戰的意義對於他來講明顯更為重要，但此戰並不屬於他。因為他這輩子過於複雜，再加上《三國演義》的深入人心，他印入後人腦海的往往是那張大白臉和「寧教我負天下人」，雖然對他並不公平。

獨佔「官渡之戰」這個三國幾乎最重要之戰超大IP的，是袁紹。這一戰，斷送了他的一世英名，從此他榮登「中國歷史十大弱智」之列，這就是歷史的歸因效果。

因為你打輸了這一仗，所以你迅速地就土崩瓦解了。

真實的袁紹絕對不是二百五，弱智是導演不出「漢末崩塌」這樣的大戲的，弱智是不會從河北魔鬼場殺出來的。真實的袁紹，睿智、勇敢，有氣概，得人死力，望之即人主！

袁家在漢末有兩杆大旗打了出去，袁紹、袁術兩個房頭分別創業，同樣是家族背景，最開始袁術的官職還比袁紹高，袁術是後將軍，袁紹是一個小小的勃海太守，但大量的士族與官員還是抱袁紹的大腿來了。

雖然說袁術一路山炮，但袁紹不是雄才人傑，是不會有這等效果的。

他導演漢末皇權崩塌，安排說客逼董卓讓出關東，空手套白狼拿下

冀州，掃平河北群盜，囊括并州、青州，消滅東北猛男公孫瓚，官渡之戰前是全勝戰績。

這輩子，就敗了這麼一戰，就徹底地臭大街了。

客觀來說，他這一戰輸了，其實並沒有什麼，關鍵是他輸了後面發生的那件事。

先來看一下兩個主角的經歷。

袁紹：

190年正月，組建關東聯盟，擔任盟主。

191年，空手套冀州。

192年，和公孫瓚開始交戰，緩過初期最難的一口氣。

193年，剿滅河北各地土匪。

195年，把公孫瓚基本打殘，接管并州。

196年，長子袁譚拿下青州。

198年，把公孫瓚的虎牙徹底拔掉。

199年初，消滅公孫瓚，拿下幽州。

就此，袁紹完成了青、幽、并、冀四州的合體。

曹操：

190年正月，作為張邈手下關東聯軍憤青小分隊，被打禿後投奔袁紹。

191年，入東郡，幫助袁紹頂住南方黃河一線。

192年，入兗州，收編青州兵。

193年，跟袁紹打哭袁術，在東南暴打陶謙。

194年，老爹死在徐州，隨後開始報仇，一路平推徐州，後方老窩起火，張邈反，呂布亂入，省長變縣長，回軍奪兗州。

195年，打跑呂布，弄死張邈，頂級天災人禍下平定兗州。

196年，實行屯田，奉天子以令不臣。

197年，征張繡，哄呂布，把袁術基本打禿。

198年，征張繡，撫關中，滅呂布，封臧霸。

199年，入河內，定淮南。

明面上看，其實袁紹的實力並沒有壓倒性地勝出，因為袁紹是「青幽并冀」四個州，曹操此時也是「兗豫徐司」四個州了。

細分析下，雙方的四個州還各有水分。

以袁紹的并州舉例，完全的并州下轄太原、上黨、西河、雲中、定襄、雁門、朔方、五原、上郡九郡。

實際上，從靈帝末年開始，定襄、雲中、五原、朔方、上郡都已經相繼失陷在羌胡手中了，那年頭不光西涼叛亂，其實并州早就在逐步地解體了。

還記得當年劉秀把南匈奴安置在邊境的事嗎？小冰期來了，所有的族群都在南遷，一百五十年後，慢慢地就演變成了并州，涼州北部的胡人逐漸南下求生。

在漢末大亂時，并州軍被呂布帶到了董卓那裡，東漢的權力在并州出現了真空，大量的并州羌胡族群開始南下蓬勃發展。

南匈奴的於夫羅可以和曹操在黃河邊廝殺，獻帝被追得一路雞飛狗跳，只好請來了山西南部的匈奴人幫忙。

到了天下大亂時，真正還能掌握在中原政權手中的并州，只剩下了上黨郡和太原郡的一部分了。（見圖4-1）

193年，袁紹在境內猛掃土匪，掃平了太行山勢力最大的黑山軍張燕，打通了進入并州的線路。

195年，袁紹的外甥高幹正式進入混亂的并州，成功地為袁紹拿下了上黨和太原部分地區。

同樣縮水的還有幽州和青州。剿滅公孫瓚後，袁紹只拿回了幽州的一半，那一半遼東地區在公孫度手中，而且作為河北主戰場，此地區多年交戰，殘破荒蕪。（見圖4-2）

圖 4-1　太原郡與上黨郡位置圖

圖 4-2　袁紹與公孫度在幽州的勢力範圍圖

196年袁譚入青州時只有平原一地，後來他打敗了田楷和孔融，算是拿下了青州。

但是，青州本土的實力非常虛。因為青州作為袁紹和公孫瓚不斷爭奪的第三戰場，這片土地上的人口損耗非常嚴重。

在東漢的戶口本裡，青州巔峰期時有三百七十多萬人。但是不要忘了，這些年過後，主要的紅利都讓曹老闆拿走了，常年的戰亂和百萬黃巾移民兗州都使得青州的人口紅利不再。

袁紹手中的青州雖然還算是完整，但實際上青州並不大。由於山東半島又富裕又容易割據，因此在劃分行政區時，中央人為地對山東半島進行了削弱。兗州、豫州、徐州、青州，這四州在山東半島都有地盤，青州是拿下了山東半島北部的最大一州。

在行政區劃分的時候，青州的出發點是防著北邊的冀州，同時被南面的徐州、西面的兗州防著。（見圖4-3）

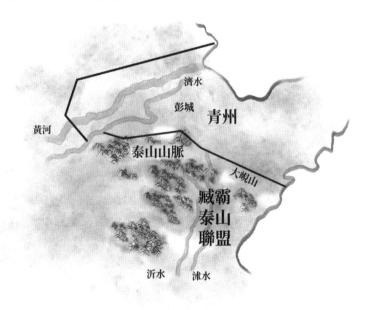

圖4-3　青州勢力範圍圖

因為冀州地處河北大平原，經濟實力最強、人口最多，所以黃河、濟水兩道天險被青州拿走。

但是因為徐州、兗州沒有青州富裕，於是山東半島南邊「峻狹僅容一軌」的齊南天險大峴山在徐州手中；西邊的泰山石敢當在兗州手中。

中央在最開始設計的時候，就是防止超級大省進行地方割據，所以領土被各州瓜分的山東半島威脅就不大了。

由於入山東的嗓子眼在琅邪國，因此後來臧霸很輕易地就進入了青州。

真正領土完整、袁紹能夠使上全力的，只有冀州一州。不過，這仍然比曹操強。

再看曹操這邊，徐州是剛平定的，徐州人恨死他；洛陽是官渡大戰前沒幾天才伸進腿的，而且很多年都是無人區；豫州南部之前是黃巾重災區，而且是袁紹的老家；江淮讓袁術這些年禍害得又一片狼藉。

真正算是曹操根據地的，也只有兗州和豫州北部而已。這兩個地方還特別虛弱。

由於兗州、徐州、豫南和揚北經歷了長達近十年的混戰，基本上只能自保，使不上別的勁兒，因此曹操真正能拿出手的，就是實行屯田了三年的潁川。

從地盤與實力上看，兩大勢力相差並不多，但是袁紹卻是公認的實力要遠勝於曹操，原因就在於曹操起步得比較晚。

袁紹在196年之後，基本就神功大成了，一直在對公孫瓚的殘餘勢力收尾。

曹操卻是在196年之後，才開始一路狂飆，從擁有兗州一地到三年間拿下了剩下三州。

關鍵的196年，奉天子，屯田制，潁川士族返鄉大復工，區別就在這裡出現了。

最近的這三年對袁紹來說基本是在以三州打一州，曹操卻是以一州平三州。

主力就是那麼多，屯田制再優越，也架不住曹操大軍沒完沒了地打來打去。大炮一響，黃金萬兩，十萬之眾，日費千金，曹操這幾年軍餉跟糧食算是花海了。

不僅是糧草不濟、士兵疲勞等硬性問題，曹操還由於起步得晚，三年內完成了版圖的迅速擴大，很多地方的統治基礎極其薄弱。這些問題在後面會非常要命地集中暴露出來，好幾次的後方起火讓曹操命懸一線。

袁紹在各地的統治基礎上，並不存在上述問題。

糧草儲備沒問題，因為近幾年沒大折騰；士兵戰力沒問題，一直跟公孫瓚糾纏，不存在馬放南山的問題；地方統治沒問題，四州基本上都鞏固住了，最新打下來的幽州也不存在民心問題，公孫瓚到了後期就是一個神經病老頭，袁紹滅他是眾望所歸，唯一讓他頭疼的黑山賊張燕也被他掃平，所以袁紹對於曹操的優勢，真的頗為巨大。

所有的歸因，在於袁紹起步早，這幾年實際上是在韜光養晦，而曹操追得挺猛，但有些窮兵黷武。

沒辦法，歷史不會給你這麼多的時間讓你方方面面做好準備，而且要不是曹操在宛城惹怒了張繡，他本來不用面對那麼多困難的。

公孫瓚已經很給力了，從196年就已經快不行了，一直堅挺到了199年初，曹操還想怎麼著！

更重要的是，公孫瓚長達八年的敗亡過程給當時的各割據勢力提供了袁紹集團非常詳盡的幕僚班子特點、技戰術打法和取勝經驗。

這都成為大戰之後擺在曹操參謀桌上極其重要的參考材料。

背景介紹完了，該進入正題了。起步早的、起步晚的現在都成了四個州的一把手了，他們要對決了。

199年六月，袁紹開動了戰爭機器，動員能力達到了驚人的數十萬。

曹操後來在打跑袁紹看到冀州的戶口本，興奮地對崔琰說：「昨案貴州戶籍，可得三十萬眾。」

就算剩下那三個州全都使不上勁兒，總體來講袁紹的動員能力應該也在三十萬往上的。

袁紹選拔出了精銳十萬、戰馬萬匹，準備南下進攻許都。袁曹雙方正式進入戰爭狀態。

對決之前，雙方內部都大打了一次嘴仗。

曹操照例開小會，拍板一言堂；袁紹則東風猛、西風烈地咆哮出了不尋常的山雨欲來之感。

二、河北黨爭兇猛，賈詡高價上市

在開戰之前，袁紹召開內部會議，沮授率先發表了自己的見解：「這些年打公孫瓚，百姓已經疲憊不堪，家底也快抖乾淨了，咱們應該休養生息了，最好別跟曹操打，而是先進屯黎陽，逐漸經營河南之地，作舟船，修器械，然後派咱們的精騎滿世界地掃蕩曹操的邊郡，讓他們沒法安心生產，咱們就可以坐享其成了。三年之內，大事必成！」

郭圖、審配則說：「以明公之神武，引河朔之強眾，討伐曹操那簡直太輕鬆了，根本沒必要整那些沒用的，曹操這兩年很虛弱，現在不取曹操，後面就難以拿下他了。」

沮授說：「自古救亂誅暴的叫義兵，恃眾憑強的叫驕兵；義者無敵，驕者先滅。曹操奉天子以令天下快把袁術打死了，那叫義兵，現在輿論上風頭正勁，而且曹操法令嚴明、士卒精練，不是公孫瓚那種傻子，現在捨棄一定能贏的辦法去興無名之師，我想想都替您後怕啊！」

沮授的言辭開始激烈起來，不僅在意識形態上暴漲他人志氣，還在戰術層面上矮化自己的集團。

郭圖、審配又說：「武王伐紂不叫不義，現在咱們實力比曹操強大很

多，不在這個時候打垮他，那在什麼時候打垮他？所謂『天與不取，反受其咎』，此越之所以霸，吳之所以滅也！」

一通辯論後，袁紹拍板打曹操。

袁紹該不該打曹操呢？從結果往前推來看，所有人都在說這是袁紹敗亡的開始。但實際上呢？必須該打啊，看見曹操這幾年有多虛了嗎？曹操基本就沒閒著，一直在打仗，光張繡就打了三次。此時他剛剛平完呂布，而且是在糧盡的最後關頭拿下的，西邊還有張繡、劉表隨時準備捅他。

他滿腦袋虛汗的時候不打他，等他吃了人參以後再打他？

虛的另一面，看見曹操自打迎回獻帝後有多麼巨大的升級了嗎？短短三年間，鳥槍換大炮，再給他來三年不得起飛嘍！

袁紹的這個決策絕對沒問題，此時是己方的股票最高點，曹操方現金流最貧乏的時候，必須打曹操！還得是不死不休地打！

但是，此時此刻，袁紹內部有很多問題要解決。

袁紹在召開對戰曹操的戰略會時，參謀部的人打起來了，意見很不統一。

郭圖、審配是速戰派，主張速戰速決，一傢伙打死曹操；沮授則是消耗派，主張以逸待勞打持久戰，耗死曹操。

在速戰和消耗兩種爭論下，最終以速戰派的勝利告終，袁紹拍板，趕緊打。

戰略已經定下，但是，這場爭論沒完。

從今天的視角看，我們知道袁紹這戰打輸了，沮授就說得特別好，但這並不能說明郭圖、審配就說得不對。

這樣的觀點交鋒其實很正常，任何戰略會上都會有各種各樣的意見，但是袁紹的此次班子會卻不歡而散，而且激烈到了不太尋常的地步。

沮授作為集團重要的高級官員，將對手拔得實在太高，甚至在意識形態上，出現了仗還沒開打對方就是義兵的說法。

　　這是個不同尋常的信號。袁紹最終的敗亡，在這裡埋下了很深而且能量極大的敗亡種子。

　　在這裡，我們要討論下袁紹、曹操兩個人的官員成分結構，尤其是決策層面上。

　　袁紹老家在汝南，壯大在冀州，他的手下主要是由三派人構成的，河北本地人、南陽人和潁川人。比如他重要的八位謀士，田豐（巨鹿）、沮授（廣平）、審配（魏郡陰安）是河北人；許攸、逢紀是南陽人；郭圖、荀諶、辛評是潁川人。

　　每個文官背後，都代表著一派利益。袁紹最開始是海納百川，重用各方面人才，使他們人盡其才；但後來，卻慢慢地發展成了河北人和河南人的兩派對決，而且兩派內部也不統一。

　　田豐與逢紀不對付，沮授與郭圖總互撕，這幫人提出的意見沒有一次是一致的，你說東我非得說西，反正都有文化，怎麼說都有理。

　　為什麼爭得這麼厲害呢？因為聽了誰的計策和方針，將來在分紅的時候誰就有更大的話語權，哪一派的實力就會更強大，也就更方便下一次繼續互撕，直到其中一派一統江湖為止。

　　比如這次鬧情緒的沮授，當年就是對袁紹說出略定河北的方案後被封為了監軍，監督諸將，這幾年發展得非常迅速。

　　這就苦了袁紹，每次一開會，七八個人每次都給他拿出兩個截然相反的建議，都很有理，他聽誰的？

　　史書中給袁紹一個著名評語：好謀無斷。

　　這就不厚道了，袁紹這輩子做了無數立竿見影的決策，當年跟公孫

瓚對撕時英明著呢！還是那句話，好謀無斷的人是闖不下一大攤家業的。

袁紹最終不是毀在這堆謀士給出的建議上的，優勢方其實是怎麼選怎麼對，怎麼選怎麼有理的，選擇的難度永遠是在劣勢一方的。袁紹最終的敗亡在於黨爭的不斷內耗，最終逼出了幾次關鍵性的意外。

比如沮授，說曹操是「義兵」，說自己集團「師出無名」，古往今來哪裡有這麼勸領導的？

荀彧怎麼樣？二當家對吧？打呂布之前是這樣勸的曹操：「你比袁紹英明，他實在不是個東西！不過咱得先打呂布。」

沮授之所以敢這麼說話，在於他有恃無恐。沮授認為自己這幾年根子硬了，手裡有隊伍，而且背後是一大票勢力，所以他的決策就必須得被選擇。

最關鍵的這是廣平派對潁川派和魏郡派的意識形態之戰，打曹操這麼一個大蛋糕，要是聽了他們的，將來分紅時他怎麼能有話語權！

所以為了達到他的目的，他甚至可以扣帽子玩，管整個集團的軍心動搖不動搖，最好被動搖，然後按他的方案來，以他為主導去分紅曹操的遺產。

正常提建議不是這樣說的，攪和事兒的時候才這樣說。

田豐在袁紹不聽他的建議後，也是沒完沒了地說，你得換我的方法啊！你那套不對啊……都已經拍板了，怎麼可能朝令夕改地說不打就不打了！但是，這仍然不耽誤他沒完沒了地跟袁紹說：得按我的來啊！得按我的來啊！

什麼意思呢？就是你的抉擇並不符合我的利益預期，我得給你掰回來。

公孫瓚自打196年就不行了，怎麼打了三年才打下來呢？雖無史書記載，但相信與袁紹內部各派人士的博弈有著巨大關係。

袁紹這棵樹的粗細無所謂，最關鍵是某一派在集團的話語權比重！話雖這麼說，這並不意味著袁紹就禁不起風吹雨打，還是那句話，袁紹這人很牛，別看這麼亂，他能降得住。

　　郭圖對袁紹說：「沮授監統內外兵眾，威震三軍，統兵在外的將領，不宜讓他參知內政，而且他現在對戰略決策不滿意，得削他的權啊！」袁紹於是把沮授統領的軍隊分成三部，其中兩部分別交給郭圖和淳于瓊。

　　看見沒有？鬥爭多激烈，抓住你一個空子，一刀就捅過來了！

　　沮授是什麼反應？在袁紹正式渡黃河的時候，沮授召集了他的宗族，散家財，搞噱頭，製造輿論新聞，說：「完了，這都要死了，錢留著沒用了。」

　　倒是他兄弟們挺著一顆紅心，跟袁紹走，問他：「曹操實力上不行啊，你怕什麼啊！」

　　沮授說：「以曹公的英明偉大，又有天子在身邊，咱們雖然消滅了公孫瓚，但實際上早就疲憊不堪，現在將驕傲主奢靡，這次去了必定完蛋啊！」[1]

　　沮授這是什麼意思呢？

　　不聽我的是吧，還削我的兵權是吧，好！我盡最大的能力禍害軍心，你贏不贏跟我沒關係！你輸了才證明是我贏了！

　　他為什麼敢這麼做呢？沮授是河北大族，是監軍，他後面還有本土勢力，於是有恃無恐！以袁紹那殺人不眨眼的脾氣，之所以還留著他，就是因為殺不動他，殺了他這仗就真沒法打了。

　　打與不打，都不至於上升到如此高度，但曹操這塊蛋糕太大了，仗還沒打，袁紹這邊的利益集團就已經搞到這個地步了。

1　《三國志‧袁紹傳》：以曹克州之明略，又挾天子以為資，我雖克公孫，眾實疲敝，而將驕主奢，軍之破敗，在此舉也。

袁紹舉兵南下的消息傳到許都，曹操內部也展開了大討論，大部分將領認為這仗沒法打。

像非嫡系的，被袁譚從青州轟出來的孔融，更是明擺著反對和袁紹開戰，理由是袁紹兵強地廣，有頂級謀臣、忠臣、武將，沒瞅我讓他兒子都給打出來了嗎？

這個時候，荀彧出來正視聽了：「袁紹那裡我又不是沒待過，兵雖眾而法令不整肅，田豐剛愎而好犯上，許攸貪婪而不檢束，審配專權而無謀，逢紀果決而剛愎自用。審配、逢紀兩人料理後方，如果許攸的家人犯了法，一定不會放過他們，那麼許攸必然叛變，至於顏良、文醜，不過匹夫之勇罷了，可以一戰而擒！」[2]

荀彧說的每一句話在後面的戰場上全都應驗了。上述是《三國志》上說的，而且不見得是史官貼金。

來看一下荀彧對那幾個人的評價：田豐愛犯上，許攸性貪財，審配專橫沒腦子，逢紀執行力強但只聽他自己的。

這是袁紹集團四位最有名聲的謀士的臭毛病，地球人都知道。這幫人之所以能有這麼聲名顯赫的臭毛病，在於背後利益集團的撐腰以及沒完沒了地黨爭後傳出來的河北新聞。

荀彧一席話後，曹操也說出了對袁紹的判斷：「我從小就跟袁紹玩，袁紹志向大、智商卻低，看著猛膽子卻小，刻薄寡恩、剛愎自用，兵多而指揮不明，將驕而政令不一。必須打！狠狠地打！」

袁紹的謀士耍情緒能耍到無理取鬧的地步，但曹操的決策團隊就不會有這個問題，因為關鍵崗位上派系比較單一。

2　《三國志·荀彧傳》：紹兵雖多而法不整。田豐剛而犯上，許攸貪而不治。審配專而無謀，逢紀果而自用，此二人留知後事，若攸家犯其法，必不能縱也，不縱，攸必為變。顏良、文醜，一夫之勇耳，可一戰而擒也。

武將關鍵崗位全是譙縣老家自己人；文官關鍵崗位上全是以荀彧為首的潁川文官集團。

尤其決策層面上，永遠是曹操和荀彧開小會定，誰說也不好使。這種派系單一的權力結構，在創業初期極其好使，因為沒有內耗。

曹操集團的大股東只有譙縣系和潁川系，分掌文武方面，誰也掐不上誰。所以曹操經歷了很多次崩盤，但團隊始終沒崩。

甭管諸將都覺得該求和，不能打，但只要曹操作為譙縣總代表，荀彧作為潁川總代表，兩位大佬確定方向後，所有人就都擰成一股繩，團結一致向前看了。

曹操決定打袁紹之後，當年八月，做了以下部署：

東邊，派臧霸率本部兵自琅玡入青州，攻打齊、北海等地，牽制袁紹的青州勢力，防止袁軍自東給出勾拳。

西邊戰場，告訴鍾繇穩住關中，拉攏涼州，絕對不能讓袁紹和西北接上頭。

正面戰場，曹操率兵進據冀州黎陽（浚縣東，黃河北岸）組成第一層防線，令于禁率步騎兩千屯守黃河南岸重要渡口延津，協助扼守白馬津的東郡太守劉延，層層佈防阻擊袁軍渡河南下。（見圖4-4）

曹操為什麼要在黃河岸邊佈置于禁進行先頭阻擊呢？從後面的整體思路來看，曹操將決戰地點擺在了官渡，于禁的泰山兵是戰略中堅力量，但只有兩千人，絕對不是指望他大勝十萬袁軍去的，怎麼能將這麼寶貴的戰略資源早早地就消耗在雙方交界的黃河最前線呢？

對于禁泰山兵的佈置，戰略角度上來講就是拖時間。

因為袁紹已經把各勢力整合為一個完全體，但曹操比較頭疼的在於自己的背後還有一大幫牛鬼蛇神。張繡、劉表、孫策，沒有一個省事兒的。

濮陽

黎陽
白馬
劉延

濮水

于禁

濟水

陰溝水

汴水

黃河

鴻溝水
虎牢關
圃田澤 官渡

睢水

轘轅關

潁水

浪湯渠

許昌

圖 4-4　于禁、劉延佈防圖

除了孫策能夠稍加安撫，之前有點兒交情外，張繡和劉表這兩夥荊州勢力早就盼著捅他了。

曹操其實就是在拿于禁泰山兵換時間。

曹操在不斷懊悔：當年的淫亂之舉給自己惹下了多大的亂子，自己的不檢點也許會導致自己徹底地失掉奮鬥了多年的成果。

處在四戰之地，兵力已經捉襟見肘，去哪裡準備一個集團軍防備張繡和劉表呢？

在這個關鍵節點，歷史開始展現它的隨機性了：三國第一劇情編劇和長沙一個小人物最終在一定程度上決定了天下大勢。

曹操緊盯黃河一線的時候，袁紹在幹什麼呢？袁紹並沒有上來就打，優勢的牌那麼多，沒必要現在就下手拚曹操，等他焦頭爛額時，再摧枯拉朽多好。

曹操在皺眉頭的時候，袁紹也看到了曹操的這個大軟肋，派人去招降張繡，並結交政委賈詡。就在張繡準備同意的關頭，賈詡當著張繡和袁紹說客的面，人生中頭一次積極了一把，直接代表張繡說出了無情的外交辭令：「替我們謝謝袁本初，兄弟都不能相容，怎麼容得了天下的國士呢？我們不會理你的，趕緊給我走！」

袁紹的使者走後，張繡已經快嚇哭了：「什麼情況啊！你得罪了這個世界上最強大的人！」

賈詡對張繡說：「趕快投降曹操，這是你人生中最好的一次機會！」

張繡問：「袁強曹弱！咱跟曹操幹了那麼多次仗！你瘋了嗎！」

賈詡說：「就因為曹操現在比任何時候都需要你的襄助！

1.曹操奉天子令天下，名正言順。

2.袁紹強盛，肯定不會看中我們，曹操勢弱，看見我們會像親人。

3.曹操有霸王之志，欲明德於四海，一定能夠不計前嫌，你去了他反而會給你開出最高的價碼，因為你會是他拉攏天下的名片！」

199年十一月，張繡率眾歸順曹操。

曹操親自接見賈詡，拉著賈詡的手說：「老賈啊！使我上熱搜，名揚於天下的人是你啊！」

曹操拜張繡為揚武將軍，然後大擺喜宴，當場就為自己的兒子曹均娶了張繡的閨女，表示前面都是誤會。

賈詡用自己做了三年的局，翻牌推出了神反轉，使得一齣大戲朝著波瀾壯闊走去，曹操不僅不用擔心張繡了，還得到了一股能打的生力軍。張繡後在官渡之戰中力戰有功。

好消息還在傳來，不僅張繡意外歸順，劉表那裡也有了更大的意外。袁紹派人找到了相伴十年的戰略合作夥伴劉表，希望他能捅曹操的腰眼。劉表明面上向袁紹拍胸脯表示沒問題，實際上一直沒動靜。

史書中有很多勸劉表開戰的對話，主要都是在描寫劉表胸無大志、錯失好時機的黑材料，實際上，也許他真的胸無大志，更可能是他指揮不動自己手下的荊州部曲。

但是，他這段時間其實想幫忙也幫不上。他比較忙，也在打仗，他在和南邊的張羨開戰。

南陽人張羨是長沙太守，是劉表的部下，但他跟劉表不太對付，再加上曾經歷任零陵、桂陽太守，比較得民心，可以說是南荊州的老大。

就在袁紹使者南下，劉表答應援助後，一個叫作桓階的長沙官僚遊說張羨支持曹操。一直搖擺的張羨在最關鍵的時刻率長沙郡和鄰近三郡（桂陽郡、零陵郡、武陵郡）反抗劉表，並派使節面見曹操。

劉表後院起了大火，不是他不想打曹操，而是沒工夫打了，張羨後來拖住了劉表好幾年，直到他病死，劉表才算拿下了這股荊南造反派，

平定了荊南四郡。

桓階這個人比較有意思，他跟曹操並無任何交集，他勸張羨的最硬理由是：「曹操那叫義兵，劉表答應袁紹是取禍之道，咱得趕快和他劃清界限，眼下曹操的力量雖然很弱，但是他仗義起兵，挽救朝廷的危亡，奉王命討伐罪臣，天下人誰敢不服？」[3]

又是朝廷的原因！這就是漢家養士四百年積澱的力量！

漢家這塊老匾掛在那裡，就永遠有它歲月沉澱後閃爍光芒的力量！

曹操這個漢相，在他手伸不到的地方，開始感受到大漢不斷照來的偉大光輝。

所謂「周公吐哺，天下歸心」，皇帝在哪裡，哪裡就是天下士人的歸心之處。

為了等張繡和劉表的態度，袁紹延遲了幾個月，直到張繡降曹、劉表內戰，時間已經來到199年年底了。

是袁紹的決策有問題嗎？並沒有，把朋友搞得多多的，把對手搞得手忙腳亂的，這是非常合理的出招，只是曹操趕上了世所罕見的好運氣。

誰能預料到賈詡這三年玩命打曹操是為了運作自己去曹操那裡！

誰又能料到穩當了快十年的荊州突然間南北分裂了，而且南荊州居然還就有一個如此能量的大佬和劉表等量齊觀地開戰對打。

兩次意外之福幫助曹操修復了本集團最大的漏洞與弱點，但老天是很公平的，它給了你好處同樣也會給你麻煩，袁紹不要沮喪，曹操也沒工夫高興太久了。因為他的又一次宛城式浪漫讓他差點兒被捅死在了決賽之前。

3　《三國志‧桓階傳》：階曰：「夫舉事而不本於義，未有不敗者也。」、「今袁氏反此，而劉牧應之，取禍之道也。明府必欲立功明義，全福遠禍，不宜與之同也。」、「曹公雖弱，仗義而起，救朝廷之危，奉王命而討有罪，孰敢不服？……」

三、劉備第一次決定歷史走向

張繡歸降、劉表開戰後的一個月，199年十二月，曹操得到消息，被派去南下截殺袁術的劉備反了，還偷襲了徐州，佔領下邳，自己高調地頂在小沛，大有進攻兗州之勢。

由於劉備在徐州混過，而且曹操在徐州確實比較臭大街，當地人恨曹操血洗徐州，因此劉備軍力漲得很快，迅速地得兵數萬人。

劉備主動與袁紹聯繫，打算合力攻曹。

當初曹操開出天價支票安撫的臧霸系泰山諸將，其中有一個叫昌豨的，也在東海郡反了，臧霸雖然沒有叛曹，但是對於自家小兄弟的公然反叛，沒什麼反應。

雖然老天幫曹操止住了荊州方向的血，但是，曹操此時發現，他的漏洞仍然太多了。劉備叛曹後，豫州南部的心思都開始活動了，因為汝南就是袁紹老家，許昌、蔡縣以南開始紛紛響應袁紹。

當曹操面對袁紹這麼強大的一個對手時，一個環節讓人看出來了問題，那麼所有隱藏在水下的鱷魚都將浮出水面衝他齜出獠牙。

這還不算完，沒多久許昌再次傳給身在官渡的曹操密信：「當年還鄉

團大佬的董承聲稱自己領受獻帝藏在衣袋中的密詔，密謀政變，劉備也參與了，但還沒開始行動就申請南下截擊袁術然後自己偷襲徐州去了。」

200年正月初九，董承等密謀政變事發，董承、种輯、吳子蘭、王子服以及董承的女兒董貴人被曹操殺掉。

權力的遊戲就是問題疊著問題，麻煩疊著麻煩，你接了這活兒就得擔這份沒完沒了的風險。

曹操為什麼愛頭疼呢？估計天天就是讓壞消息轟炸給鬧得。其實劉備這顆雷炸的是比較意外的。因為曹操對待劉備是非常可以的。

曹操是明白劉備的價值的，一個什麼都沒有的個體工商戶能在這亂世弄出這麼大的動靜，肯定是有能量的。滅呂布後曹操表劉備為左將軍，而且對他恩禮有加，出則同輿，坐則同席。

截至目前，在所有投降他的勢力中，曹操對劉備可謂最高級別待遇。

曹操為什麼對劉備這麼好呢？有「不死的玄德」自身很優秀，比較能打的原因在；還有一部分原因，是劉備當年在他還被通緝什麼也不是的時候跟他一起回老家募兵，算是起義元勳。曹操對他有感情。

古往今來大多數人認為曹操一直想把劉備弄死，但礙著招攬英雄的面子，所以一直沒這麼幹。其實曹操在兗州叛亂後，對帶隊伍來的群雄全都是放心使用的。或者說，投奔來的所謂的手下名將們，都是有著自己隊伍的。

于禁：「及太祖領兗州，禁與其黨俱詣為都伯。」

樂進：「遣還本郡募兵，得千餘人，為軍假司馬，陷陣都尉。」

張遼：「何進遣詣河北募兵，得千餘人。還，進敗，以兵屬董卓，卓敗，以兵屬呂布……太祖破呂布於下邳，遼將其眾降，拜中郎將，賜爵關內侯。」

任峻：「會太祖起關東……峻獨與同郡張奮議，舉郡以歸太祖，峻又

別收宗族及賓客家兵數百人，願從太祖。」

李典：「從父乾，有雄氣，合賓客數千家在乘氏。初平中，以眾隨太祖。」

許褚：「聚少年及宗族數千家，共堅壁以禦寇。太祖徇淮、汝，褚以眾歸太祖。」

亂世的兵，大部分都是「私兵」，顧名思義就是被將領們私自招募的兵，他們往往是老鄉，是原來的村民，是能夠信得過的自己人。

這種私募兵，在特殊的時代產生特殊的情感紐帶後，依附關係往往無比堅固，甚至能夠繼承。比如李典的乘氏數千家部曲，他是第三任掌門；張繡的西北軍部曲，是他叔叔張濟死後傳到他手上的。

由於此時的入夥將領們都是帶著自己的私募股本進來的，曹操基本無法控制他們的部曲，因此曹操充分地給出了對等的信任和表態：來了就跟我好好幹，加盟必用！立功必賞！

他對臧霸割青、徐委任。張繡雖有殺子過節，但也是終生不叛其諾言，放心獨當一面地使用。

自打兗州叛亂結束後，曹操開始變得更加豁達，他根本就沒想過要限制誰，來投奔他的他全都禮敬對待，然後全都放心使用。

對他忠心有用的，他全都給發展、給前途，像張遼、徐晃、張郃都是降將，尤其張遼跟過好多人，但不妨礙在曹操這裡成為五子良將。

對他不忠心的，就算在他給他們機會和平臺後仍然背叛他，這對他仍然是值得的。是他們對不起他，他不虧人品，全世界都看到了他的心胸。將來再把他們滅了就是了。

程昱和郭嘉都說「你得殺了劉備啊」，郭嘉給的理由更充分：「劉備魅力大，手下關、張都是願意為他死的萬人之敵，他將來終不會為人下

的！」[1]

但是，這在曹操團結一切力量為他所用的操作系統來看，任何人都是可以忍受的。得到的助力終歸要比麻煩多！有麻煩就解決麻煩！不就是腦袋疼嘛！

曹操打造出了這樣一張名片：有價值的人才，只要來投奔我的，我絕對重用！

也正因此，才會有官渡大戰僵持中天平的最關鍵一次傾斜。

但是，劉備這次背叛曹操，很難說就全是劉備劈腿成性的道德品質敗壞。曹操這次有不對的地方。曹操這人骨子裡有種浪漫主義的文人氣質。別看他給劉備開出了頂級待遇，但他其實對劉備的感情是很複雜的。他看著這個從社會最底層一步步混到名滿天下的不屈不撓小兄弟，也是挺佩服的，以致於有一次說走嘴了。

曹操跟劉備吃飯，談論天下英雄，最後得出結論：「今天下英雄，唯使君與操耳。本初之徒，不足數也。」

一句話，給劉備嚇得連筷子都掉地上了。[2]適逢天降驚雷，然後劉備說這雷打得真嚇人，這傢伙給我嚇得。[3]

這個老機靈鬼啊！

潛意識裡沒有殺心是說不出這種等量齊觀的話的。

劉備在刀尖上摸爬滾打訓練出來的災難預警系統開始警鈴大作！一下子看穿了曹操內心中的想法：甭管你現在對我多好，你內心深處原來是想殺了我的。

1　《傅子》：備有雄才而甚得眾心。張飛、關羽者，皆萬人之敵也，為之死用。嘉觀之，備終不為人下，其謀未可測也。
2　《三國志·先主傳》：先主方食，失匕箸。
3　《華陽國志》：聖人云：「迅雷風烈必變」，良有以也。一震之威，乃可至於此也！

曹操這次喝點酒然後又浪漫主義浪大發了。這和當初隨手給了張繡驍將胡車兒一塊金子一樣，也許就是興之所至又來感覺了，於是就隨口點評了幾句。

但這種信號在道上混的老狐狸們來看，是極其不尋常的：觸及了生存底線。

最高領導人對小弟說咱倆是一個級別的，對面比我強的那個對手都比不過你，這話要是擱天下沒亂的時候，小弟們聽到這種潛臺詞就必須要去自殺了。

領導都這麼說了你還不死，難道要逼領導動手嗎？要留給雙方各自的體面。

你說曹操是不是又犯錯了？必須啊！又浪大發了！但這也是真實的他，改不了。

他就是個浪漫主義的豪俠，他這些年也許修煉得越來越高深難測，但骨子裡永遠是那個看不順眼就砸濟南祠堂的性情中人。

你瞅瞅他寫的那詩：「對酒當歌，人生幾何！譬如朝露，去日苦多；老驥伏櫪，志在千里，烈士暮年，壯心不已；山不厭高，海不厭深，周公吐哺，天下歸心。」

隨便拎出一首那都是撲面的真實感、撲面的英雄氣啊！這種浪漫主義作風通常會時不時地就在生活中帶出來些真實的個性。但是，點點滴滴的疏漏都會在政治舞臺上變成巨大的弱點信號，然後引發別人對你或蓄謀已久、或圖窮匕見的攻擊。

所以說搞政治的人往往需要超強的天賦和精準的訓練，這行的容錯率太低。曹操這種浪漫主義英雄只可能在亂世混出頭，正常的仕途之路他不可能爬上去，稀裡糊塗地就被人亂槍打死了。

曹操這回浪錯了一句話後，劉備就和董承搞在一起了，整出了個衣

帶詔的密謀。

再後來，劉備看出來了不對，他是多靈的人啊！藉口袁術要經徐州北去會合袁紹，申請去截殺袁術。

曹操派他和朱靈、路招截擊，半道上袁術病死了。袁術完蛋後朱靈就回去覆命了，劉備卻一溜煙兒逃到了下邳，殺了徐州刺史車冑，留關羽守下邳，自己去小沛，再度佔領了徐州。

劉備認為，這回守城的是二爺，後方肯定沒問題了。

但是，這回前方他自己出問題了。

劉備反後，短短時間已經達到了數萬人規模，曹操先是派司空長史劉岱、中郎將王忠平叛，卻被老兵油子劉備擊退。

劉備還殺人誅心地對劉岱說：「像你這樣的再來一百個也不好使，曹公即便親自來也不一定弄得動我！」

劉備匪幫搞事情讓曹操很撓頭，因為眼睜睜正面戰場袁紹要過來了。這個時候，郭嘉說話了：「沒問題，打你的！袁紹這人優柔寡斷，還沒來得及反應咱就回來了。」

曹操決定親征劉備比較無奈，不是郭嘉說得那麼簡單，真正原因是劉備手下還有關羽、張飛這種猛將，再加上他之前在徐州混過好多年，一旦讓他站住了腳，整個東南將永無寧日。用曹操自己的話講：「夫劉備，人傑也，今不擊，必為後患。」

他現在手握兩瓶毒藥，袁紹、劉備，他必須選一瓶。袁紹那邊畢竟還沒有動靜，他選擇了已經破了的癤子：劉備。

曹操選劉備還有一個原因：有水路可以借，而且航程全線都在控制範圍內。（見圖4-5）

曹操此時在官渡，他可以自鴻溝水入陰溝水隨後進入濟水再入泗水，一路坐船殺到小沛，全程還是順水！雖然中原水網流速並不快，但

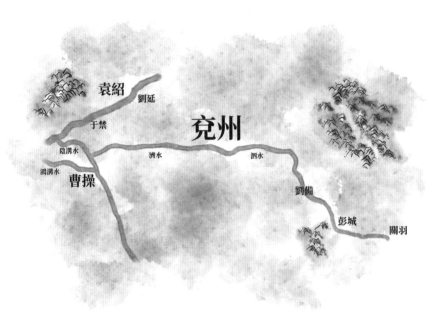

圖4-5　曹操征劉備的水路路線圖

水路的速度仍然是陸軍速度的數倍。沿途的兗州全境暢通無阻，還能就地解決糧草！

　　曹操在一路飛船後，迅速地趕到了小沛。然後，劉備送出了職業生涯中最醜陋的一次表現。

　　劉備之所以那麼狂，主要原因是他判斷曹操根本不可能來，所以他又是自己頂在小沛，又是放狂言你來一百個也不好使。

　　結果等偵察兵報告曹操親征後，劉備大驚，先是不相信，然後自己帶著警衛團偵查後發現剋星真來了，於是一槍不放地扔了部隊自己撒丫子跑了。[4] 隨後曹操輕鬆笑納劉備幫他招納的部隊。[5]

　　這裡面，有個疑問，劉備為什麼不顧一切地狂奔？

4　《魏書》：自將數十騎出望公軍，見麾旌，便棄眾而走。
5　《三國志・先主傳》：曹公盡收其眾⋯⋯

史書中沒有相關記載，只可能進行腦補推斷，比較可能的解釋是：劉備帶著數十騎出來偵查的時候，撞上了曹操的先鋒軍，隨後就被咬上了，劉備根本來不及再逃回小沛城內，退路被截斷了，然後曹操迅速兵臨小沛，拿下了無主之城。

劉備逃跑後，曹操迅速水陸並進，推到了下邳。主力都讓大爺帶走了，這種突如其來的「驚喜」實在太坑關二爺了。大戰後，關二爺被拿下。[6]

劉備去哪裡了呢？他直接北上逃到了袁譚處，然後停了一個多月，才慢慢地等來找他的部曲和兄弟們。

史書中都在埋怨袁紹此時為何不出兵，因為劉備的反叛，袁紹迎來了整場對決的最佳破發點時。田豐又對袁紹說：「千載難逢的機會，舉軍而襲其後，咱就贏了。」

然而三國時期的「敦克爾克謎案」出現了。面對如此巨大的戰略優勢，袁紹以幼子有病為由拒絕採納，按兵不動。

袁紹最關鍵的黑材料出現了，兩千年來的各種罵閒街基本都要以此為核心論點展開論述。

劉備現眼後袁紹正式開拔，田豐又說：「讓你打你不打！現在打曹操的機會過去了，許昌不再空虛，將軍據山河之固，擁四州之眾，外結英雄，內修農戰，然後選拔精銳，分為奇兵，速速打擊敵人勢力薄弱的地區。他救右則擊左，救左則擊右，使敵人疲於奔命，百姓不得安居樂業。這樣，我方還沒疲勞，敵方已經困乏，不出三年，可以安坐而戰勝它！如今放棄必勝的策略，以一戰決定成敗，一旦輸了，悔之晚矣！」

6　《三國志・武帝紀》：備將關羽屯下邳，復進攻之，羽降。

河北的黨爭此時已經到了極其瘋狂的地步，下屬非常沒規矩，田豐看起來說得有理，但領導拍板了，你說你何必呢？而且你怎麼知道曹操那邊等幾年就緩不過來了呢？

袁紹不聽，田豐又多次極力勸阻，最終把袁紹弄急了，把田豐關了起來。

其實這件事值得專門說一下。

首先，袁紹其實出兵了。正月中旬曹操南下，二月，袁紹就開始在黃河跟于禁和劉延開戰了，而且兵分兩路。

1. 郭圖、淳于瓊、顏良在白馬攻打東郡太守劉延。[7]
2. 袁紹親自帶兵攻打守延津的于禁。[8]

這個軍事動員速度雖然稱不上多快，但也不慢了。主要是于禁的泰山兵作風英勇，打得頑強，死死地守住了黃河渡口，袁紹打得比較費勁。

于禁還跟著樂進的部曲共步騎五千人偷襲袁紹別營，從延津西南沿河一直打黑槍到汲縣和獲嘉縣，燒了袁紹三十餘屯，斬首獲生各數千，袁紹部將何茂、王摩等二十餘人投降。

但是，這不叫事兒，因為袁軍體量大，大部隊在雲集，于禁頂不了多久。

問題不在袁紹，在劉備這兒。

就算真如田豐所言，曹操東去後，袁紹迅速出兵許昌就真的是正解嗎？怎麼可能！

當時兩瓶毒藥，明顯袁紹是更毒的一瓶。曹操好不容易放棄他先去搞劉備了，怎麼能讓曹操變主意！

7　《三國志·武帝紀》：二月，紹遣郭圖、淳于瓊、顏良攻東郡太守劉延於白馬，紹引兵至黎陽，將渡河。

8　《三國志·于禁傳》：劉備以徐州叛，太祖東征之。紹攻禁，禁堅守，紹不能拔。

如果曹操還沒跟劉備接戰袁紹就南下了，曹操順著水路隨時就支援回來了，根本不可能再和劉備去交戰！大不了徐州、山東不要了，他可能捨棄獻帝和官員們的家屬嗎？

與此同時，劉備短時間內殺出來威脅曹操的可能性很小，他最多就是割據，袁紹既然冒頭了，曹操就必須死磕袁紹。

袁紹必須給曹操留出去徐州的時間，給他打劉備的時間，讓他陷入戰爭拔不開腿之後再出擊。只要打過仗的人就會這麼選擇！

曹操一月中旬遠征劉備，二月袁紹對黃河防線全面開戰，這是算好了曹操去徐州開戰的時間。

對外宣稱孩子有病，這是告訴曹操：你放心大膽地去徐州吧。身邊隨時有間諜！絕對不能把自己的真實心思說破！

袁紹唯一的失算在劉備這裡。只要劉備堅持住了哪怕半個月，黃河一線消息傳來，曹操將陷入極其被動的兩難抉擇。

退兵，則徐州的劉備部隊士氣爆表，整個東方將再無寧日！也許臧霸集團就不僅僅只有昌豨反叛了。

不退兵，袁紹的大兵只要壓垮了于禁，就將長驅直入截斷曹操的回軍道路，並且突破到許昌！這是官渡之戰袁紹的第一個大殺招，曹操基本無解。（見圖4-6）

結果劉備的意外被打崩反倒成了扣在袁紹腦袋上兩千年的大屎盆子。

當年呂布都快不行了還能在徐州頂上小半年，曹操又放水，又圍城，最後還是呂布內訌才完蛋的。沒想到大名鼎鼎的劉備雇傭兵團，手中有萬人敵的關羽、張飛，又在徐州、豫州混了這麼多年，怎麼連一炮都不放就狂奔幾百里了呢？

劉備要是不搞那次偵查，會不會歷史的結局就不一樣呢？是不是內部環節在那個時間段出了大問題呢？我們已經很難再知道了。

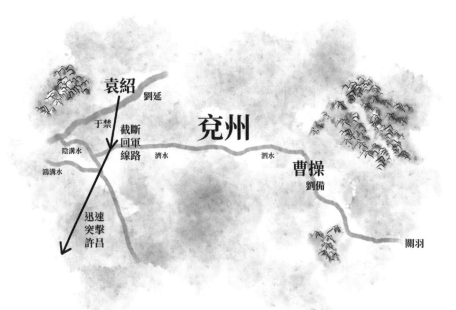

圖 4-6　袁紹截斷曹操退路圖

　　這是劉備第一次冥冥之中決定天下大勢的走向。但凡他在徐州阻擊曹操幾個月，袁紹肯定就摧枯拉朽了。

　　一旦正賽還沒打，墊場賽就讓劉備給耗住了，曹操身邊的人肯定就會開始迅速地出走，因為「生命自會尋找新的出路」。

　　曹操平定徐州後，率軍迅速回到官渡，排完了徐州的雷，還帶回來了劉備幫他徵的兵。

　　張繡、劉表、劉備，官渡大戰前，曹操最害怕的三個雷排完了。老天爺幫著排了兩個，他欽點的那位「天下英雄」幫著他排了一個。

　　總體而言，極度幸運。

　　袁紹方面，招降張繡、溝通劉表、掐點兒打黃河，完美的一系列出

招。只不過曹操憑藉百年難得一遇的好運氣續命繼續站在擂臺上。

　　不過沒關係，袁紹手中仍然有沒掀開的一張張大牌，但曹操已經冷汗涔涔，不知「似若鬼神」的「袁氏之攻」下一擊將出自何方。

　　再這麼被袁紹調動下去，早晚會被他玩兒死！曹操決定展開破局，帶隊來到了黃河前線。隨行的，有那位剛剛被劉備拋棄的華夏武聖關雲長！

四、白馬斬顏良始末

　　200年二月，袁紹發佈討賊檄文，罵人罵出了高度，罵出了水平，大筆桿子陳琳因此名動後世。

　　原文比較長，有興趣的可以去找一下看看，我簡要地摘了下重點：

　　先把曹操比作了臭大街的趙高和呂后，然後筆鋒一轉，說到了曹操的可笑身世，說他的太監爺爺和不要臉的爹，再推演出曹操從根上就不是個好品種——我看著他長大的，從小就不是個東西。

　　接下來用對比，袁紹多牛多牛，什麼人都能用，比如用不堪的曹操當鷹犬爪牙，當年討董卓，曹操瞎打亂撞，結果現眼了，袁紹又給他兵，讓他當東郡太守，讓他當兗州牧，卻沒想到曹操實在不是個東西，殺名士邊讓，結果再次現眼，老窩都讓呂布掏了，是袁紹幫著他打敗了呂布，袁紹對不起兗州百姓啊！救了這麼個現眼的玩意兒。

　　接下來是曹操把獻帝迎回來後的獨斷專權專場，整個許昌變成了白色恐怖，人們不敢說話只能用眼神交流，百官都是傀儡，太尉楊彪、議郎趙彥這都多好的人啊，說打就打，想殺就殺。在他治下，苛捐雜稅、殘暴統治，曹操是古往今來第一大混蛋。

再之後就是曹操對不起死人專場，比如說曹操進入梁地後，將景帝的弟弟梁孝王的墳地給刨了，曹操還親臨現場指揮摸金，後面還專門成立發丘中郎將和摸金校尉的編制，只要是曹軍經過之處，墳墓就像田地遭了蝗蟲一樣，「無骸不露，毒流人鬼」。

接下來一段是袁紹英明專場，具體就不說了，總之袁紹偉大光榮正確！

最後提了提待遇，拿曹操腦袋來的，封五千戶侯，賞錢五千萬；所有來投降的，什麼都不追究。

這篇討賊檄文，水平非常高，雖然沒有髒字，但通篇都在罵街，而且陳琳的的確確是擺事實、講道理地罵街，並沒有意淫地罵，扔出的論據全是曹操的黑材料。

曹操被這篇檄文搞得頭大，根本沒扔出個還嘴的文件來。

並不是袁紹就真的偉大光榮正確了，曹操是太監後人，袁紹是丫鬟生的；曹操血洗兗州，袁紹壓榨河北；曹操「破棺裸屍」，袁紹同樣「掘發丘隴」，兩人都是雞鳴燈滅也不耽誤摸金向棺材裡伸手死要錢的主。

這哥倆其實跟雙胞胎一樣，彼此看過去都是自己的模樣，但曹操沒整出個更牛的檄文來，估計實在罵不過陳琳。曹操估計很忙，曹植又還小，所以最終沒給懟回去。

才華這東西，老天爺不賞飯，憋是憋不出來的。

在袁紹開始渡河戰役後，于禁先聲奪人，但袁紹施加的壓力開始越來越大。為了給敵人的嘴炮予以行動上的還擊，為了給此次大戰拿出漂亮的開門紅，四月，曹操親臨黃河戰場。

謀主荀攸建議：「袁紹兵多，咱們應該聲東擊西，分散其兵力，先引兵至延津，佯裝渡河攻袁紹後方，使袁紹分兵向西，然後再輕兵急行軍

迅速襲擊白馬的顏良軍。」

曹操認為此乃甚好，於是引主力到延津，隨後親自帶精兵急趨白馬戰場。

離白馬顏良軍還有十餘里的時候，顏良聽說曹操親自前來，大驚。顏良的這個「驚」基本上沒有害怕的成分，大概率是出乎他的預料，不是說曹軍在延津嗎？因為顏良不僅沒有跑，更沒有擺開陣勢以逸待勞，而是帶著隊伍來迎曹操，打算硬碰硬地來場遭遇戰。

顏良估計是想抖個機靈殺過去，打曹操一個手忙腳亂，但這個戰略部署並不明智。

離著十餘里時你聽說了情況，說明你情報做得很棒，你應該充分利用這個時間差，從從容容地佈置軍陣，以逸待勞，再設兩個伏擊點，等著他跑這十幾里路，然後打他一傢伙。

延津到白馬有近百里路程，《孫子兵法》裡怎麼說的還記得嗎？

「是故卷甲而趨，日夜不處，倍道兼行，百里而爭利，則擒三將軍，勁者先，疲者後，其法十一而至。」

步兵百里急行軍最多能跑到十分之一，大將都得讓人抓了，就算是輕騎出擊，這百里奔襲的消耗也非常大！

去逆戰曹操，顏良喪失了兩個巨大優勢：

1. 大約要跑五里路，對他的士卒也是消耗。

2. 遭遇戰時他無法妥善佈陣，喪失了本來有的建制優勢。

當初袁紹派顏良來打白馬時，沮授曾經勸過，說顏良腦子一根筋不轉彎，雖然驍勇，但千萬不能單獨派出去。由於此時沮授已經被定性為反戰分子，因此袁紹根本不聽他的了。

顏良的逆戰而來，給了三國第一勇烈名垂千古的機會。

雙方全都馬不停蹄地趕來，即將接陣後，曹操派出了「山西猛男二

人組」張遼、關羽先登，突擊顏良。[1]

由於雙方是遭遇戰，顏良並沒有佈置好軍陣，所以大老遠就被關羽發現了破綻，於是帶隊飛馬插入顏良軍，躲開了層層協防，一溜煙兒在顏良的萬人軍陣中捅死了顏良，還下馬把顏良的腦袋砍了下來，隨後又一路突擊出來。[2]

這是關二爺的成名戰，關羽於萬軍叢中刺顏良梟首而還，這是英雄輩出、猛將如雲的三國時代唯一一次從萬軍叢中取上將首級的案例。

「武聖」不是白叫的！

最開始曹操招降關羽時，認為劉備拋棄關羽，如此不負責任，能是我的對手嗎！對於拿下關羽覺得並不是個問題。

但是後來劉備到了袁紹陣營的新聞開始傳來，曹操觀察了關羽後發現他還是想著劉備，於是派山西老鄉張遼去找關羽問個痛快話。

關羽明明白白地交底：「吾極知曹公待我厚；然吾受劉將軍恩，誓以共死，不可背之。吾終不留，要當立效以報曹公乃去耳。」這種話說出來，關二爺基本上已經表明為了劉備可以準備隨時去死了。

因為此時袁曹雙方已經開戰，關羽說的要投奔袁紹去找劉備，會有極大可能被陰謀幹掉的，張遼在聽到關羽的回答後內心極其煎熬，思索再三要不要告訴曹操，就是怕曹操殺了關羽。[3]

後來張遼跟曹操坦白，曹操問：「這是天下義士啊！你估計他什麼時候會走呢？」

張遼說：「雲長說了，必須報您大恩以後再走。」

1　《三國志・武帝紀》：使張遼、關羽前登……

2　《三國志・關羽傳》：羽望見良麾蓋，策馬刺良於萬眾之中，斬其首而還，紹諸將莫能當者……

3　《傅子》：遼欲白太祖，恐太祖殺羽，不白，非事君之道，乃歎曰：「公，君父也，羽，兄弟耳。」遂白之。

並不存在關羽不知道劉備的下落，而是關羽明明白白地知道他在哪兒，但是他來去明白，曹操不同意可以殺了他，他夠義氣絕不騙曹操，曹操厚待他，他立功報答！

曹操知道關羽的態度後，並沒有捨不得用他這一說，第一戰就撒出去了，而且「先登」向來是高危工種，百里奔襲後的先登衝陣，死亡率就更高了。

曹操派誰去先登呢？新降的張遼和更新降的關羽。這倆誰拚死了都不心疼，反正都是新來的，尤其是關羽，既然要走，那不用白不用，抱炸藥包上吧。

然後就到關二爺專場了！

關羽在報答曹操恩情的時候，也遠沒有小說中那麼輕描淡寫，自己開著赤兔坦克走一路對面閃一路，然後大吼一聲「啊」，袁軍就全尿了，顏良隨後就被砍死了。

關二爺對報答曹操是極其看重的！你國士待我，那我立的功絕對是要對得起你對我的厚恩的。你讓我先登衝陣，我不光要幫你衝垮了陣，我還得自己上難度，捅死對面那大領導才算咱爺們兒夠意思！咱們爺們之間過的是「義」！互相都是體面！

不是這個原因，關二爺絕對不會幹出「羽望見良麾蓋，策馬刺良於萬眾之中，斬其首而還」的神奇演出。因為危險係數太高了。

這句話中有幾個關鍵點：「望見良麾蓋」、「刺良」、「萬眾之中」、「斬其首」。

當時的場景還原，大概率是這樣的：

1.關羽遠遠地望見顏良的司令部所在，於是帶領著先登軍們發起衝鋒。

2.關羽突破了層層設防，然後一矛刺中了顏良。

3.隨後在萬人矚目中下馬，親自砍了顏良的腦袋。

4.上馬，再跑了回來。

這裡面的難度在哪裡呢？

1.你作為敢死隊、先登軍，能夠衝破敵軍軍陣，就已經是非常不簡單的了，一般來講野戰先登軍只要把軍陣衝破就已經算是立功了，後面就是己方士兵去追殺失去陣型的敵軍了，你就不用再往裡面扎了。

但是，關二爺不僅帶隊衝進了敵陣，還朝著整個軍陣中防禦最兇悍的中軍司令部衝了過去，更神奇的是，他就真衝了進去。

由於是遭遇戰，顏良的軍陣絕不可能完整，這為關二爺的順利突破起到了一定的幫助。

更難的是後面的這個環節：方向！

上萬人的軍隊規模是扯地連天的，由於大將的司令部是不可能設在前面的，這說明關二爺要一路帶著隊伍一直往裡衝，然後問題就來了：你殺入軍陣後往往就會失去方向感，你在高處能看到如何插入司令部的線路，但你真闖進去後就發現四面八方都是人。

尤其是遭遇戰，關二爺衝進去時的視角應該是這樣的：也許還能看到顏良的指揮部麾蓋，但是殺過去的路徑已經很難再判斷了，總之越往司令部衝，人越多，士兵素質越高，死在衝鋒路上的概率越大。

但這難不倒二爺，他自帶導航還避開或幹掉了沿路的阻礙，一直找到了敵方大將顏良。

2.接下來，還是高難度，關二爺要策馬一矛刺死顏良，這就好比兩個職業拳擊手見面後，關二爺在一個回合內打倒了顏良。

這其實非常難。因為一般高級將領不僅是有功夫的，而且身上還有鎧甲。

殺董卓時我們簡要地提過，李肅拿大戟捅董卓根本不好使，呂布拿

槍又捅還是不好使，最後還是小兵們拿刀砍腦袋，把董卓砍死的。

關二爺很有可能是一槍刺倒顏良，然後迅速地下馬拿刀砍了顏良的腦袋。這是個相當高難度的連貫動作。

或者更驚悚的一種方式，關二爺一槍杆顏良脖子或腦袋上了，顏良當場斃命。然後，關二爺拿著顏良的腦袋開路，一路又竄了出來，把袁軍徹底地嚇傻了。

漢末大亂十年了，別說見過了，聽都沒聽過有這種操作的戰鬥。

這種戰神般的神奇戰鬥，具有如下三個不可複製的地方：

1.最關鍵的前提，雙方是遭遇戰，顏良丟掉以逸待勞的優勢來逆戰曹操，其陣型不可能完整森嚴，這客觀上給關二爺殺進去創造了可能。

正常戰鬥時，基本不可能會有先登軍殺到敵軍司令部的，一般都是層層佈防根本進不去。

2.二爺忠義！不忠，不會還去找劉備；不義，不會下定決心搞把大的來報答曹操對他的這份恩情。所以看見顏良那裡有機可乘，直接腦子一熱殺進去了。

3.二爺威武！山西出將向來品質保障！二爺的騎馬技術極好。二爺戰鬥力驚人！

二爺不僅能騎著大馬一路躲開各種協防，而且臨陣一槍水平極高，一槍就擊中了顏良，而且下馬動作一氣呵成，捅完就砍腦袋，動作連貫、不浪費，隨後又騎馬竄了出去。

關二爺的這份造型，極大地鼓舞了曹軍的士氣，也使得白馬之戰非常罕見地變成了《三國演義》中寫的那種效果：大將砍死了大將，小兵們都跑了。

首戰雙勝的曹操開始按原計劃撤出白馬延津地區，讓出了黃河一

線，隨後最前線變成了東邊的鄄城，此時鄄城守將程昱只有七百人。曹操打算撥兩千兵力助程昱守城，讓程昱給拒了。

程昱算是曹操帳下的一個異類，戶籍是兗州人，卻對外來戶曹操情有獨鍾。當年兗州全境叛亂，本地人程昱獨臥危城，和荀彧保住了曹操的最後三縣。

他提出了很多重要建議，比如當年被呂布打得沒辦法時阻止曹操投奔袁紹，看出劉備是梟雄勸曹操殺劉備，今天他站在最前線，敢帶著七百人就在袁紹對面站台。（見圖4-7）

程昱說：「袁紹自負，兵少必不來攻，兵多反而會強攻，放心吧。」

為什麼程昱判斷袁紹不會分兵打他這裡呢？因為首先是隔著瓠子水，其次是袁紹用兵方向是曹軍主力，而不是揮師東進。

程昱的威脅在於他可以殺出來斷袁紹的後路，但只有七百人就沒有這個威脅了。倒是兵多反而一定得剷除這個隱患。

事後如他所料，袁紹一路追曹操主力而來，揮師渡河，南下追趕曹軍。

袁軍渡河前，沮授再次出來勸阻：「大軍應當留屯延津，另分兵進攻官渡。如能攻克，再迎大軍也不遲，否則就有全軍覆沒的危險。」沮授的意思是先打著看，是那意思再過去，但袁紹認為，要集中優勢兵力砸蒙曹操，於是再次不同意。

然後，沮授又幹出什麼事了呢？他在大軍即將渡河的時候嚷嚷：「在上者驕傲，在下者貪功，悠悠黃河，我還能渡回來嗎！」隨後推託身體有病，過不了河！牛不牛，人家能一個勁兒地抗命，還能玩兒了老命地惑亂軍心。

不要被結果思維所蒙蔽，袁紹最後輸了沮授、田豐就哪兒都對。我們如果代入進歷史裡面去看當時的情形，設身處地後就會發現，很多所

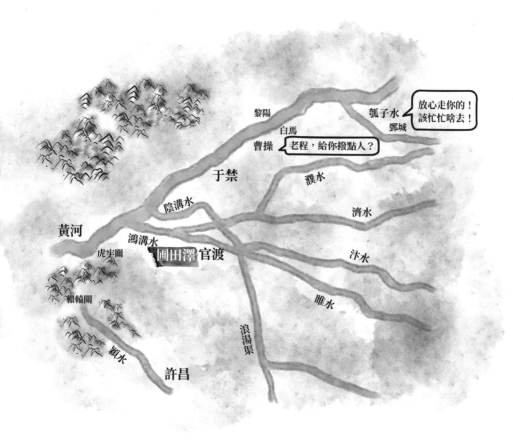

圖 4-7　曹操撤出白馬戰場圖

謂的忠君諍臣各有各的可恨之處。

你有你的想法，組織有組織的考慮，組織沒聽你的建議你就鬧情緒鬧得全世界都知道，跟整個組織的人都說這回一定完蛋了，你這又算什麼好謀士呢？

袁紹大怒，表示把你隊伍留下後趕緊滾，隨後把沮授的所有部隊給了郭圖。但郭圖能指揮得動沮授的部曲嗎！開玩笑！

總之，沮授在整個官渡之戰的最終輸出效果，就是各種各樣的惑亂軍心，在最關鍵的集團大戰中和領導兩敗俱傷，做的全都是負面工作。

袁紹這次南下確實比較倒霉，繼顏良成了二爺名片後，剛剛渡過黃河，又折了文醜。

曹操打掉了白馬的顏良軍後，將白馬、燕縣當地的人口開始往許昌遷，防止將來給袁紹運糧食當民夫，而且還非常挑釁地帶著輜重沿著黃河走給袁軍看。

然後袁紹親自帶隊追曹軍。

此時曹操勒兵駐營延津南阪下，派兵登壘遠望袁紹軍，說大約能看到五六百騎兵。過了一會兒，又說：「騎兵越來越多了，步兵已經不知道有多少了。」

曹操說：「都給我下馬解鞍。」

曹軍軍心震恐，軍官們全都勸曹操趕緊回營，咱跑吧！

荀攸說：「正要在這兒擒敵，走什麼走！」

這個時候，文醜和劉備帶著五六千騎兵追上來了。

諸將說：「可以上馬了！」

曹操說：「還不行。」

直到曹操看到袁紹騎兵開始搶沿途自己軍隊扔下的輜重，才說：「全體上馬！」

亂軍中，關羽中了彩票：殺了文醜。

袁紹陣營中的猛將顏良、文醜在首戰雙雙報銷，袁軍出師不利，士氣大挫。

此戰過後，關二爺投奔劉備去也。

曹操在關羽走之前厚加賞賜，關羽盡封賞賜，拜書告辭，來去明明白白！

曹操的禁衛軍打算追殺關羽，但曹操說：「彼各為其主，勿追也。」

都是磊落丈夫啊！兩個人本質上都是不理性、不明智的。你國士待我，我絕不騙你，關羽先把胸口露出來，把刀遞過去，說我得走，我本事你是知道的，你們集團討論會上說我是「萬人之敵」，將來會是大威脅，但我不騙你，你對我厚恩我立功報答後再走。

其實有必要嗎？後世多少人都是假惺惺地一邊跪舔一邊實施越獄計劃。

本質上為了什麼？為了自己那條命！但「命」在關二爺看來，沒有「義」重！

曹操更加不明智，他知道關羽的本事，不然關羽不會說「吾極知曹公待我厚」，這位爺只要到那邊去了，就是對曹操的極大的威脅。

雖然關二爺在官渡並沒有得到機會發揮，但後來江陵絕北道、襄樊淹七軍，那都是在極小的投入下產生重大戰果的軍事神作。

曹操最終兌現了他的承諾，二爺並沒有被「意外」。有太多可以兌現承諾但並不放你走的方法了，但曹操並沒有！從功利的角度來看，這其實也是不明智的，後來關二爺就差點兒在他死前讓他死不瞑目。

但是，正是二位的不明智，反而將彼此的歷史地位生生地拔高了一個維度！一個，即便後世千年頂著那張大白臉，但仍然沒人否認他是英雄丈夫！另一個，成了華人世界兩千年的忠義一肩挑！

初戰連斬袁紹兩員大將後，曹操回軍。

看似一馬平川的中原腹地，在經過曹操的重重篩選後，挑出來了一個袁紹南下之路的最關鍵阻擊點：官渡！（見圖4-8）

三世紀最精彩的一次相持，就要上演了！

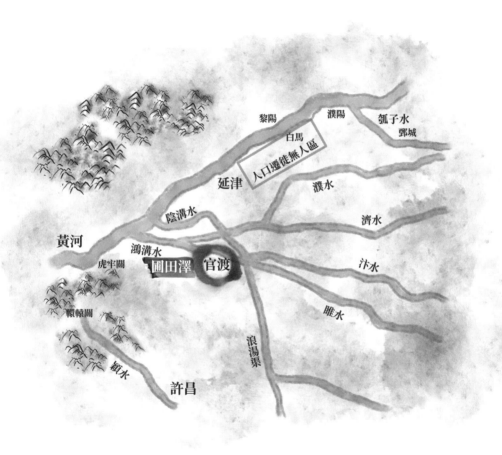

圖 4-8　曹操與袁紹在官渡對峙圖

五、「函谷關」合肥，「獨木橋」官渡

在曹操、袁紹雙方正式會戰官渡之前，繼張繡、劉表後，老天爺幫曹操拆了第三個雷：江東孫策。

就在這一年，東南方面傳來了驚悚消息，孫策準備渡江襲許都，有很多渡江投奔朝廷的士人聽見江東殺人魔蠢蠢欲動後又都慌了。

就在許昌的人都哆嗦的時候，郭嘉站出來說：「都別怕！孫策統一江東，殺的都是當地能得人死力的英豪，他又輕浮又不愛防備，就算有百萬之眾也不知道配幾個像樣的保鏢，放心吧！他很快就死在刺客手上了！」[1]

郭嘉這輩子做了很多判斷，其實相當一部分是在已知的前提下無限地開腦洞。不是說他的水平不高，而是他的指導思想往往是「人有多大膽、地有多大產」的劍走偏鋒。

1　《三國志・郭嘉傳》：眾聞皆懼，嘉料之曰：「策新并江東，所誅皆英豪雄傑，能得人死力者也。然策輕而無備，雖有百萬之眾，無異於獨行中原也。若刺客伏起，一人之敵耳。以吾觀之，必死於匹夫之手。」

他的某些計策，除了洪福齊天的曹操，擱別人用早死八回了。比如他後來力主的遠征烏桓，別看最後贏了，但要不是他自己死那裡了，事後是否會被追責還真不一定。

郭嘉的計策，往往主動權是在別人那裡的，他經常非常篤定地說：「你就照我說的來，那人一定怎麼怎麼樣！」是否人家真的會按他說的來，其實非常不一定。

但是，他這次的腦洞卻是他人生諸計中腦洞開得最小的一個。因為孫策的所作所為和性格特點已經傳遍了大江南北。

這幾年孫策在江東殺人殺到了什麼地步呢？《吳書》裡面是這麼記載的：「孫策轉鬥千里，盡有江南之地，誅其名豪，威行鄰國。」

這個「鄰國」，其實主體就是曹操主導的中原。

每個逃到曹操那裡的士人，聊天的第一句話通常就是：「終於活著見到組織了，差點兒死江東啊！孫家那殺人魔太無法無天了！」

郭嘉為什麼會判斷孫策一定會被暗殺呢？因為同樣都是殺當地的大姓豪族，孫策殺完之後卻並不像曹操一樣，身邊配上典韋、許褚，時刻小心提防著，他總認為他自己就是天下第一勇烈。

但是，就是渾身是鐵能打幾根釘子呢？

袁術北歸不成氣死後，長史楊弘、大將張勳等本來打算去投奔孫策，結果被袁術的廬江太守劉勳襲擊，盡收袁術餘眾和珍寶。

孫策聽說後示好劉勳，勸劉勳去襲取豫章上繚城，那裡有宗民萬餘家的橫財可發。等劉勳走後，孫策迅速渡江襲取了廬江，劉勳僅帶著數百人投奔曹操而來。

此時袁紹已經準備南下了，曹操為了安撫孫策，於是拿姪女去配孫策小弟孫匡，又為兒子曹彰娶了孫賁的閨女，命揚州刺史嚴象舉孫權的茂才。

但是這些外交動作，在這位少年英豪看來，都是障眼法而已。

200年，曹操和袁紹對陣於官渡之時，孫策準備偷襲許都，迎獻帝回江東，並派小弟盧江太守李述為先驅殺了曹操的揚州刺史嚴象，撕破了親家的這張臉。

孫策為什麼要襲許都呢？因為他在江東統治得太困難了，他太需要獻帝這個名片了。將獻帝迎到江東，幾乎是孫策活著統馭江東的唯一辦法了。

眼看這隻江東猛虎要出籠子，結果老天爺把這隻猛虎收走了：就在出兵前夕，他曾經勒死的吳郡太守許貢的門客刺殺了他。

簡短地說一下過程：有一天孫策突然一個人騎著馬就出去打獵了，結果在江邊遇到了許貢的三個門客。

孫策問：「爾等何人？」

刺客們說：「我們都是韓當將軍的兵。」

孫策道：「少來那套！韓當的兵我都認識！」然後張弓搭箭就射死一個！

那哥倆也同時反擊，一箭射中孫策的臉，後來兩人被孫策的衛隊追殺。

孫策回去後，估計是傷口感染，病勢漸重，開始托孤後事。孫策對張昭等重臣說：「現在中原剛開始大亂，以吳、越之眾，三江之固，足以觀成敗，你們好好地輔佐我弟弟。」

孫策隨後又找來了孫權，將自己的印綬交在弟弟手上，說出了那句思考了很久的明白話：「舉江東之眾，決機於兩陳之間，與天下爭衡，卿不如我；舉賢任能，各盡其心，以保江東，我不如卿。」

翻譯下就是：你的任務不是開拓疆土了，你也不是那塊料，本來想把獻帝抓來給咱家洗白的，沒想到這次哥哥作到頭了。這些年我一直帶

你在身邊言傳身教，我走後，你的任務就是保住江東啊！

說罷，當夜而卒，時年二十六歲。

由於之前樹敵實在太多，主少國疑的孫權即將面臨暴風驟雨的強烈反噬，他必須凝神靜氣地收縮實力，準備迎接即將到來的江東反噬風暴。

這也就意味著，孫策的死，標誌著江東孫氏政權要猛烈地調轉方向，北上擴張勢頭就此打住。

隨後曹操迅速派了一個人南下，將南北的分界線永遠地釘在了合肥！

原來袁術部將沛國劉馥，和曹操算是半個老鄉，由於之前一直避亂揚州，當地門子熟，曹操無暇南顧之時，就安排他為新任的揚州刺史。

孫策死後，江淮間大亂，廬江梅乾、雷緒、陳蘭等聚眾數萬肆虐，九江、廬江兩郡全境殘破。

劉馥受命後，沒有去揚州治所壽春，而是直接單槍匹馬來到了已是最前線人都跑乾淨的合肥。在合肥，劉馥建立治所，安撫江淮群盜，表示他們只要不再作亂，中央既往不咎。

幾年中，江北恩化大行，流民越長江、群山而投奔者數以萬計，劉馥利用脫南者的力量開始加大建設力度，設立學校，開發屯田，百姓安居樂業。[2]

與此同時，劉馥又修建合肥城防，多積滾木雷石，編草苫數千萬枚，益貯魚膏數千斛作為戰略儲備物資。

這座城，從此成了孫權的噩夢，孫權此後四次興大兵而來，次次無功而返。

2　《三國志‧劉馥傳》：於是聚諸生，立學校，廣屯田，興治芍陂及（茄）陂、七門、吳塘諸堨以溉稻田，官民有畜。

為什麼合肥這座城對孫權來講如此重要呢？因為它幾乎是江東政權北上擴張的唯一通道。

　　江東最強的是水軍，最省成本的也是水路物流通道，而自古南方自長江一線沿水路北上的只有三條路：廣陵的中瀆水道、中間合肥水道、荊州的漢水清水道。（見圖4-9）

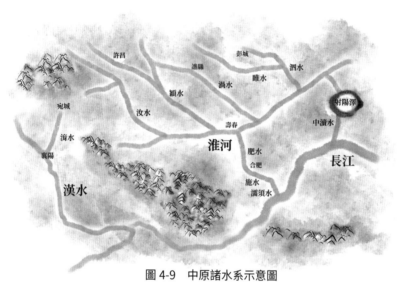

圖4-9　中原諸水系示意圖

　　咱們先看中瀆水道。

　　當時的蘇北地區也就是廣陵郡，之所以叫這個名字，就是轄區內丘陵太多了。不僅丘陵多，而且水網密佈，三國時代還有各種各樣的沼澤密佈其中，地廣人稀，是陸軍的噩夢。

　　在廣陵郡中，有一條中瀆水道，理論上是可以自長江進入淮河的，但是航道比較淺，動不動就淤塞了。當地的人口又少，很難找到足夠的民工把河通開。而且，只要一方堵在另一方出淮河的口上，就把對方輕鬆地堵死了，對方連泗水都進不去。（見圖4-10）

　　無論南北哪個政權，這條水路都是最次之選。後來曹丕為了收藏霸

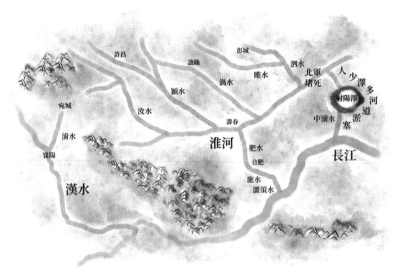

圖4-10　中瀆水道劣勢圖

等泰山系的兵權找茬打孫權，讓青、徐地區配合，就近走了這條道，結果半道上就堵了。

再看荊州的漢水清水線。

這條水路，在物流方便程度和沿途百姓密度上看均是優選，但是，清水到了宛城就到頭了。（見圖4-11）

如果你想進中原，就得用兩腿走上三百里了。不僅糧食得找大規模的民夫去運，還得捨棄最優勢的水軍。衝這就得活活地嚇死大東吳將士們！

這條水路倒是北方政權非常好的一個選擇。因為南陽盆地富裕，大軍進入南陽後可以就近解決人力、物力，順漢水入長江也極大地減輕了物流壓力，所以襄陽這個橫斷南北的關鍵點才會對南方政權的生死存亡如此重要。

上面兩條水路一排除，最後的這條合肥水道，也就成為南方政權進

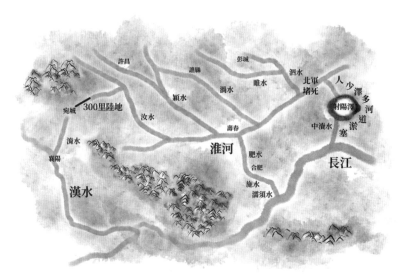

圖 4-11　漢水淯水入中原劣勢圖

入中原的唯一通道了。

　　合肥這個名字的來由，最早是因為施水和肥水在夏天河水暴漲時匯聚於此處。後來人工開挖了運河，肥水、施水合流了，學名叫作「巢肥運河」，為了易記還是叫「合肥水道」吧。

　　合肥水道對於北方和南方而言均是生死水道。不僅航道靠譜不堵，可以方便大規模地投放兵力與物資，而且位置極其關鍵。如果南方掌握這條水道並控制了壽春，就能橫跨整條淮河然後駕著戰船到中原各地自駕遊。你堵都堵不死！

　　孫策為什麼隔著上千里敢計劃去搶獻帝呢？因為順著合肥水道走淮河潁水就能一路水路插到許昌！（見圖 4-12）

　　這條水道對北方同樣重要。因為一旦北軍打破了濡須口，獲得了長江的入江口，中原龐大體量的兵力、財力就將源源不斷地登陸江東！與此同時，完成對長江中游和下游的分割！

　　孫策神奇地掐點兒般死在了曹操、袁紹對轟官渡之前，成為上天對

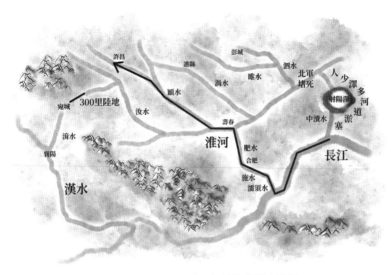

圖 4-12　孫策預想偷襲許昌水路圖

曹魏政權的最大恩典。

　　孫策如果不死，不僅官渡之戰結果未可知；即便曹操勝利，後面也很難集中精力去略定河北。因為整個淮河一線將再無寧日！整個豫州、徐州將投入大量的兵力去嚴陣以待小霸王隔三岔五的武裝自駕遊！

　　孫策一死，劉馥守國門，將陣線釘在了合肥，意味著不僅牢牢地鎖死了江東政權的北上之路，還給中原政權南下江東留下了一個最可靠的橋頭堡。

　　從此以後，曹魏政權只需要在合肥佈防，就能將整個江東地區憋在長江內。

　　合肥的意義還不僅僅在國防層面上，它更是國力的放大器！只要合肥在手中，整個淮河以北就都是安全生產區！江東就算再富裕，它本質上也是在用江東一隅來對抗整個中原大平原的財富之軀。只要中原統一並且緩過勁兒來，冀州、青州、兗州、豫州、徐州這五個州的國家機器一開啟，江東政權的消亡就只是時間問題。（見圖 4-13）

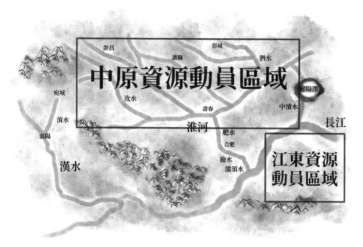

圖 4-13　中原與江東資源動員區域示意圖

　　自古守江必守淮，除了江淮間的層層水網可以阻擊北方政權的層層推進外，底層原因也是秦併天下中最常說的那四個字：國力問題。

　　如果南方政權擁有淮河，那麼豫州、徐州就將變成南北對峙的重要緩衝區，雙方互搶人口，隔三岔五地武裝搶劫，誰也沒辦法安心生產。北方不僅掙錢的渠道減少了一大塊，而且處處佈防的花銷也因此大大增加。此消彼長，北方政權的優勢將不再明顯。（見圖4-14）

　　合肥攥在北方手中，意味著它極大地壓縮了國防成本，並解放了大片的優良土地。

　　合肥，某種意義上，就是曹魏政權的函谷關！整個三世紀的東線結局也因此基本奠定！

　　孫策死後，曹操已經消除了所有明面上的軍閥威脅。

　　200年七月，袁軍進軍陽武（中牟北）。

　　雙方大部隊正式對峙在了曹操選定的決戰地點：官渡。

圖 4-14　南方政權擁有淮河後的戰略緩衝區圖

　　為什麼要選擇官渡？三個原因：

　　1.從曹操方面來講，如果繼續在黃河的延津、白馬等渡口進行阻擊，由於此地黃河渡口眾多，很難堵死所有渡口，容易被人家偷襲。

　　2.黃河前線距屯田大本營許都較遠，後勤成本較高，撤回官渡有利於縮短糧道並且拉長袁紹的糧道。

　　3.從袁紹方面來講，過黃河後水網縱橫，這片地方河流縱橫，陰溝水、鴻溝水、濮水、濟水、汴水、睢水等水網，袁紹軍從兗州方向打過來基本不可能。

　　如果陸戰平推，不僅穿越這一條條河流進行後勤補給非常困難，還要考慮被兗州方向的曹軍截斷退路。（見圖4-15）

　　如果從西邊走黃河線入洛陽盆地進行包抄的話，又有虎牢關等幾座雄關被曹操堵著，袁紹很難打出來。

　　如果從虎牢關西的黃河段登陸南下，後勤給養又非常容易被虎牢關

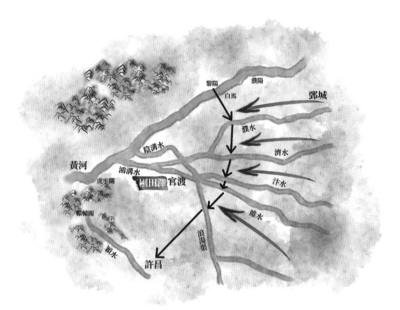

圖 4-15　袁紹從兗州方向出兵示意圖

方向的守軍所截擊。（見圖 4-16）

　　再加上官渡西面天賜了著名的圃田澤，周圍沼澤池塘密佈，不利於步騎通行。

　　所以袁紹軍隊由河北南下攻擊許昌，只有南下正面一條道可以走：官渡，這是他的必經之路。

　　雖然決戰地點被曹操選好了，但袁紹真的就按照曹操給出的牌走了嗎？並沒有！

　　正面戰場外，他開始了一連串的連環出招！

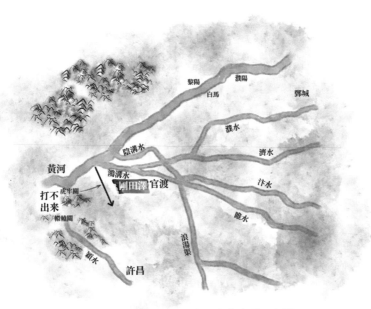

圖 4-16　袁紹從虎牢關方向出兵示意圖

六、最後一秒見分曉

200年八月，袁軍主力來到官渡主戰場，依沙堆立營，東西寬約數十里，曹操也分營對應阻擋袁紹，在此，雙方開始了對峙。

不久，兩軍正式會戰，近五年沒打過敗仗的曹軍罕見地在大兵團正式會戰中失利，躲進營壘堅壁不出。

《三國志‧武帝紀》中說：「公亦分營與相當，合戰不利。」《三國志‧袁紹傳》中說：「合戰，太祖軍不利，復壁。」《後漢書‧袁紹傳》中說：「遂合戰，操軍不利。」

怎麼輸的史官不告訴我們，袁紹做了什麼騷操作也全都藏起來了。肯定打得不好看，不然不會藏得那麼嚴實，反正沒像公孫瓚那麼現眼，曹操至少還順利地逃回了營。

這還是曹操白馬斬了顏良、延津殺了文醜，袁軍士氣低落的前提下雙方的對戰，這都能大敗而歸，真不知道氣勢如虹的袁軍會厲害成什麼樣。

躲起來了是吧，袁紹隨後修築壁樓，堆起土山，從高處向曹營射箭，箭如雨下，曹營中的交通需要拿著盾牌走路。

袁軍一邊射箭，一邊派軍隊衝擊曹軍陣營，剛剛戰敗的曹軍，士氣已經開始低迷，在連著打了好幾年的勝仗後，曹軍頭一次出現了畏懼之色。[1]

滄海橫流方顯英雄，曹操派出了前期在黃河前線站台的戰鬥英雄于禁督守土山迎擊袁軍。都慫了是吧！于禁！讓他們見識見識咱泰山爺們的膽氣！

于禁繼黃河挫敗袁紹後再度大放異彩，帶領泰山兄弟們力戰袁軍攻營，奪回士氣！[2]

曹操的工程部也加大了研發力度，發明了一種霹靂車，就是投石機，把袁紹的射箭高樓給轟塌了。

天上不行改地下，袁紹又玩起了當年搞公孫瓚的地道戰。曹操那面則挖了一道道的長溝進行防禦。

正面軍事對壘中和曹操在僵持，袁紹也在同時佈局別的戰線，導演的劇本通常是很多條線的，他對敵人的打擊是全方位的。

袁紹買通了曹操的身邊人徐他等刺客打算刺殺曹操，注意，不是一個人！[3]

許褚自打官渡開戰後就幾乎寸步不離曹操，所以這幫刺客根本抓不住機會。直到有一天，許褚要歇班休息一下了，徐他等刺客帶刀前來。

許褚剛回到宿舍，心中狂跳，漢末十年幹黑幫搏殺存活下來的第六感讓他覺得有問題！於是迅速地又回到了曹操身邊！

徐他等一幫人不知道許褚已經歸隊，仍舊前來拜見曹操，結果入帳後發現許褚沒走，臉色大變。看到徐他的臉色，許褚迅速就明白了自己

1　《三國志・于禁傳》：紹射營中，士卒多死傷，軍中懼。
2　《三國志・于禁傳》：禁督守土山，力戰，氣益奮。
3　《三國志・許褚傳》：時常從士徐他等謀為逆……

為什麼心律不齊，然後虎癡咆哮地搞死了這幫刺客。[4]

內部刺殺沒搞成，袁紹仍然有左右勾拳打出來：派人勾搭老家汝南郡的黃巾餘孽劉辟部叛變造反，命游擊隊長劉備帶著河北兵前往相助，與此同時汝南有大量官員響應了袁紹的號召。

袁紹同時打出了很多張牌。

大家看到的是黃巾賊被他撩撥起來了，實際上背後是他在曹操的豫州大後方下了大功夫。比如江夏軍閥李通，跟袁紹本來沒什麼交情，但因為屯於汝南西界，位置險要，所以袁紹照例派了間諜做策反。[5]

李通雖然明明白白地拒絕了袁紹，還斬了袁紹的來使，但他只是個例，當時大部分官員都持觀望態度：最重要的體現就是所有的賦稅與物資全部扣在手中不再往官渡前線運了。

李通為了避嫌，繼續徵調陽安郡的物資支援曹操，被好友潁川趙儼看到後緊急制止：「現在汝南全境都已經亂了，就你這裡還是咱的根據地，絕不能再亂了，把徵調上來的物資迅速還給百姓，中央那裡我替你說話！」趙儼找到了潁川系大哥荀彧，荀彧讓曹操下令免除了汝南的全境賦稅。[6]

袁紹從來就不怕劇情複雜、演員眾多，他最大的特長就是尋找對方種種各樣的弱點，然後集中給對方爆破出來。

繼汝南跳反後，各地開始了觀望，官渡如果出了問題，曹操全境將風起雲湧。

4　《三國志·許褚傳》：褚至下舍心動，即還侍。他等不知，入帳見褚，大驚愕。他色變，褚覺之，即擊殺他等。

5　《三國志·李通傳》：李通字文達，江夏平春人也……屯汝南西界……太祖與袁紹相拒於官渡。紹遣使拜通征南將軍，劉表亦陰招之，通皆拒焉。

6　《三國志·趙儼傳》：惟陽安郡不動，而都尉李通急錄戶調……儼曰：「誠亦如君慮；然當權其輕重，小緩調，當為君釋此患。」乃書與荀彧……彧報曰：「輒白曹公，公文下郡，綿絹悉以還民。」

劉備自從被袁紹派下來之後，開始大肆劫掠汝水、潁水之間的地區，因此自許都以南風聲鶴唳。(見圖4-17)

就在曹操撓頭、劉備又嘚瑟的時候，兄弟曹仁對他說：「劉備率領的是袁紹的部曲，用的不一定順手，我現在就去滅火，一定拿下！」

曹操於是點出了騎兵部隊交給曹仁，再次部署閃電戰抽劉備。玄德公最害怕就是對手突然出現。

曹仁率騎兵突擊後，照慣例再次打跑劉備，並擊破劉辟軍屯，又震懾安定了汝南的反叛諸縣。

劉備被打回來之後，袁紹又派了別將韓荀抄斷西線，曹操再次派出曹仁在雞洛山大破韓荀。

一次又一次打鼴鼠般地出招均被曹操驚險化解，袁紹漸漸地看明白了雙方的將領獨當一面的差距，不再分兵出擊。

也是在這個時候，劉備再次出逃成功。劉備對袁紹說：「我幫您聯合劉表，順便再回汝南幫您打敵後游擊。」袁紹不想再自己出血，於是歸還了劉備的本部部曲令，他又遛去了汝南。

劉備和當地的小軍閥龔都合作搞亂，人數只有數千人，曹操很是輕視，派了蔡揚對戰劉備，結果被劉備幹掉。

劉備在漢末的一系列戰績中通常有這麼一個特點：兵不能多。

要是雙方都是三千人對打，那麼劉備一定會斬獲漢末主公圈的對戰之王桂冠。

劉備向來擅長打逆風仗，人越少往往戰果越驚喜，就算輸了劉備也有無限續航、超長待機的能力。

斬蔡揚後，劉備又回到了他最熟悉的狀態，手中是走南闖北仍然活下來的不死老兵們，幾千人的士兵，指揮起來腦子也夠用，所以在汝南大後方順利地紮下了根來。

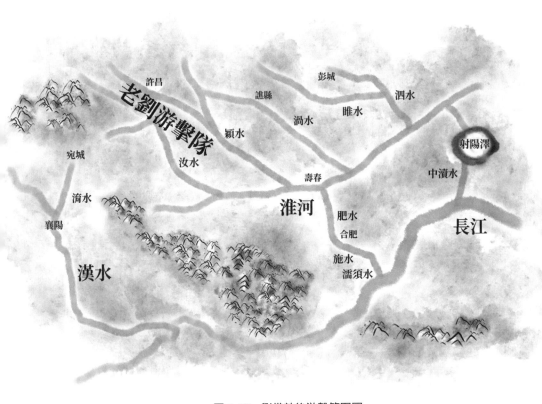

圖 4-17　劉備敵後游擊範圍圖

劉備在汝南又楔進釘子的同時，官渡戰場上兩軍花樣相持了兩個月，曹操開始越來越困難。

袁紹雖然不分兵了，但他又派遣了大量的小游擊劫糧隊不停地截曹操的糧道。

在袁紹一次又一次全方位地出招下，曹操感受到了公孫瓚曾經感受的恐懼。

近臣刺殺、招降後方、劉備搗亂、西線迂迴、抄絕糧道，這個人怎麼如此可怕：怎麼四面八方全都是敵軍主力！怎麼所有的情報匯集上來後沒有一個地方不出問題！

兵少糧缺、士卒疲憊，曹操開始打退堂鼓，打算再次收縮兵力回許昌進行保衛戰，於是寫信給荀彧，商議要退守許昌。

這是個比較關鍵的時間點，史書中載：「時公兵不滿萬，傷者十二三。」

這個數字值得商榷，因為對面的袁紹是近十萬的大軍，官渡不是關隘，一萬的兵力是托不住十萬兵力的。

尤其在雙方對陣官渡之時，是數十里屯兵對陣的。

一萬兵屯數十里就比較搞笑了。為什麼會這麼說呢？旗鼓相當的人數被袁紹打得出不了營，你說難看不難看？你怎麼下這個筆？只能說曹操此時是一萬人，對面欺負人啊！

史官還是很厚道的，前面給我們線索讓我們細品了。

這個「時公兵不滿萬，傷者十二三」被史官做文章的來源應該是後面荀彧給曹操寫信的那句：「公以十分居一之眾，畫地而守之，扼其喉而不得進，已半年矣。」

但這是荀彧的一個比喻，五年前曹操要去搶徐州時，荀彧曾經這麼說，「將軍攻之不拔，略之無獲，不出十日，則十萬之眾未戰而自困

耳」，當時的曹操還在和呂布打膠著戰，哪裡撥得出十萬人去搶徐州。

這就是種合理的誇張勸諫法。

回到荀彧給曹操的回信這個關鍵點上，荀彧這麼說：「眼下咱們軍糧雖少，卻還比不上當年楚、漢在滎陽與成皋之間那樣艱難。當時劉、項雙方都不肯先退，先退的一方必定處於被動，您僅以敵十分之一的兵力，就扼住敵人咽喉整整半年了。敵人的底細已經清楚，銳氣已經枯竭，局面必將有所變化，這正是使用奇謀的良機，不可失去啊！您再挺挺吧。」

《荀彧傳》是勸人聽自己話的金牌教科書：有理有據地拍馬屁，設身處地地講問題，堅定信念地說建議。

都跟沮授似的，他說的領導不聽，就鬧情緒，這種下屬早點受冷落比較好。

能提出正確建議的人永遠不是少數。能讓領導聽從你的正確建議並跟你一條心實施的人才是真正的國士，是大才。

荀彧從來不說自家領導不行，什麼時候都是我們家曹操最猛最棒；孔明丞相在劉備下令打孫權的時候也什麼話都不說，因為知道決定已經下了，我盡己所能地足兵足糧穩定後方就好了，盡最大能力地幫自家領導去贏，輸了我也有辦法擦屁股，這才是真正牛的大才。

千萬別太拿自己當回事兒，對誰都尊重客氣些，不平衡時就想想荀彧，想想他是怎麼調教自家領導的。

如果荀彧的案例還不深刻，再聽聽賈詡怎麼說的，曹操問賈詡：「老賈，現在你說怎麼整？」

賈詡說：「領導您在精明、勇敢、用人、決斷四個方面都勝過袁紹，之所以相持半年不能取勝，是因為您想得全，您一直穩紮穩打，馬上就

會出現轉機了。」[7]

什麼叫正確的廢話，這就是！但這又是價值連城的廢話！

領導在快崩潰的時刻，最需要什麼呢？安慰！安慰！你最猛、你最棒！讓領導挺起胸膛去繼續執行正確的戰略方針──繼續堅守待變！

兩大參謀長不讓曹操退的原因在於，本來曹操正面就打不過袁紹，現在好不容易已經僵持了很久，一旦退，士氣就會急劇下降，社會輿論也將一邊倒地傾向袁紹，危機就會集中爆發！

根本沒法退！

但是，實話不能這麼說！這麼說曹操就該徹底地崩潰了！他此時的心理壓力太大了，不能再嚇唬他了！

兩位說的重點都是：我就知道你行，你馬上就要弄死他了，像過去弄死別人那樣，咱再挺挺！再堅持一下！

結果就是：操從之，乃堅壁持之。

讓別人心甘情願地跟著你的思路走，這才叫有效地提建議。

荀彧在幫曹操塌下心來的同時命令負責後勤補給的任峻採取十路縱隊為一部的大規模運糧隊編制，甚至派出了總預備隊的禁衛軍去護送糧草，加強護衛，防止袁軍襲擊。

一場戰役，最難的，就是等待。等待的最關鍵一點，先為不可勝，再抓別人的空子。

曹操在耐心等待的時候，發現了袁紹的空子，此時袁紹的數千輛運糧車就要到達官渡軍營。參謀長荀攸對曹操說：「袁紹的運糧車就要到了！護送軍糧的韓猛驍勇但輕敵，趕緊去劫糧！」

曹操和袁紹兩位高手在間諜方面都做到了幾乎互相打明牌的地步。

7　《三國志・荀攸傳》：公明勝紹，勇勝紹，用人勝紹，決機勝紹，有此四勝而半年不定者，但顧萬全故也。必決其機，須臾可定也。

袁紹能夠把殺手安排到曹操身邊，曹操生死存亡的運糧情報也是掌握得明明白白，動不動就劫糧打游擊；曹操那邊也是如此，袁紹的情報他也打聽得八九不離十。

高手過招實在是太好看了！

曹操問荀攸：「派誰去？」

荀攸說：「徐晃！」

曹操於是派徐晃和史渙攻擊韓猛。瞅瞅這佈置，一個是黃巾軍底子的降將徐晃，一個是自己人沛國老鄉的史渙，讓心腹駐紮在基層，與名將合作，這是曹操用人的策略。兩人最終不負眾望，成功地將袁紹的軍糧燒毀。

這是官渡之戰中第二重要的一次軍事行動。

我們要高度關注，記住此次截擊！因為這次截擊，使得袁軍也開始乏糧；也正因為這次截擊燒糧，才顯得後面的最終一擊是那麼的重要。

又堅持了一個月，曹操快到極限了。因為真的快沒糧了，士兵們在高強度的壓力下也已經到了強弩之末。[8]

在這個時候，曹操無可奈何地使出了沒有退路的激勵大法，對運糧的士兵們說：「再給我十五天，十五天必破袁紹，不再辛苦大夥了！」[9]

這句話一出，意味著曹操將自己的一生成敗變成了十五天的倒計時！十五天到後要是還沒拿下，士氣就將徹底崩盤！但是，他已經沒辦法了，否則連現在都撐不過去了！

回到大戰之前的那個疑問，袁紹該不該盡起主力來逼曹操呢？此時此刻已經有了最現實的回答：他全程都在調動曹操壓著打！曹操已經被他逼到油盡燈枯！但他仍然手有餘糧心不慌！

8　《三國志‧武帝紀》：然眾少糧盡，士卒疲乏。
9　《資治通鑒‧漢紀五十五》：操見運者，撫之曰：「卻十五日為汝破紹，不復勞汝矣。」

十月，袁紹再次運來了那名動歷史的一次軍糧，淳于瓊等五將率萬餘人護送軍糧到了袁紹大營北四十里的烏巢。

此時此刻，袁紹收到兩條建議：一是打不死的沮授再次獻計，增派蔣奇領一支人馬在淳于瓊外側，以防止曹操偷襲；一是許攸提出乘曹操傾軍而出，輕騎奔襲許昌。

袁紹全沒採納。

沮授說的正經是個好建議，此時此刻時間就是勝利，軍糧是最關鍵的，多加防備沒壞處，但這位反戰搗亂分子說什麼估計袁紹都不會聽了。

但凡他有賈詡的做人水平，官渡之戰就徹底地改寫了。

至於許攸的建議，袁紹認為完全沒必要，因為曹軍已經到強弩之末，袁紹已經收到間諜消息了，說曹操沒糧了！畢竟後面許攸都知道的事袁紹不會不知道。

1. 我再等幾天你就徹底完蛋了，我為啥要節外生枝地派輕騎去打許昌？

2. 之前派過那麼多輪了，還是我自己的正面戰場靠譜。

但是，此時此刻，天平最大的一次傾斜出現了。許攸家裡有人犯法，被留守大本營的審配抓了，許攸大怒，投奔了曹操。

河北的黨爭鬧到了最後，這次許攸叛逃成了整個官渡之戰的最後一個必然的意外。

曹操聽說許攸來投，把他給樂的呦，光著腳跑出來迎接。

雙方見面後許攸問：「還有多少糧？」

曹操說：「也就還能打一年吧。」

許攸：「想好再說。」

曹操：「半年。」

許攸：「你又說瞎話。」

曹操：「我逗你玩呢，還有一個月。」

許攸說：「別廢話了！你沒糧了！已經到生死存亡關頭了！」

曹操滿臉懵逼地思考袁軍間諜已經讓自己連比基尼都穿不上的時候，許攸給曹操點出了袁紹的關鍵弱點：「不光你缺糧，你上回燒糧之後，袁紹也缺糧，現在只有三天的糧，但第二批糧草已運到烏巢，你要是再燒一次，袁軍必然因糧盡而崩潰。」[10]

說到底，曹操的間諜比袁紹的間諜還是差點兒意思，畢竟袁紹已經知道他糧盡了，而對方致命的情報卻需要許攸投降送過來。

許攸的建議被曹操迅速地拿到了參謀會上討論，手下人都在疑惑，只有荀攸和賈詡說：「領導！到決戰的時刻了！」

曹操決定，拚了，親自帶隊出擊烏巢！

許攸有沒有可能是假降？很有可能。也許在烏巢等待他的將是一個超大的陷阱。

但曹操沒得選了，因為他是弱者，正面會戰打不過，糧草給養跟不上，間諜渠道拚不過，四面八方全是楚歌！弱者生死關頭永遠沒有選擇，他只能賭，賭許攸是對的，他不劍走偏鋒根本就贏不了！

下一個決策問題來了，為何曹操要親自去偷襲烏巢？派別人去不行嗎？萬一是圈套呢？

這就是顯示曹操魅力和腦子的時候了。這種事，成就贏了，不成必死，屬於關鍵時刻的一錘子買賣！

要去的是敵人後方，路途中會有層層設防與干擾，派別的人去很容易就虛了，就砸了。一旦中途打了退堂鼓，就徹底地無力回天了！不是曹操自己帶隊，根本沒人能搞這種敵後偷襲！曹操令曹洪、荀攸守營，

10　《三國志‧武帝紀》：袁氏輜重有萬餘乘，在故市、烏巢，屯軍無嚴備；今以輕兵襲之，不意而至，燔其積聚，不過三日，袁氏自敗也。

自帶五千精銳冒充袁軍奔烏巢而去。

最後時刻，曹操選擇了自己帶著最精銳的親衛部隊去玩命！這就是最關鍵時刻，頭腦對戰場及大勢判斷清晰的卓越體現！

我雖然哪兒哪兒都輸你，但我贏就贏這上面了！

半路上，曹軍全用袁軍旗幟，銜枚綁馬口，每人都抱著乾草，路上碰到巡查的就說：「領導怕曹操截營，增兵防備。」

曹操的燒火分隊在一路天佑的情況下順利到達了烏巢，然後迅速在烏巢外圍放起了大火，袁軍營中開始驚亂。[11]

烏巢輜重多，核心的都在大營內，淳于瓊緊閉營門，曹操的火把扔不到烏巢內營。淳于瓊並沒有亂，更沒有《三國演義》中的喝大酒，而是緊緊地守住了大營。

時間迅速流過，及至天明。營內的淳于瓊看到了曹操兵少，曹操本人還親至，於是出營迎擊曹軍。

雙方展開了肉搏，曹操勢不可當，淳于瓊看到對面簡直是五千個瘋子，於是撤退回營堅守，但是曹軍已經壓不住了，瘋了一樣地咬住他，展開了最後的搏命之戰！ [12]

與此同時，烏巢火起的消息已經傳到了官渡前線，袁紹司令部開始了緊急討論，部將張部主張救淳于瓊，張部說：「曹操營寨堅固，一定不能攻克，如果淳于瓊等被捉，我們都將成為俘虜。」

郭圖認為要圍魏救趙，乘此時發兵去進攻曹軍大營。

袁紹認為郭圖說得對，只要拿下曹營，曹操就無家可歸了，於是派高覽、張部率領重兵攻擊曹營，派輕騎救援烏巢。這成為袁紹此次官渡戰役中的幾乎唯一一個失誤，但卻就輸在這個最致命的失誤上了！

11　《資治通鑑・漢紀五十五》：既至，圍屯，大放火，營中驚亂。

12　《三國志・武帝紀》：會明至，瓊等望見公兵少，出陣門外。公急擊之，瓊退保營，遂攻之。

並非是說他圍魏救趙不對，而是烏巢火起，他馬上也要面臨無糧的絕境，也到了最後關頭，他應該像曹操一樣，親自帶隊攻打曹軍大營，而不是僅僅派部將去。尤其這個部將在去之前就表達了信心的嚴重不足。

玩命的時刻，只有自己最靠得住！

袁紹的這次唯一的決策失誤，導致了滿盤皆輸。

曹操此時仍在和淳于瓊肉搏，忽然探馬來報：「袁軍的救援快來了，請求阻擊部隊！」

曹操發狠道：「分什麼兵！等敵人到我背後時再來跟我報告，現在全軍死戰，幹死淳于瓊！」[13]

這種魄力！這種押上全部兵力往死裡拚的決定！曹操要是不親臨戰場誰能說得出來！

四百年後，破釜沉舟與背水一戰的精神同時重現，曹軍知道有死無生，領導連命都不要了，於是怒氣值、武力值一大堆值全部爆表！終於擊破淳于瓊軍，樂進陣中怒斬淳于瓊，拿下烏巢！

官渡之戰的勝負，隨著烏巢陷落，徹底見分曉！

曹洪在本營靠著剩下的軍士死命拖住高覽、張郃，兩人在曹營前久攻不下，隨著烏巢戰敗，淳于瓊全軍覆沒而臨陣倒戈，燒了攻堅器械歸降。

張郃帶隊歸降的時候，曹洪拿不準主意。荀攸對曹洪說：「張郃的計謀不被採用，大怒而來有什麼拿不準的！歡迎張、高二位將軍棄暗投明！」

在張郃本傳中，說因為郭圖又陷害他了，所以他投降了。實際在別

13　《三國志‧武帝紀》：紹遣騎救瓊。左右或言「賊騎稍近，請分兵拒之」。公怒曰：「賊在背後，乃白！」

的人物傳記中，都是說張郃聽說淳于瓊敗了，於是就投降了。荀攸在受降時也是明明白白地說「郃計不用，怒而來，君何疑」，其實就是河北黨爭到了最後一刻還在繼續，張郃心中不痛快，一看淳于瓊那兒敗了，自己就做了判斷，於是投降了。

河北敗於黨爭，是真正的原因嗎？河北雖然有黨爭，但曹操這邊潛在的叛徒可一點兒也不少，他的大部分將領都和袁紹通信了。

曹操要是不親自率軍攻堅烏巢，五千人打一萬人的攻堅戰，最終還斬首淳于瓊，會有可能嗎？

基本不可能，遇到點兒困難，曹軍將領也就都變成張郃了！

袁紹的援軍馬上就殺到背後的時候，烏巢還沒拿下呢！曹操頂住所有壓力繼續攻堅在最後一刻才拿下的！這要是猶豫哪怕五分鐘，做錯一個戰略部署，膽子哪怕虛上一點點，結局都將天差地別！

就算是曹軍燒了烏巢，袁紹沒有糧了，但實際上曹操也沒有糧了，如果袁紹也孤注一擲地帶隊攻破了曹軍大營，是怎樣的結果其實不好說，最起碼袁軍士氣不會崩，也許袁紹還能以逸待勞地等待曹操還營再打一次！

說到底，這場史詩級戰役，在雙方兩位大神見招拆招到幾乎再沒有秘密的時候，老天爺最終將機會五五開，分別給了雙方一次機會！

誰最狠！誰最豁得出去！誰能親自帶隊拚上所有的籌碼！誰咬牙能咬到最後一刻，就是最終的天選之人！

曹操放火歸來，看到張郃已經歸降當場給待遇，封其為偏將軍，並讚其如韓信歸漢一般，然後整頓部隊對袁紹展開了大反攻。

輜重糧盡，大將叛逃，袁紹全軍大亂，一下子全垮了。

袁紹帶著兒子袁譚，領八百多輕騎棄軍逃走，曹操猛追，一日一夜至延津，繳獲武器、輜重、圖書、珍寶無數。

被袁紹拋棄的部隊有八萬人，史書中說是「偽降」，全部被坑殺。

又一個類似於「白起長平」的難題，不殺就都跑回老家了，沒倆月又來打你了，招降收編已經沒糧食了，根本養不活。所以，定性「偽降」，最合適。

但無論你多不得已，「殺降」永遠會不祥的，既然參賽了，就永遠要承擔每一次不得已的後果。

時近一年的官渡會戰，以袁紹的徹底失敗而告終。

引用《三國志·武帝紀》的記載：「初，桓帝時有黃星見於楚、宋之分，遼東殷馗善天文，言後五十歲當有真人起於梁、沛之間，其鋒不可當，至是凡五十年，而公破紹，天下莫敵矣。」

破釜沉舟！背水一戰！這顆堅持到底、永不放棄的黃星，在漢末十年的血腥劇本中，在一次又一次的絕境下，再一次地殺了出來！

說到底，袁紹這輩子一到大局收官就崩盤，他輸在哪裡了呢？

他導演漢末崩塌，董卓突然入洛陽他哆嗦了；官渡最後一刻，他安排小弟去攻堅。他這輩子說到底，輸在了最後關頭把自己豁出去的那股子狠氣！

一個洛陽，一個官渡，他輸的這兩場大戲，都是得天地靈氣、奪日月精華的頂級皇權大戲，老天自然也會給你壓上最沉的砝碼去試探你的成色！看看你擔得起這皇冠之重嗎？

頂級的榮譽殿堂以及戰利品，當你為之廝殺搏命到最後一刻時，永遠不會出現人在帳中坐、捷報遠方來的可能。它需要你去獻祭出自己的一切！

高祖於成皋滎陽；光武於昆陽河北；魏武於濮陽官渡；唐宗於虎牢玄武，無不如此！

你需要狠到把命搭進去般跟對方拚了，才有可能拿下這億萬人仰望的桂冠！不然憑什麼你的子孫將來可以抽血天下！憑什麼你的靈位可以享受最高供奉與祭祀！

當你縱然諸事不利，縱然身陷重圍，縱然下一秒就要失敗了，但你永遠堅持到底、永不放棄地以命敬蒼天之時，天下也就算是徹底地改姓易主了！

200年冬，官渡。漢末紛亂的歷史軌道，定下來了。

七、曹公掃北，險定烏桓

官渡大敗後，袁紹就此完了嗎？並沒有。此戰的最重要意義，就是袁紹不再有巨大的優勢了，曹操則成功續命，在只剩最後一口氣時緩了過來。

袁紹大將蔣義渠在黎陽收攏了敗兵，穩住了陣勢，曹操也並沒有追過黃河徹底剿滅袁紹團夥。曹操緩過了一口氣並殺了袁紹的八萬降兵，但他也是強弩之末了。

袁紹大敗虧輸，但四州的家底仍然在。袁紹回到冀州後，陸續平定了各處的叛亂，穩定了四州局勢，這場大敗並沒能對他形成致命的打擊。

戰後，曹操收繳的戰利品中，有一些非常有意思的東西：袁紹機要處的一大批文件，曹操當眾全都燒了，表示：「當時以袁紹的強大，我尚且不能自保，何況你們呢！」

但是，《魏略》中還記載了一些背後的故事：袁紹敗後，曹操派人搜袁紹的機要室找到了這些通敵證據，卻少了曹操間諜名單中的一個人的書信，就是那位汝南抗袁英雄李通。曹操說，這一定是趙儼的原因，李

通才沒留下把柄。[1]

這說明了兩個問題：

1.曹操手中早就有一個通敵名單，袁、曹兩位大佬互派間諜真的到了互相明牌的地步。

2.曹操詳細地核對通信的名單後，當眾把書信都燒了，這是作秀。

後世很多人說曹操此舉著實陰險，但是我們要說的是，不這樣做的人是根本不配領導一個大集團的。

大量的人都是牆頭草，雖然都可以既往不咎，但要明白，這種人今後最高就是中層級別了，不是說他能力不夠，畢竟都是人，都有自己的算計。但是對於曹操來講，這種人，可有可無，沒必要去浪費重點崗位培養了。

官渡鏖戰這種級別的試金石永遠不會再有了，記錄這個書信名單後有一個關鍵好處：從此知道哪些人可以徹底地放心委以重任了！不是說「陳宮們」不能用了，而是說「陳宮們」不能再安排關鍵崗位了！做高級領導的，要小心陳宮啊。

解袁紹這套試卷太難了，201年，曹操想換換腦子去打劉表。荀彧說：「袁紹新敗，上下離心，現在正要趁他病要他命，要是遠征江漢，袁紹緩過來以後咱就白打了，你給我老老實實地做河北卷！」

曹操又被荀彧拉回來了，四月，揚兵黃河，擊破袁紹倉亭守軍，徹底地收回了黃河南岸的所有據點。

隨後曹操南下，打在汝南落草的劉備。

1　《三國志‧趙儼傳》：儼與領陽安太守李通同治，通亦欲遣使。儼為陳紹必敗意，通乃止。及紹破走，太祖使人搜閱紹記室，惟不見通書疏，陰知儼必為之計，乃曰：「此必趙伯然也。」

劉備聽說曹操又來了，知道汝南這回是徹底沒法待了，撒丫子又跑了，投奔劉表去也。隨後開始了又一輪長達八年的保安生涯。

上天苦你心志、空乏你身的同時，也在安排一位經天緯地之才迅速長大！劉家雖然天運已遠，但老天終會給你堅韌不拔的一生兌現合理獎勵的！玄德公，再堅持一下吧，就要轉運了！

袁、曹這場雙強爭霸，曹操慘勝，袁紹大敗，但雙方基本上算是拉回了同一起跑線，大有打持久戰的趨勢了，不過一年後，袁、曹之間的最關鍵變化出現了。這可比官渡之戰重要多了！

202年五月二十八日，袁紹發病而死，幼子袁尚繼位，袁、曹間的對峙，再也進行不下去了。因為袁紹留下的，是個除了袁紹外誰也擺不平的攤子。

袁紹在，意味著民心、將心、士族心的三位一體。他在河北深得民心，死後河北百姓悲痛，他對當地的控制力也無與倫比，大敗後就迅速地平定各地叛亂了，局勢也徹底地穩在了黃河一線，曹操根本不敢追過來。

他不在了，意味著也許袁家還有些民心，但將心和士族心都將離去！因為袁紹留下了一個註定坍塌的權力結構！

袁紹據青、幽、并、冀四州，他令長子袁譚領青州，次子袁熙領幽州，外甥高幹領并州，他喜歡的小兒子袁尚跟他在冀州。這意味著大兒子會培植青州勢力，二兒子會培植幽州勢力，小兒子會紮根冀州勢力，都是兒子，誰能服誰呢？

沮授曾經勸他不要這樣做，兄弟間窩裡鬥，將來這都是事兒。

袁紹的說法則是，每個孩子各領一州方便他觀察他們的能力。

沮授說：「這是禍亂之始。」

聽上去確實是昏招，後世對袁紹又是一頓罵，但其實袁紹也是沒辦

法。

袁家真正的頂樑柱早在好多年前就讓董卓給滅了，他不用兒子用誰呢？

作為對比，此時曹操在幹什麼？關鍵的崗位用的是誰呢？曹操沒用兒子，他用的都是兄弟！

夏侯惇、曹仁、夏侯淵，這三個人從最開始就是最關鍵的三個崗位的領導，包括後來曹操統一北方後也是這哥仨一人帶一支方面軍，特種兵大隊長是曹純，許昌看著獻帝的是曹洪，全是兄弟在撐腰！這個世道，用外人不放心啊！

袁紹不像曹操有這麼一幫能幹的兄弟，他只能把地盤分給兒子。把地盤分給沮授、郭圖就沒問題了？不可能，只會讓黨爭變得更加擴大化。

封兒子到地方做長官其實在他在世時根本不叫事兒。

對於曹操來說也是一樣，他要是死在袁紹前面了，曹氏集團搞不好也得土崩瓦解，那幾個兄弟不見得就會保著曹丕、曹植共渡難關。

因為幾千年的歷史經驗都擺在那裡了：根本就沒有所謂同心同德的權力結構！只有穩固能控制住的權力結構！

袁、曹間爭鬥的最關鍵一點，其實就是兩個大佬的壽命！這是一場比拚壽命的比賽，誰先走人誰完蛋！

很遺憾，袁紹先走了。

202年六月，袁紹病死不久，袁家開始內亂。

袁紹很早之前就將長子袁譚過繼給他死去的哥哥袁基了，這也就意味著從法理上講，袁譚早就失去繼承資格了。

袁譚跟他這位過繼的爹一樣，很有些能力，得到了辛毗、郭圖的潁川派擁護，但是和逢紀、審配相當不對付。

袁紹一死，河北黨爭大戰正式打響。

袁尚被審配等擁立為繼承人，袁譚自青州來奔喪發現黃花菜都涼了，隨後被弟弟安排駐軍黎陽頂曹操，還安排了逢紀去做袁譚的監軍。

袁譚到了黎陽後說兵不夠，要求增兵，被袁尚拒絕，袁譚殺了逢紀表示自己出離憤怒。

九月，曹操帶兵來了，袁譚、袁尚敗退固守。

203年三月，曹軍大破袁譚、袁尚，四月，將戰線推進鄴城。這個時候，郭嘉對曹操說：「領導，差不多別打了，咱一走他們就得掐，咱現在假裝回去打劉表，讓他哥倆先掐，咱再上手。」

五月，曹操留賈信屯黎陽，還軍許昌修整內部。

曹操在這次回許昌開大會的時候出臺了功過賞罰的軍法明文規章制度。

曹操說：「古時候打仗的將軍們，要是在外面打輸了，家裡人也得受罪，這些年咱們一直是賞功不罰罪，太不正規了，今後再出征，敗者抵罪扣爵位！」[2]

此令一出，充分地說明了曹操終於混到店大欺客的地步了。

曹操走後，外鬆了於是內部開始緊，袁譚、袁尚開始掐架。袁譚被袁尚打回了平原，眼瞅要被打死，袁譚向曹操求援。

十月，曹操軍至黎陽，為兒子娶了袁譚的閨女表示合作，袁尚聽說曹操北來，於是扔了平原回到了鄴城。

曹操這次北上後，河北局勢開始土崩瓦解，大夥都看出來內鬥的哥倆弄不過曹操，駐守陽平的呂曠、呂翔打響了叛變第一槍，率眾投降曹操後被封為列侯。

2　《三國志·武帝紀》：是古之將者，軍破於外，而家受罪於內也。自命將征行，但賞功而不罰罪，非國典也。其令諸將出征，敗軍者抵罪，失利者免官爵。

204年正月，曹操遏住了淇水入白溝以通糧道。

二月，曹操明明白白地整理水路準備大規模調糧攻打袁尚，袁尚仍然神經病般地帶隊攻打袁譚，留下了蘇由、審配守鄴城，「攘外必先安內」似乎是個基因裡的本能衝動。

曹操進軍到洹水，蘇由跳反，和審配在鄴城內對戰失敗後逃出城，歸降曹操，易陽令韓范、涉縣長梁岐舉縣投降，曹操攻鄴城。

五月，曹軍挖溝決漳水灌城，城中餓死者過半。

七月，袁尚回軍救鄴城，曹操夜襲。馬延、張顗等臨陣投降，袁軍大潰敗，袁尚跑路去了中山，曹操盡獲其輜重，得冀州牧印綬節鉞。曹操派降者拿著印綬符節示威鄴城，城中崩潰。

八月，審配姪子審榮夜開所守東門投降。

鄴城破後，袁紹外甥并州高幹投降。

曹操隨後祭拜了袁紹，墳前哭給河北人看。哭完還安慰了一下嫂子，把搶來的寶貝都還了回去，還給養了起來。

九月，曹操下令免了當年老百姓的賦稅，然後徹底地打擊河北豪強。

河北作為戰敗的大蛋糕，不把河北土豪都消滅了怎麼給譙縣、潁川的兄弟們分蛋糕？

作為最大的受益者，曹操退還了兗州牧一職，自己做了冀州牧。

冀州還是要比作為交通樞紐的兗州更合適做根據地的，也就是曹操！能從四面八方受敵的兗州殺出來！這也是古往今來的唯一成功案例。

曹操圍鄴城的時候，袁譚攻略了甘陵、安平、勃海、河間等地，等袁尚敗後，袁譚開始奔中山要袁尚的命。袁尚奔幽州，袁譚併了袁尚的餘眾。

曹操比較憤怒，我剛當了冀州牧你就來砸場子，於是給袁譚寫了封

信，說你違約了，你家閨女我們不要了，把袁譚閨女退回後開始進兵。

袁譚慫了，連平原都不敢待，立刻走保南皮。

205年正月，曹操大戰後弄死袁譚，誅其全家，冀州徹底平定。

同月，幽州袁熙的大將焦觸、張南等反攻袁熙、袁尚兄弟，曹操還沒打，袁家哥倆就被趕出了幽州，只好投奔烏桓，焦觸等舉其縣投降，被曹操封為列侯。

四月，黑山張燕率眾十餘萬降，封為列侯。

八月，曹操將烏桓趕到塞外，并州高幹復反。

206年正月，曹操西征并州，圍壺關，三月拿下，高幹奔荊州，被上洛都尉王琰斬殺。袁家的勢力除了袁尚、袁熙的流亡政府外，就此被基本掃平。

烏桓因為是公孫瓚的世仇，所以袁紹跟他們玩起了通婚，這些年雙方關係相當不錯。

遼西、遼東、右北平三郡當時基本成為烏桓自治區，統稱為三郡烏桓，遼西單于蹋頓最強，是袁紹的哥們兒，袁尚哥倆就逃那裡去了。

接下來，進入郭嘉先生專場。

打烏桓是很多人反對的，理由是袁尚如喪家之犬，胡人不會支援他們的。

更深層次的原因是，這一趟太遠，劉備現在已經在劉表那裡站住腳了，萬一他攛掇劉表襲擊許昌怎麼整？

郭嘉再次站出來給曹操寬心：「打你的！劉備想噁心人不假，但劉表不會放心劉備的！倒是咱們打烏桓，胡人必定認為咱們不會打，因此必能一鼓而定！袁紹對胡人有恩，只要袁尚活著，就一定是隱患！」

曹操同意了。

郭嘉的這個建議目前來看是沒問題的，劉表和劉備的關係被他算得很準，袁家哥倆和烏桓也確實應該消滅，而且打他們此時來看並不困難。

烏桓的老巢在柳城（朝陽縣），當時去遼寧地區的行軍路線是從無終（天津薊州區）出發，沿著濱海大道過碣石（昌黎北），再穿越遼西走廊，叫作「傍海道」。

曹操為了掃滅烏桓，開挖幽州運河為後勤做準備，自呼沱水入泒水開鑿了平虜渠；又從泃河口入潞河開鑿了泉州渠將糧道通向大海。（見圖4-18）

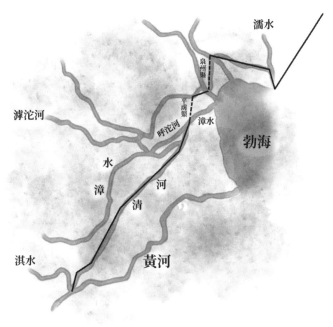

圖 4-18　由中原入遼東水路圖

物資能從中原源源不斷地運到北方，沿著傍海道，大軍一邊走，船一邊運，沿途的後勤並不是太大的問題。

但是，那一年天公不作美。

五月，曹操率軍到達無終，不久開始下雨。北方的雨按說下過就完，但那年大雨沒完沒了。

那個年代，到了山海關基本上就算世界的盡頭了，基礎建設是很差的，文明邊緣的道路往往是需要老百姓自己走出來的。

結果就是這沒完沒了的大雨把入關線路給澆垮了，泥濘低窪，車馬舟船全沒戲，曹軍走不動了。

烏桓那邊早早地得到了消息，開始在遼西走廊的必經之路上設防。

按理說，天時不在，該認命撤兵了，不過當地的豪族田疇獻策，說還有一條小路可以到柳城：出盧龍塞經平岡至柳城的五百里西漢故道可以到。這條道路年久失修，需要在崇山峻嶺中開闢新路，而且沿途條件極差。

曹操決定，接著打！

與此同時，郭嘉對曹操說：「兵貴神速，現在千里遠征，輜重太多，行軍緩慢，烏桓早晚會知道！不如拋棄輜重，只帶精銳部隊神兵天降去！」[3]

本來曹操此時決定再打就已經很不正常了，因為路不通的情況下軍隊是非常脆弱的！結果郭嘉表示脆弱不要緊，咱們要更加放飛自我，把輜重都扔了！咱來個千里襲人！打他個出其不意！

問題是等你到那裡的時候早半死不活了！你還怎麼出其不意？

歷史上這種案例只要成功了，一定會名留千古的，因為死了九百九十九個就活下來一個，還不該大書特書嗎！

曹操此時已是五十多歲的人了，又浪上了，他認為郭嘉說得真好，豪氣干雲地過把癮去了！

3　《三國志・郭嘉傳》：嘉言曰：「兵貴神速。今千里襲人，輜重多，難以趨利，且彼聞之，必為備；不如留輜重，輕兵兼道以出，掩其不意。」

曹操親自帶隊，帶著精銳扔了輜重殺向遼寧，開始了五百里的驚悚越野，自盧龍塞（遵化喜峰口）經白檀（承德）、平岡（遼寧喀喇沁），穿越鮮卑人的王庭，最後直指柳城（今遼寧朝陽西南）。（見圖4-19）

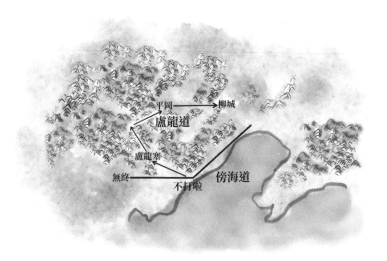

圖 4-19　傍海道與盧龍道示意圖

此時已經是農曆八月了，西伯利亞的冷空氣已經上班了，曹操卻進東北了。

不僅寒潮開始襲來，曹操走上這條路才明白為什麼這條路成了故道，兩百里找不到水，沿途還看不到糧食給養，殺馬數千匹為糧，鑿地三十餘丈取水。[4]

就這樣，行軍至距離柳城二百里處，被烏桓人發現了。

二百里是個什麼概念呢？就是烏桓可以從從容容地堅壁清野，讓你找不到一粒糧食，然後把城頭堆滿石頭等著砸死你，最後吃飽喝足、養好精神地迎接你這幫叫花子的到來。這也意味著郭嘉這次的神兵天降一

4　《三國志·武帝紀》：時寒且旱，二百里無復水，軍又乏食，殺馬數千匹以為糧，鑿地入三十餘丈乃得水。

丁點兒用沒有，而且還把曹操扔到了一個極險的境地！

你是沒有給養的！你連珍貴的戰馬都殺了幾千匹了！人家妥妥的不用打，餓都餓死你了！

但是，真的架不住命好。你浪，對面也浪。蹋頓跟顏良一個德行，帶著數萬騎兵準備來打曹操一個立足未穩！

即便這樣，對比曹操的巨浪，蹋頓頂多算是小浪，但他就算放棄巨大優勢仍然能佔曹操疲憊之師的便宜來。

兩軍在白狼山突然遭遇了。

曹操軍心此時是不穩的，是很慫的！這五百里叫花子路走下來還能有什麼士氣！對方還是數萬騎兵！阻擋騎兵的戰車還遠遠地落在後面呢！

就在這個時候，山西猛男張遼站出來了。張遼意氣風發地展開戰鬥宣言：咱跟他拚了！

曹操登高觀望烏桓陣營，發現烏桓軍還沒有整隊。曹操對張遼說，你行就你上！把自己的帥旗給了張遼，讓張遼去給他們開開眼。

後來的孫權就是對合肥將領的工作履歷明顯不夠瞭解，他要是知道張遼在十年前就是這種猛人，就不會冒冒失失地自己去現眼了。

白狼山大戰，張遼帶隊衝鋒，烏桓大軍被強弩之末的百戰曹軍衝垮，曹純的虎豹騎特種部隊在亂戰中捅死蹋頓，隨後烏桓崩潰，胡、漢降者二十餘萬口，曹操一戰解決了遼西問題。

袁尚等人失去了最後的依仗，兄弟二人逃奔到更東邊的割據遼東的公孫康那裡。

這一戰跟郭嘉有什麼關係嗎？總結一下，最後贏在一個中心、三個基本點上。

一個中心：曹操那世所罕見的好運氣。

三個基本點：

1. 對面浪。

2. 曹操打十年硬仗後靈感捕捉到了稍縱即逝的戰機。

3. 張遼威猛，虎豹騎給力，亂軍裡中彩票了！

說句實在的，要不是曹操洪福齊天，最後全都得折在東北！

此戰之後，郭嘉因操勞過度病逝，年僅三十六歲。那五百里路實在條件太惡劣，郭嘉身體一直又不好，算是為了革命工作拚了。

曹操也無比後怕，深感自己年老輕狂，不僅回去厚賞之前不讓他攻打烏桓的將領，還主動表態：「是我不對，雖然贏了，但那是老天恩典，你們說得對，今後繼續提建議，我道歉了。」[5]

曹操打完烏桓後就班師了，是他自己的主意，有遼澤阻隔，強弩之末，打不動了。

不久，公孫康送袁尚、袁熙首級而來。下屬們問曹操為什麼，曹操說：「他跟袁家沒交情，咱們打反而讓他們抱團，咱撤軍了，公孫康必然把二袁腦袋送來。」

至此，曹操徹底地掃平了中國北方。

自199年夏袁紹嚷嚷南下，到200年秋曹操官渡大勝，直到七年後，207年年底，曹操才終於掃滅了袁氏的所有勢力。

這其中，所有的質變發生，曹操最終拿下北方四州，都是在202年夏天，袁紹病逝後發生的。

袁紹死，漢末局勢開始清晰。袁紹這個頂級導演，導演了漢末的這齣崩塌大戲，並自導自演了分久必合的上半集，最終以自己的尷尬過世完成了對於中國北方的徹底交付。

---

5 《三國志・武帝紀》：公皆厚賞之，曰：「孤前行，乘危以徼幸，雖得之，天所佐也，故不可以為常。諸君之諫，萬安之計，是以相賞，後勿難言之。」

還是那句話，曹操和袁紹都是頂級人主，短短的時間裡，誰都沒能建立起鐵桶般的行政制度，關鍵都是看誰的自己人更給力。

袁紹的幾個兒子最後打來打去，其實早在袁紹自己跑到河北的時候就已經註定了。董卓殺了袁氏一族，袁紹身邊沒有家裡人幫著撐場了。

即便如此，袁紹用兒子後雙方的自己人都還算能撐住場，但有一個前提，就是這兩位大佬必須都在場。誰先退場，誰的統治網絡就必然再沒有第二人能攏住。

很遺憾，袁紹先退場了，那麼袁家也就該退場了。

曹操這個漢末很不起眼的路人甲，在曾經的大哥袁紹謝幕後，最終成為中國北方的主人。一路艱辛，多般坎坷，多次瀕臨絕境，多次峰迴路轉，多次死裡逃生。

他如同所有的開國雄主一樣，能打、多智、知人善任，能從一大堆建議中找出那個最優解，但仍然有最重要的兩點：漢末群雄中的最好運者和最長壽者。

統一中國北方後，曹操已經拿下了當時中國領土的三分之二，有錢、有人的地盤全都在曹操手上攢著了，連年的征戰也使得全軍都疲憊不堪，按理說，他需要暫時停下腳步了。因為他需要對自己的內部進行整理，眼下雖然煙花般絢爛，內部卻危機四伏。地盤需要消化，班子需要調整，制度需要建設，民心需要安撫，太多的事需要去幹了。

但是，他幾乎放棄了休整，208年七月馬不停蹄地南征劉表。

他的這次匆匆忙忙的征伐最終算是達到了他一半的既定目標，也最終演變出了奠定三國格局的大名氣之戰。

這一戰，堪稱羅貫中先生的封神之戰，再沒有一部小說可以將一場戰役描寫得如此跌宕起伏、扣人心弦！

208年的赤壁，冬天裡的一把火！

TITLE

三國爭霸（上）

STAFF

出版	瑞昇文化事業股份有限公司
作者	渤海小吏

創辦人／董事長	駱東墻
CEO／行銷	陳冠偉
總編輯	郭湘齡
文字編輯	張聿雯　徐承義
美術編輯	謝彥如　李芸安
校對編輯	于忠勤
國際版權	駱念德　張聿雯

排版	洪伊珊
製版	明宏彩色照相製版股份有限公司
印刷	龍岡數位文化股份有限公司
	絋億彩色印刷有限公司

法律顧問	立勤國際法律事務所　黃沛聲律師
戶名	瑞昇文化事業股份有限公司
劃撥帳號	19598343
地址	新北市中和區景平路464巷2弄1-4號
電話／傳真	(02)2945-3191／(02)2945-3190
網址	www.rising-books.com.tw
Mail	deepblue@rising-books.com.tw
港澳總經銷	泛華發行代理有限公司

初版日期	2024年10月
套書定價	NT$880／HK$275（全套3冊不分售）

國家圖書館出版品預行編目資料

三國爭霸／渤海小吏著. -- 初版. -- 新北市：瑞
昇文化事業股份有限公司, 2024.10
3冊；16X23公分
ISBN 978-986-401-777-5(全套：平裝)

1.CST: 三國史 2.CST: 通俗史話

622.3　　　　　　　　　　　113013430